吕思勉手稿珍本叢刊

吕思勉 著

中國古代史札録

29

宗教三

上海古籍出版社

第二十九册目録

宗教三

上冊

祭祀

以不祀為罪

左宣十五　伯宗……狄有五罪……不祀一也

僖三十一　寗武子……杞鄫何事……相……久矣……

若敖氏族無後祀

○孔子曰於呼哀哉我觀周

道幽厲傷之吾舍魯何適矣政亂禮失以爲魯尙愈○於音烏呼好奴反舍音捨下舍禮皆同○魯之郊禘非禮也周公其衰矣非猶失也魯之郊牛口傷鼷鼠食其角又有四卜郊不從是周公之道衰矣言子孫不能奉行興之○禘大計反鼷音兮疏孔子至適矣○正義曰此明孔子歎意前始發歎未言自歎之意子游有問即隨問而荅荅事旣畢故更述其所懷於呼

十三經注疏

禮記二十一　禮運

二五

哀哉是傷歎之辭言觀周家文武之道以經幽厲之亂傷此禮儀法則無可觀瞻唯魯國稍可吾捨此魯國更何之適而觀禮乎言魯國尙愈愈勝也言尙勝於餘國故韓宣子適魯云周禮盡在魯矣○魯之郊禘至其衰矣○魯合郊禘也非是非禮但郊失禮則牛口傷禘失禮躋僖公○注非猶至與之○正義曰郊牛口傷宣三年經文鼷鼠食其角成七年經文四卜郊不從僖三十一年經文言子孫不能承奉興行周公之道故致使郊牛有害卜郊不從○杞之郊也禹也宋之郊也契也是天子之事守也先祖法度子孫所當守○契息列反故天子祭天地諸侯祭社稷○祝嘏莫敢易其常古是謂大假假亦大也不敢改其常古之法度是謂大大也將言今不然○疏杞之至守也○正義曰杞郊禹宋郊契蓋是夏殷天子之事杞宋是其子孫當所保守勿使有失叅

禁督逆祀命

者督正也正王之所命諸侯之所祀有逆者則刑罰焉【疏】禁督逆祀命者○釋曰王者有命命諸侯祭祀之事不使上僭下逼謂之禮若有違者即謂之逆命大祝掌鬼神之官故禁正逆祀命也○注督正至罰焉○釋曰經直云禁督逆祀命鄭以諸侯解之者承上建邦國故知據諸侯云有逆者則刑罰焉者大祝主諸侯逆祀告上與之刑罪不得自施刑罰

頒祭號于邦國都鄙祭號六號【疏】注祭號六號○釋曰邦國謂畿外諸侯都鄙畿內三等采地大祝主祭號故大祝頒之六號之中兼有天地諸侯不得祭天地而鄭云祭號六號鄭據大祝掌六號據上成文而言魯與二王之後得祭所感帝兼有神號

禁督逆祀
頒祭號

小祝掌小祭祀將事侯禳禱祠之祝號以祈福祥順豐年逆時雨寧風旱彌烖兵遠辠疾侯之言候也候嘉慶祈福祥之屬禳禳卻凶咎寧風旱之屬順豐年而順爲之祝辭逆迎也彌讀曰敉敉安也○彌取注音敉亡爾反下注同遠于萬反【疏】小祝至疾○釋曰掌小祭祀者即是將事侯禳已下禱祠之事是也小祭祀與將事侯禳已下作目將事侯禳禱祠祝號又與祈福祥順豐年已下爲目祈福祥順豐年逆時雨三者皆是侯寧風旱彌烖兵遠辠疾三者即是禳求福謂之禱報賽謂之祠皆有祝號故摠謂之禱祠之祝辭○祈福祥已下不言一曰二曰者大祝已言訖小祝佐大祝行事故畧而不言亦欲見事起無常故不言其次第○注侯之至安也○釋曰侯之言候也候嘉慶祈福祥之屬者之屬中兼有順豐年逆時雨嘉善也此三者皆是善慶之事故設祈禱侯迎之云禳禳卻凶咎寧風旱之屬者之屬中兼有彌災兵遠辠疾三者是凶咎之事故設禱祠禳卻之云順豐年而順爲之祝辭者案管子云倉廩實而知禮節衣食足知榮辱意皆欲如此是豐年順民意也彼設祈禮以求豐年而順民故云爲之祝辭也云彌讀曰敉敉安也者案洛誥云亦未克敉公功注云敉安也故知此彌讀曰敉敉安也

祈福彌災之說。

大祀　次祀　小祀

立大祀用玉帛牲牷立次祀用牲幣立小祀用牲鄭司農云大祀天地次祀日月星辰小祀司命已下玄謂大祀又有宗廟次祀又有社稷五祀五嶽小祀又有司中風師雨師山川百物○牷音全

疏立大至用牲○釋曰此則佐宗伯之事案大宗伯有禋祀已下并宗廟六享之事此肆師陳用玉帛牲牷之等○注鄭司至百物○釋曰司農云大祀天地至司命以下先鄭據大宗伯直據天神大次小而言唯天神中兼言地而已其於地示不言次小人鬼之中又不言大次小故後鄭就足之耳後鄭云大祀又有宗廟者以其先鄭於大祀中無人鬼故後鄭特舉之云次祀又有社稷五祀五嶽者此後鄭特舉社稷已下者以先鄭次祀中不言血祭社稷已下故也云小祀又有司中風師雨師山川百物者此後鄭見先鄭天神小祀中唯云司命以下其言不備故具之山川百物就足先鄭地示小祀耳若然後鄭直云大祀又有宗廟更不言宗廟次小祀者但宗廟次祀即先公是也不言之者已於酒正云次祀鷩冕毳冕所祭已具於彼故也又不言宗廟小祀者宗廟小祀其神不明馬君雖云宗廟小祀殤與無後無明文故後鄭亦不言也繼言立大祀用玉帛牲牷者天神中非直有升煙玉帛牲亦有禮神者也地示中非直瘞埋中有玉帛牲亦兼有禮神玉帛牲也宗廟中無煙瘞埋直有禮神幣帛與牲又不見有禮神之玉或可以灌圭爲禮神之玉亦通一塗立次祀用牲幣者天神日月星辰地示血祭社稷五祀五嶽是也宗廟次祀已下與大祀同亦直有禮神幣帛而已

肆師

[illegible]

頒祀於邦國都家鄉邑

乃頒祀于邦國都家鄉邑頒讀爲班班其所當祀及其禮都家之鄉邑謂王子弟及公卿大夫所食采地○頒音班疏注頒讀至采地○釋曰云頒讀爲班者鄭於周禮所有頒皆讀爲班班謂布也云班其所當祀及其禮者但名位不同禮亦異數既班其祀明亦班禮與之故連言禮也班禮謂若諸侯不得祭天地唯祭社稷宗廟五祀之等二王後與魯唯祭天仍不得祭地大都亦與外諸侯同其禮者若獻尸上公九侯伯七子男五皆大牢之屬是也其小都與家則依鄉大夫之獻亦大牢也云都家之鄉邑謂王子弟以下者鄭恐經鄉邑六鄉六遂非都家之內鄉邑故以明之謂都家之內鄉邑耳其都家之內鄉邑未必一如六鄉六遂家數但采邑之內亦有二十五家爲里以上以相統領故一成之內得有革車一乘士十人徒二十人發兵及出稅之法即謂之鄉邑也謂王子弟者以親疏分於大都小都家邑三處食采地言及公卿大夫采地者謂若載師職公大都卿小都大夫家邑也

小宗伯

祭祀

鄙之祭祀

鄙師各掌其鄙之政令祭祀祭祀祭禜也○禜音詠

疏鄙師至祭祀○釋曰五鄙爲縣五百家爲鄙故云各掌其鄙之政令也○注祭祀祭禜也○釋曰知鄙祭禜者鄙與六鄉黨同黨祭禜故知此鄙所祭祀謂祭禜也

（删去）

儺祭記

禓，儺

存室神，神依人

○鄉人禓禓強鬼也謂時儺索室毆疫逐強鬼也禓或爲獻或爲儺○禓音傷鬼名也強其丈反難乃多反下同本又作儺索色百反下文注皆同毆又作驅同起居反孔子朝服立于阼存室神也神依人也疏鄉人至神也○正義曰此一節論孔子存神之事○鄉人禓者庾云禓是強鬼之名謂鄉人驅逐此強鬼孔子則身著朝服立于阼階之上所以然者以時驅逐強鬼恐已廟室之神時有驚恐故著朝服立于廟之阼階存安廟室之神使神依已而安也所以朝服者大夫朝服以祭故用祭服以依神

勉案：禓、傷同名，而禓爲強死，則禓亦殤鬼也。

參郊特牲儺祀之義

禮記　儺

後【疏】席不正不坐鄉人飲酒杖者出斯出矣正義曰此明坐席及飲酒之禮也凡爲席之禮天子之席五重諸侯之席出三重大夫再重席南鄉北鄉以西方爲上東鄉西鄉以南方爲上如此之類是禮之正也若不正則孔子不坐也杖者老人也鄉人飲酒之禮主於老者老者禮畢出孔子則從而後出

鄉人儺。朝服而立於阼階。孔曰儺驅逐疫鬼恐驚先祖故朝服而立於廟之阼階【疏】鄉人儺朝服而立於阼階正義曰此明孔子存室神之禮也儺索室驅逐疫鬼也恐驚先祖故孔子朝服而立於廟之阼階鬼神依人庶其依己而安也所以朝服者大夫朝服以祭故用祭服以依神也

秋儺

難 大陵積尸之气

○天子乃難以達秋氣此難難陽氣也陽暑至此不衰害亦將及人所以及人者陽氣左行此月宿直昴畢昴畢亦得大陵積尸之氣氣佚則厲鬼亦隨而出行於是亦命方相氏帥百隸而難之王居明堂禮曰仲秋九門磔禳以發陳氣禦止疾疫○難乃多反注同疏注此難至疾疫○正義曰季冬及季春難皆難陰氣也恐此亦難陰氣故云難陽氣言陽氣至此不衰害亦將及人也秋涼之後陽氣應退至此不退是涼反熱故害及於人云亦將及人者亦謂對季春言季春之時陰氣右行日在昴畢之間得大陵積尸之氣故爲災今此月陽氣左行至於昴畢亦得大陵積尸之氣故云亦將及人云陽氣左行此月宿直昴畢者以天左旋星辰與斗建循天而行此月斗建在酉酉是昴畢本位故云宿直昴畢也其八月合昏之時斗柄建指昴畢本位其昴畢之星於時在寅云氣佚則厲鬼隨而出行者大陵既爲積尸秋時又得陽氣增益疾病應氣相感故厲鬼隨而出行云亦命方相氏者亦季冬以周禮季冬命方相氏故云亦也引王居明堂禮者證仲秋難義云以發陳氣者謂秋時涼氣新至發去陽之陳氣防禦禁止疾疫之事也既引明堂禮仲秋九門磔禳則此亦磔禳也但文不備耳季冬云大難明九門磔禳季冬稱大則貴賤皆爲也季春云國難熊氏云唯天子諸侯有國爲難此云天子乃難唯天子得難以其難陽氣陽是君象則諸侯以下不得難陽氣也按陰氣陽氣至大陵俱致積尸疫氣按十一月陽氣至于危虛而不難十二月陰氣至于虛危而爲難者以十一月

十三經注疏　禮記十六　月令　六

陽氣初起未能與陰相競故無疫疾可難六月宿直柳鬼陰氣至微陰始動未能與陽相競故無疾害可難也季冬亦陽初起而爲難者以陰氣在虛危又是一歲之終總除疫氣故爲難也其磔禳之牲按小司徒職云小祭祀奉牛牲又牧人凡毀事用駹可也是則用牛也羊人云凡沈辜侯禳共其牲犬人云凡幾珥沈辜用駹可也雞人云面禳共其雞牲則用羊用犬用雞也蓋大難用牛其餘難大者用羊用犬小者用雞此皆熊氏之說也

月令 仲秋

祭祀

季冬大難
旁磔

北堂東偏○命有司大難旁磔出土牛以送寒氣此難難陰氣也難陰始於此者陰氣右行此月之中日歷虛危虛危有墳墓四司之氣爲厲鬼將隨強陰出害人也旁磔於四方之門磔禳也出猶作也作土牛者丑爲牛牛可牽止也送猶畢也○難乃多反下注同磔竹百反爲厲于僞反

疏命有至寒氣○正義曰此月之時命有司之官大爲難祭令難去陰氣言大者以季春唯國家之難仲秋唯天子之難此則下及庶人故云大難旁磔者旁謂四方之門皆披磔其牲以禳除陰氣出土牛以送寒氣者出猶作也此時強陰既盛年歲已終陰若不去凶邪恐來歲更爲人害其時月建丑又土能剋水持水之陰氣故特作土牛以畢送寒氣也○注此月至畢也○正義曰此月之中者中猶內也謂此月之內也皇氏以爲此月中氣非也云日歷虛危虛危有墳墓四司之氣者熊氏引石氏星經云司命二星在虛北司祿二星在司命北司危二星在司祿北司中二星在司危北史遷云四司鬼官之長又云墳○四星在危東南是危虛有墳墓四司之氣也皇氏以爲北方蓋藏故爲墳墓北方歲終以司主四時故云四司其義皆非也皇氏又云以季春國難下及於民以此季冬大難爲不及民也然皇氏解禮違鄭解義也今鄭注論語鄉人難云十二月命方相氏索室中驅疫鬼鄭既分明云十二月鄉人難而皇氏解季冬難云不及鄉人不知何意如此云送猶畢者此時寒實未畢而言畢者但意欲全畢耳

習祀

命國難九門磔攘以畢春氣此難難陰氣也陰寒至此不止害將及人所以及人者陰氣右行此月之中日行
歷昴昴有大陵積尸之氣氣佚則厲鬼隨而出行命方相氏帥百隸索室毆疫以
逐之又磔牲以攘於四方之神所以畢止其災也王居明堂禮曰季春出疫于郊以攘春氣
○難乃多反後及注同磔竹伯反攘本又作禳如羊反佚音逸後同索所白反毆疫乙于反○
疏注此難至春氣○正義
曰以季春恐有難陽氣
之嫌故云難難陰氣也云陰氣右行此月之中日行歷昴昴有大陵積尸之氣者天氣左轉故斗建左行謂之陽氣日月
右行日月北天爲陰故云陰氣右行以此月之初日在於胃此月之中從胃歷昴云有大陵積尸者元命包云大陵主尸
熊氏引石氏星經大陵入星在胃北主死喪云方相氏帥百隸索室毆疫以逐之者按方相氏云帥百隸而時難以索室
毆疫鄭注云時難謂四時難引月令季冬命國難故知於時命方相氏也引王居明堂禮曰以下者證季春國難之事○

難
磔攘
王居明堂禮

季春

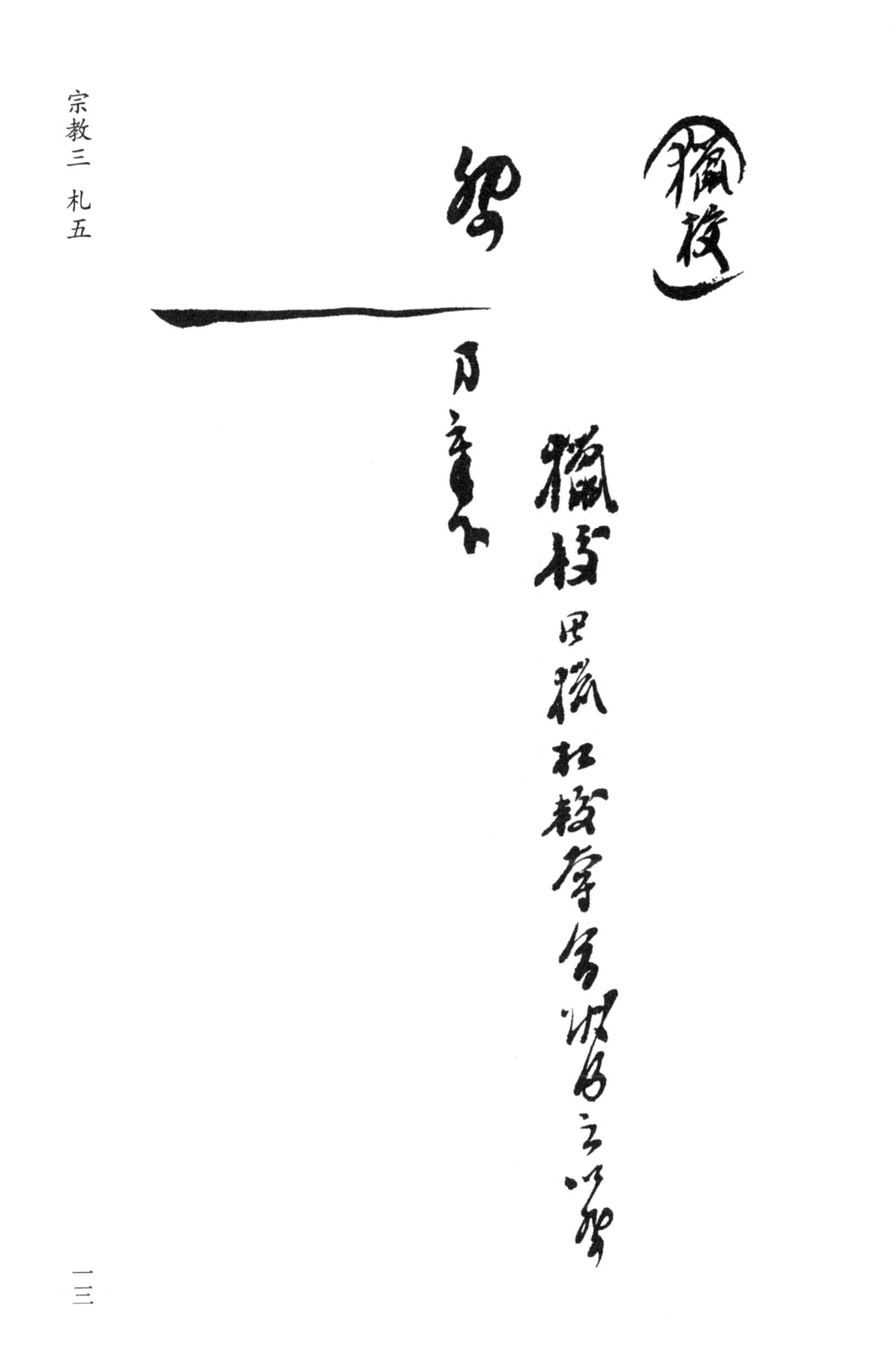

獨秀

獨秀 因獨杜教學會服務之必要

賀

一月廿五

臘

祭祀

臘

弗聽許晉使宮之奇以其族行行去也○馮皮冰反下注同使所吏反疏以其族行○正義曰晉語云宮之奇諫而不聽出請其子曰將亡矣吾不去懼及焉以其帑適西山韋昭云西山國西界也曰虞不臘矣臘歲終祭衆神之名○臘力盍反疏虞不臘矣○正義曰月令孟冬臘門閭及先祖五祀臘之見於傳記者唯月令與此二文而已秦本紀惠王十二年初臘始皇三十一年更名臘曰嘉平蔡邕獨斷云臘者歲終大祭縱吏民宴飲非迎氣故但送不迎應劭風俗通云案禮傳夏曰嘉平殷曰清祀周曰大蜡漢改爲臘臘者獵也田獵取獸祭先祖也此言虞不臘矣明當時有臘祭周時臘與大蜡各爲一祭秦漢改曰臘不蜡而爲臘矣在此行也晉不更舉矣不更舉兵

僖五

奧　祀

○孔子曰臧文仲安知禮

夏父弗綦逆祀而弗止也燔柴於奧文仲魯公子彄之曾孫臧孫辰也莊文之閒爲大夫於時爲賢是以非之不正禮也文二年八月丁卯大事于大廟躋僖公始逆祀是夏父弗綦爲宗人之爲也奧當爲爨字之誤也或作竈禮尸卒事而祭饎爨饔爨也時人以爲祭火神乃燔柴○父音甫不綦音忌不亦作弗燔音煩又芳云反奧依注作爨七亂反下同彄苦侯反大廟音太下注太平下文太廟並同躋子西反升也本又作躋饎爨昌志反下七亂反

夫奧者老婦之祭也盛於盆尊於瓶老婦先炊者也盆瓶炊器也明此祭先炊非祭火神燔柴似失之○盛音成瓶步丁反○

疏孔子至於瓶○正義曰此以下引仲尼譏不得所宜之人也文仲魯大夫也事莊閔僖文四君時人衆尊爲知禮故孔子譏其不知禮之事以譏時人也○夏父弗綦逆祀而弗止也者此非禮之一事也魯閔公僖公俱是莊公之子閔適而小僖庶而大莊公死而立閔爲君僖時爲臣閔少而死後乃立僖爲君僖死僖公子文公立文二年八月丁卯大事于大廟是時夏父弗綦爲宗伯典禮佞文公云吾見新鬼大故鬼小使列昭穆以閔置僖下是臣在君上爲逆亂昭穆時臧文仲爲卿大夫見有此逆祀之事而不諫使止故云安知禮也○燔柴於奧者此又非禮之事奧音爨爨以爨者爲義也禮祭至尸食竟而祭爨神言其有功於人人得飲食故祭報之而夏父弗綦爲禮官謂爨神是火神而遂燔柴祭之此是失禮而文仲又不能諫止之又爲不知禮也○夫奧者老婦之祭也者既譏燔柴於爨又明祭爨不可以燔柴之義爨者是老婦之祭其祭卑唯盛食於盆盛酒於瓶卑賤若此何得燔柴祭之也○莊文仲至燔柴○正義曰云文仲魯公子彄之曾孫臧孫辰也者按世本孝公生僖伯彄彄生哀伯達達生伯氏瓶瓶生文仲辰是公子彄曾孫也云莊文之閒爲大夫者按莊二十八年臧孫辰告糴于齊文二年縱逆祀是莊文之閒爲大夫云於時爲賢者襄二十四年左傳云先大夫曰臧文仲既没其言立於後世死猶不朽是於時爲賢也云文二年八月丁卯大事于大廟躋僖公始逆祀者按文二年公羊傳云大事者何大祫也逆祀奈何先禰而後祖也何休云近取法春秋惠公與莊公當同南面西上隱桓與閔僖亦當同北面西上閔僖爲兄弟以繼代言之有父子君臣之道此恩義逆順故云先禰後祖此公羊之義也按外傳云躋僖公弗綦云明爲昭其次爲穆以此言之終文公至惠公七世惠公爲昭隱公爲穆桓公爲昭莊公爲穆閔公爲昭僖公爲穆今

逆祀

奧　爨

世本　臧氏

竈神

礼器

躋僖公爲昭閔公爲穆自此以下昭穆皆逆故定公八年順祀先公服氏云自躋僖公以來昭穆皆逆是同國語之說與何休義異公羊董仲舒說躋僖云逆祀小惡也左氏說爲大惡也許君謹按同左氏說鄭駁之云兄弟無相後之道登僖公主於閔公主上不順爲小惡也如鄭此意正以僖在閔上謂之爲昭非昭穆也云奧當爲爨字之誤也者下文云老婦之祭盛於盆尊於瓶故知非奧也奧者夏祀竈神其禮尊以老婦配之耳故中霤禮祭竈先薦於奧有主有尸用特牲迎尸以下畧如祭宗廟之禮是其事大也爨者宗廟祭祀尸卒食之後特祭老婦盛於盆尊於瓶是其事小也云或作竈者諸禮記本有作竈字故云或也云禮尸卒食而祭饎爨饔爨也者特牲記注舊說云宗婦祭饎爨亨者祭饔爨用黍肉而已無籩豆俎云時人以爲祭火神乃燔柴者依尸卒食而祭饎爨饔爨當時失禮又以此爲祭火神遂乃燔柴故文云燔柴於奧明失禮也皇氏云弗綦既以逆祀爲是又以燔柴祭爨爲是云祭火神乃燔柴者熊氏云宗伯以實柴祀日月星辰有大火之次故祭火神乃燔柴按異義竈神今禮戴說引此燔柴盆瓶之事古周禮說顓頊氏有子曰黎爲祝融祀以爲竈神許君謹按同周禮鄭駁之云祝融乃古火官之長猶后稷爲堯司馬其尊如是王者祭之但就竈陘一何陋也祝融乃是五祀之神祀於四郊而祭火神於竈陘於禮乖也如鄭此言則祝融是五祀之神祀於郊奧者正是竈之神常祀在夏以老婦配之有俎及籩豆設於竈陘又延尸入奧爨者宗廟祭後直祭先炊老婦之神在於爨竈此祝融并奧及爨三者所以不同也

束茅象神

祭祀

蕭茅縮酒

祭祀共蕭茅鄭大夫云蕭字或爲莤莤讀爲縮束茅立之祭前沃酒其上酒滲下去若神飲之故謂之縮縮滲也故齊桓公責楚不貢包茅王祭不共無以縮酒杜子春讀爲蕭蕭香蒿也玄謂詩所云取蕭祭脂郊特牲云蕭合黍稷臭陽達於牆屋故既薦然後焫蕭合馨香合馨香者是蕭之謂也茅以共祭之苴亦以縮酒苴以藉祭縮酒泲酒也醴齊縮酌○莤所六反滲所鴆反滲蔭闇反劉思順反焫如悅反苴音租又子餘反藉在夜反泲子禮反齊才細反

疏祭祀共蕭茅○釋曰此祭祀共蕭茅者蕭謂香蒿據祭祀宗廟時有之若共茅外內之神俱用故云祭祀共蕭茅也○注鄭司農至縮酌○釋曰鄭大夫云蕭字或爲莤莤讀爲縮鄭大夫必讀爲縮者欲以蕭茅共爲一事解之○云束茅立之祭前者此鄭大夫之意取士虞禮束茅立几東所以藉祭此義蕭茅共爲一則不可若束茅立之祭前義得通又引齊桓公責楚謂左氏僖公四年傳辭彼齊桓使管仲責楚云爾貢包茅不入王祭不共無以縮酒寡人是徵楚伏其罪云敢不共給是也杜子春讀爲蕭於義爲是故後鄭從之云玄謂詩所云取蕭祭脂見用蕭之時有脂又引郊特牲者欲見非直有脂亦有黍稷云臭陽達於牆屋者謂饋獻之後陰厭之節取蕭與脂及黍稷焫燒之取香氣上聞故云既薦然後焫蕭合馨香云茅以共祭之苴者則士虞禮束茅長五寸立於几東謂之苴者是也云亦以縮酒者左氏管仲辭是也云苴以藉祭者亦指士虞禮也云縮酒泲酒也者鄭君解義語云醴齊縮酌者司尊彝職文此官共茅司巫云祭祀共蒩館茅以爲蒩兩官共共者謂此甸師共茅與司巫司巫爲苴以共之此據祭宗廟也鄉師又云大祭祀共茅蒩者謂據祭天時亦謂甸師氏送茅與鄉師爲苴以共之若然甸師氏直共茅而已不供苴耳

既束茅爲香

天官甸師

〔旱魃〕

大雅雲漢：旱魃爲虐。

魃，旱神也。神異經：

南方有人，長二三尺，袒身而目在頂上，走行如風，

名曰魃，所見之國大旱，赤地千里，一名旱母。

遇者得之，投溷中即死，旱災消。

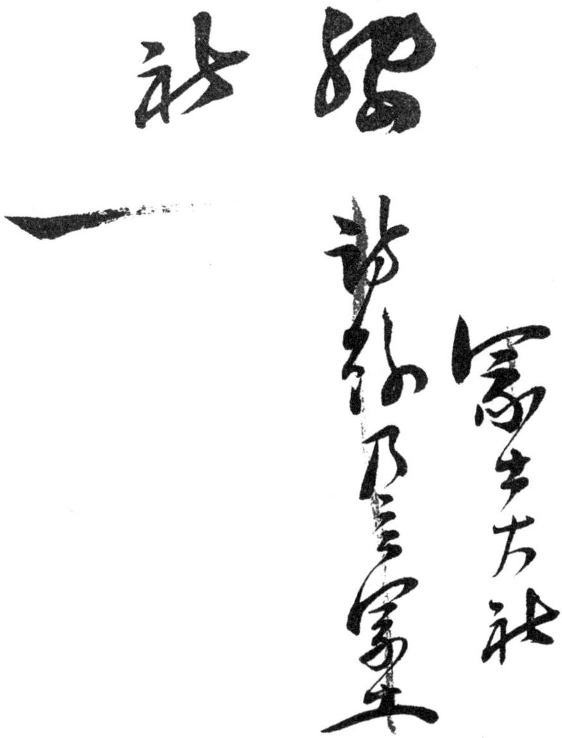

后

祭祀

王后之内祭祀　内禱祠

王立七祀后但竈與門戶

招　梗　禬　禳

女祝掌王后之内祭祀凡内禱祠之事内祭祀六宮之中竈門戶禱疾病求瘳也祠報福○禱丁考反一音都報反疏注内祭至報福○釋曰依祭法王立七祀有戶竈中霤門行泰厲司命后亦與王同今鄭直云内祭祀竈門戶者以其婦人無外事無行與中霤之等其竈與門戶人所出入動作有由后亦當祀之故言竈與門戶也案月令春祀戶夏祀竈秋祀門后祀之時亦當依此也云禱疾病求瘳也祠報福者以其后無外事禱祠又是非常之祭故知唯有求瘳報福之事也掌以時招梗禬禳之事以除疾殃鄭大夫讀梗爲亢謂招善而亢惡去之杜子春讀梗爲更玄謂梗禦未至也除災害曰禬禬猶刮去也卻變異曰禳禳攘也四禮唯禳其遺象今存○梗古猛反徐依鄭音亢禬古外反又戶外反禳如羊反去起呂反下同疏掌以至疾殃○釋曰云掌以時招梗禬禳者此四事並非常求福去殃之事云以時者謂隨其事時不必要在四時也云招者招取善祥梗者禦捍惡之未至禬者除去見在之災禳者推卻見在之變異此四者皆與人爲疾殃故云以除疾殃也○注鄭大至今存○釋曰鄭大夫以梗爲亢惡去之玄不從以爲禦未至者以禬禳二者已是去惡復以梗爲亢惡去之文煩而無禦未至之事故不從鄭大夫爲亢惡也鄭大夫云招善者玄從之也杜子春云讀梗爲更義無所取玄亦不從之也云四禮唯禳其遺象今存者此四禮至漢時招梗及禬不行唯禳一禮漢日猶存其遺象故云遺象今存也

（天官）

思

外宗掌宗廟之祭祀佐王后薦玉豆眡豆籩及以樂徹亦如之眡視其實疏外宗至如之○釋曰云佐王后薦玉豆者凡王之豆籩皆玉飾之餘文豆籩不云玉者文略皆有玉可知若然直云薦豆不云籩者以豆云玉略籩不言義可知也云眡豆籩者謂在堂東未設之時眡其實也云及以樂徹亦如之者亦佐后也猶仍有內宗佐傳也王后以樂羞齍則贊贊猶佐也○齍音咨疏王后至則贊○釋曰羞進也齍黍稷也后進黍稷之時依樂以進之言則贊者亦佐后進之案九嬪職云凡祭祀贊玉齍贊后薦徹豆籩則薦徹俱言玉齍玉敦盛黍稷言贊不言徹則后薦而不徹也其徹諸官爲之故楚茨詩云諸宰君婦廢徹不遲黍稷宰徹之若然豆籩與齍此官已贊九嬪又贊者以籩豆及黍稷器多故諸官共贊凡王后之獻亦如之獻獻酒於尸疏注獻獻酒於凡○釋曰云獻獻酒於尸者則朝踐饋獻及酳尸以食後酳尸亦是獻獻中可以兼之亦贊可知也王后不與則贊宗伯后有故不與祭宗伯攝其事○與音預注同疏注后有至其事○釋曰案宗伯云凡大祭祀王后不與則攝而薦徹豆籩若然宗伯非直攝其祼獻而已於后有事豆籩及簠簋等盡攝之耳小祭祀掌事賓客之事亦如之小祭祀謂在宮中疏注小祭至宮中○釋曰知小祭祀謂在宮中者以其后無外事故知謂宮中宮中小祭祀則祭法王立七祀七祀之中行中霤司命大厲是外神后不與惟有門戶竈而已案小司徒云小祭祀奉牛牲注云小祭祀王玄冕所祭者彼兼外神故以玄冕該之也云賓客之事亦如之者餐食亦掌事如小祭祀也大喪則敘外內朝莫哭者哭諸侯亦如之內內外宗及外命婦疏注內內至命婦○釋曰經直云外內鄭云內外宗及外命婦則內中以兼外宗外中不兼內命婦也經不云內外宗內外命婦者意欲見內是內宗舉內以見外其外中則不得舉外以見內以其內命婦九嬪敘之也故九嬪職云大喪帥敘哭者注云后哭衆乃哭是內命婦九嬪敘之故鄭亦不言內命婦也

王之豆籩皆玉飾之

外神不與惟有門戶竈而已——宮中小祭祀

衅

衅礼

叩鼻血社

小祀或先大祀或后

以歲時序其祭祀及其祈珥序第次其先後大小故書祈爲幾杜子春讀幾當爲祈珥當爲餌玄謂祈當爲進禨之禨珥當爲衈禨衈者釁禮之事雜
記曰成廟則釁之雍人舉羊升屋自中中屋南面刲羊血流于前乃降門夾室皆用雞其衈皆於屋下割雞門當門夾室
中室然則是禨謂羊血也小子職曰掌珥于社稷祈于五祀是也亦謂其宮兆始成時也春秋僖十九年夏邾人執鄫子
用之傳曰用之者何蓋叩其鼻以衈社也○及其祈及注禨同巨既
反或區依反珥而志反注衈同刲苦圭反俠室古洽反劉古協反

疏以歲至祈珥○釋曰言歲時序其祭祀者即上
立大祀已下至小祀皆依歲之四時次序其大
小先後也及其刉珥謂釁禮之事用毛牲即曰刉用羽牲即曰衈○注序第至社也○釋曰云序第次其先後者不必先
大後小天地人之鬼神各有大次小或小而應先或大而應後各自當其時以祭之故云第次其先後也云故書祈爲幾
杜子春讀幾當爲祈珥爲餌者皆無義所取故鄭不從之也玄謂祈當爲進禨之禨者案禮記玉藻沐畢云進禨鄭以爲
沐而飲酒曰禨彼禨爲禨福之義此直取音讀不取其義云珥當爲衈者經言珥是玉珥非取血之義故讀從雜記下衈
傍爲之也云雜記曰成廟則釁之雍人舉羊升屋自中者謂升上其屋當屋脊之中央云門夾室皆用雞者謂廟門及兩
廂夾室三處皆用雞其衈皆於屋下者謂三處皆不升屋而在屋下殺雞也云割雞門當門夾室中室者中謂當室中央
云然則是禨謂羊血也者鄭既引雜記之衈欲破經珥及子春餌之意也云小子職曰掌珥于社稷祈于五祀是也者引
證血傍爲之以證衈義也其祈字猶不從故彼注引秋官士師曰凡刉衈則奉犬牲毛牲曰刉羽牲曰衈此刉衈正字與
若然刉既正字而讀從進禨者且從故書禨音耳至士師則爲正
解也云春秋傳曰者公羊傳文引之者謂證衈是取血以釁之事

肆师

凡血祭曰釁

隋釁逆牲逆尸令鐘鼓右亦如之隋釁謂薦血也凡血祭曰釁既隋釁後言逆牲容逆鼏右讀亦當爲侑〇隋許規反又惠恚反後同右音又

疏 注隋釁至爲侑〇釋曰鄭云隋釁謂薦血也者賈氏云釁釁宗廟馬氏云血以塗鐘鼓鄭不從而以爲薦血祭祀者下文云既祭令徹則此上下皆是祭祀之事何得於中輙有釁廟塗鼓直稱釁何得兼言隋故爲祭祀薦血解之鄭云凡血祭曰釁者此經文承上禋祀肆享祭祀之下即此血祭之中含上三祀但天地薦血于座前宗廟即血以告殺故言凡血祭曰釁云既隋釁後言逆牲容逆鼎者凡祭祀之法先逆牲後隋釁今隋釁在前逆牲在後者以其鼏在門外薦血後乃有爓孰之事逆鼎而入故云容鼎知鼏在門外者按中霤禮篇在廟門外之東主人迎鼎事云右讀亦爲侑者亦上九拜之下享右之字皆爲侑

（春官大祝）

釁　[illegible]祀（附[illegible]）

〇晉人歸楚公子穀臣與連尹襄老之尸于楚以求知罃（邲之戰楚獲知罃）於是荀首佐中軍矣（荀首知罃父）故楚人許之王送知罃曰子其怨我乎對曰二國治戎臣不才不勝其任以為俘馘執事不以釁鼓（以血塗鼓為釁鼓。勝音升下注同俘芳夫反馘古獲反釁許覲反 **疏** 注以血至釁鼓。正義曰說文釁血祭也禮雜記釁廟之禮云雍人舉羊升屋自中中屋南面刲羊血流于前乃降釁廟以血塗廟知釁鼓以血塗鼓也）使歸即戮君之惠也臣實不才又誰敢怨

成三

祭祀　軍卜　礼筮

汭馹傳也羅水名○馹人實反傳中戀反吳子使其弟蹶由犒師犒勞○蹶居衛反犒苦報反楚人執之將以釁鼓王使問焉

曰女卜來吉乎對曰吉寡君聞君將治兵於敝邑卜之以守龜曰余亟使人犒師請行以

觀王怒之疾徐而爲之備尚克知之言吳令龜如此○釁許覲反女音汝守手又反下同亟紀力反龜兆告吉曰克可知也君若

驩焉好逆使臣滋敝邑休殆休解也○好呼報反使所吏反下並同解佳賣反而忘其死亡無日矣今君奮焉震電馮怒

馮盛也○馮皮冰反徐數求反注同虐執使臣將以釁鼓則吳知所備矣敝邑雖羸若早脩完完器備○羸力危反完音丸【疏】今君

至釁鼓○正義曰言今君奮起威嚴如天震電盛爲瞋怒虐執云云是也其可以息師息楚之師難易有備可謂吉矣且吳社稷是卜豈爲一

人使臣獲釁軍鼓而敝邑知備以禦不虞其爲吉孰大焉國之守龜其何事不卜言常卜○易以豉反

豈爲于僞反禦魚呂反【疏】難易有備○正義曰言知楚爲患難則吳易有防備也○且吳社稷是卜○正義曰恐楚王言女既云吉何故今欲被殺故言此以塞之○國之守龜○正義曰又恐王言龜既言吉而使人被殺則是龜不

信故又言此以荅之一臧一否其誰能常之城濮之兆其報在邲城濮戰楚卜吉其効乃在邲○否悲矣反舊方有反今此行也其庸

有報志言吳有報楚意乃弗殺楚師濟於羅汭沈尹赤會楚子次於萊山薳射帥繁揚之師先入南

百朋
仰士

先正——百朋仰士奉和百朋原詩

仲先正百朋仰士也弟

不分方雅奉和百朋仰士去歲先正代

廿五月

食祭

九祭——鄭云皆祭食

辨九祭一曰命祭二曰衍祭三曰炮祭四曰周祭五曰振祭六曰擩祭七曰絕祭八曰繚祭九曰共祭杜子春云命祭祭有所主命也振祭振讀爲慎禮家讀振爲振旅之振擩祭擩讀爲虞芮之芮鄭司農云衍祭羨之道中如今祭殤無所主命周祭四面爲坐也炮祭燔柴也爾雅曰祭天曰燔柴擩祭以肝肺菹擩鹽醢中以祭也繚祭以手從肺本循之至于末乃絕以祭也絕祭不循其本直絕肺以祭也重肺賤肝故初祭絕肺以祭謂之絕祭至祭之末禮殺之後但擩肝鹽中振之擬之若祭狀弗祭謂之振祭特牲饋食禮曰取菹擩于醢祭于豆間鄉射禮曰取肺坐絕祭鄉飲酒禮曰右取肺左卻手執本坐弗繚右絕末以祭少牢曰取肝擩于鹽振祭玄謂九祭皆謂祭食者命祭者玉藻曰君若賜之食而君客之則命之祭然後祭是也衍字當爲延炮字當爲包聲之誤也延祭者曲禮曰客若降等執食興辭主人興辭於客然後客坐主人延客祭是也包猶兼也兼祭者有司曰宰夫贊者取白黑以授尸尸受兼祭于豆祭是也周猶徧也徧祭者曲禮曰殽之序徧祭之是也振祭擩祭本同不食者擩則祭之將食者既擩必振乃祭也絕祭繚祭亦本同禮多者繚之禮略者絕則祭之共猶授也主祭食宰夫授祭孝經說曰共綏執授○衍音延炮百交反劉白交反擩而泉反一音而劣反劉又而誰反繚音了劉音料共音恭注同芮人劣反又而歲反下同坐才卧反從肺一本作從持肺從劉沈皆子容反或如字殺色界反劉色例反卻去逆反又起畧反執食思四反徧音遍下同

疏 辨九至共祭○釋曰此九祭先鄭自周祭已上皆是祭鬼神之事振祭已下皆是生人之祭食之禮後鄭不從之者祭天神地祇人鬼大宗伯辨之大祇不須別列且生人祭食不合與祭鬼神同科故皆以爲生人祭食法○注杜子至○釋曰杜子春云命祭祭有所主命也者凡祭祀天子諸侯木主大夫士有幣帛主其神曾子問以幣帛皮圭以爲主命當主之處此子春之意亦當以幣帛謂之主命但此經文皆是祭食法不得爲主命故後鄭不從之又讀振爲慎或爲振旅之振或讀擩爲虞芮之芮此讀皆無義意故後鄭皆不從之鄭司農云衍祭羨之道中如今祭殤無所主命者此據生人祭食法而云如今祭殤故後鄭亦不從之云周祭四面爲坐也謂若祭百神四面各自爲坐炮祭燔柴以其炮是燔燒之義故爲燔柴祭天此皆生人祭食法非祭鬼神故後鄭亦不從之云擩祭以肝肺菹擩鹽醢中以祭也者按特牲少牢墮祭之時皆有以菹擩醢中以祭主人獻尸時賓長以肝從尸以肝擩鹽中以祭故先鄭云以肝肺菹擩鹽醢中以祭彼無云用肺擩鹽醢中先鄭連引之耳按彼肝擩鹽中以振祭齊之加于肵俎此則是振祭司農云以初祭擩于鹽即同擩祭解之於義不可云繚祭以手從肺本循之至于末乃絕以祭也者此據鄉飲酒而言云絕祭不循其本直絕肺以祭也者據鄉射而言云重肺賤肝故初祭絕肺以祭謂之絕祭至祭之末禮殺之後但擩肝鹽中振之擬之若祭狀弗祭謂之振祭云重肺者此繚祭絕祭二者皆據肺而言周貴肺故云重肺云賤肝者司農意上云以肝擩于鹽據特牲少牢尸食後賓長以肝從之意云故初祭絕肺以祭謂之絕祭者此絕祭依特牲少牢無此絕祭之事於義不可云至祭之末禮殺之後但擩肝鹽中振之擬之若祭狀者此還據少牢擩肝祭而云

若祭狀弗祭於義不可引特牲饋食禮曰取菹擩于醢祭于豆閒者此據授義而言也引鄉射禮及鄉飲酒禮證有絕祭之事引少牢禮證有振祭之事此先鄭所引四文後鄭皆不從故增成其義但先鄭所引特牲少牢皆據一邊而言按特牲少牢皆擩祭振祭兩有之謂九祭皆謂祭食者謂生人將食先以少許祭先造食者故謂之祭食命祭引玉藻彼注云侍食不祭其侍食之人而君賓客之雖得祭待君命之祭然後祭是命祭也云衍字當爲延炮字當爲包者衍與炮於義無所取故破從延與包延祭者曲禮曰賓若降等執食興辭鄭彼注云辭者辭主人之臨已食若欲食於堂下然云有司曰宰夫贊者取白黑以授尸者彼注云白謂稻黑謂黍又引曲禮曰殽之序徧祭之是也者凡祭者皆盛主人之饌故所設殽羞次第徧祭按公食大夫惟魚腊湆醬不祭以其薄故也其餘皆祭故謂之周祭云振祭擩祭本同者皆擩但振者先擩復振擩者不振言不食者擩則祭之者特牲少牢皆有授祭授祭未食之前以菹擩于醢祭于豆閒是不食者擩則祭之云將食者既擩必振乃祭也者特牲少牢皆有主人獻尸賓長以肝從尸右取肝擩于鹽振祭嚌之加于菹豆是謂振祭言將食者振訖嚌之是將食也云絕祭繚祭亦本同者同者絕之但絕者不繚繚者亦絕故云本同云禮多者繚之

十三經注疏　周禮二十五　春官宗伯下　五

者此據鄉飲酒鄉大夫行鄉飲酒賓賢能之禮故云禮多所繚之法即司農所引右取肺已下是也云禮畧者絕則祭之者此據鄉射州長射則士禮故云禮畧者絕則祭之祭法即上先鄭所引鄉射禮取肺坐絕祭是也云共猶授也王祭食宰夫授祭者此則膳夫職云王祭食則授是也王謂之膳夫而謂之宰夫者據諸侯是宰夫云孝經說曰共授執授者孝經緯文漢時禁緯故云說云共綏執授者謂將綏祭之時共此綏祭以授尸引之者證共爲授之義

大祝

祭礼

祭造此食者

觶祭脯醢以柶祭醴三西階上北面坐啐醴建柶興坐奠觶遂拜主人荅拜

贊者薦脯醢進薦賓即筵坐左執即就也左執觶則祭以右手也凡祭於脯醢之豆閒必所爲祭者謙敬示有所先也啐嘗也嘗之者成主人意建猶扱也興起也奠停也

疏贊者至荅拜○釋曰此經云坐奠觶遂拜言遂者因事曰遂因建柶興坐奠觶不復興遂因坐而拜冠禮禮子并醮子及此下禮婦不言坐奠觶遂者皆文不具聘禮賓不言拜者理中有拜可知也○注即就至停也○釋曰鄭云祭以右手出于鄉射也云凡祭於脯醢之豆閒者謂祭脯醢俎豆皆於豆閒此及冠禮鄉飲酒鄉射燕禮大射皆有脯醢則在籩豆之閒此注不言籩直言豆者省文公食大夫及有司徹豆多者則言祭於上豆之閒也云必所爲祭者謙敬示有所先也者案曲禮云主人延客祭注云祭祭先也君子有事不忘本也此云謙敬示有所先先即本謂先世造此食者也云啐嘗也嘗之者成主人意者主人設饌望賓爲美之今客嘗之告旨是成主人意也

士冠礼

假设也

聘礼

道路之神（行軷）

[illegible]軷

使者既受行日

朝同位謂前夕幣之間同位者使者北面介立于左少退別其處臣也疏使者至同位。注謂前至臣也。釋曰云既受行日者謂已受命日夕幣之前使者及介朝君之時皆同位北面東上在朝處臣東方西面北上故鄭云同位者北面介立于左少退以別處臣也出祖釋軷祭酒脯乃飲酒于其側祖始也既受聘享之禮行出國門止陳車騎釋酒脯之奠於軷爲行始也詩傳曰軷道祭也謂祭道路之神春秋傳曰軷涉山川然則軷山行之名也道路以險阻爲難是以委土爲山或伏牲其上使者爲軷祭酒脯祈告也卿大夫處者於是餞之飲酒於其側禮畢乘車轢之而遂行舍於近郊矣其牲犬羊可也古文軷作祓疏出祖至其側。注祖始至作祓。釋曰云既受聘享之禮行出國門止陳車騎釋酒脯之奠於軷者凡道路之神有二在國內釋幣於行者謂平適道路之神出國門釋奠於軷者謂山行道路之神是以委土爲山象國中不得載名國外即得軷稱引詩傳曰者證軷祭道路之神也引春秋傳曰者案襄二十八年左氏傳子大叔云軷涉山川蒙犯霜露引之者證軷是山行之名涉者水行之稱故鄘詩云大夫軷涉我心則憂毛傳云草行曰軷水行曰涉云是以委土爲山者案月令冬祀行鄭注。行，廟門外之西爲軷壤厚二寸廣五尺輪四尺祀行之禮北面設主於軷上國外祀山行之神爲軷壤大小與之同鄭注夏官大馭云封土爲山象以菩芻棘柏爲神主既祭之以車轢之而去喻無險難也云或伏牲其上者案周禮犬人云掌犬牲凡祭祀供犬牲用牲物伏瘞亦如之鄭注云伏謂伏犬以王車轢之故知有伏牲其上云使者爲軷祭酒脯祈告也者案周禮大馭掌馭玉路以祀及犯軷王自左馭馭下祝登受轡彼天子禮使馭祭此大夫禮故使者自祭犯軷而去云卿大夫處者於是餞之者案詩云飲餞于禰是處者送行人而飲酒名曰餞也云遂行舍于郊者即上經云舍于近郊是也云其牲犬羊可者犬人職云伏瘞亦如之是用犬也詩云取羝以軷是用羊也是犬羊各用其一未必並用之言可者人君有牲大夫無牲直用酒脯若然此見出行時祭軷案韓奕詩云韓侯出祖出宿于屠顯父餞之清酒百壺是韓侯入覲天子出京城爲祖道又左氏傳鄭忽逆婦嬀于陳先配而後祖陳鍼子曰是不爲夫婦誣其祖矣鄭志以祖爲祭道神是亦將還而後祖道此聘使還亦宜有祖但文不具

聘礼（[illegible]）

禳祝

禳乃入

朝服載旜行時稅舍于此郊今還至此正其故禳乃入禳祭名也為行道累歷不祥禳之以除災凶

○釋曰案春官小祝云掌侯禳禱祠之祝號鄭注云禳禳卻凶咎故鄭此云禳是祭名也

疏 禳乃入○注禳祭至災凶

聘礼(儀礼卅三)

外来出見禳而還之辞

祭祀

行——古人之名未聞——天子諸侯有常祀在冬，大夫出告而已

——漢時民春秋祭祀行神

軷祭

又釋幣于行告將行也行者之先其古人之名未聞天子諸侯有常祀在冬大夫三祀曰門曰行曰厲喪禮有毀宗躐行出于大門則行神之位在廟門外西方不言埋幣可知也今時民春秋祭祀有行神古之遺禮乎

疏又釋幣于行○注告將至禮乎○釋曰云行者之先其古人之名未聞者此謂平地道路之神云古人名未聞者謂古人教人行道路者其人名字未聞云天子諸侯有常祀在冬者月令祀行是也言此者欲見大夫雖三祀有行無常祀因行使始出有告禮而已至於出城又有軷祭祭山川之神喻無險難也大夫三祀曰門曰行曰厲者見祭法文云喪禮有毀宗躐行出于大門者檀弓文案彼云掘中霤而浴毀竈以綴足及葬毀宗躐行出于大門殷道也下文周人毀宗雖不云躐行亦有行可知所毀者毀廟門西而云躐行明行神在廟門西矣不云埋幣可知者承上宗廟埋之此亦埋可知云今時民春秋祭祀有行神古之餘禮乎者鄭以行神無正文雖約檀弓猶引漢法爲況乎者猶疑之矣若然城外祭山川之神有軷壇此禮行神亦當有軷壤堤月令冬祭行注云行在廟門外之西爲軷壤厚二寸廣五尺輪四尺是也

山及祀川神

（釋祀）（似祀九）

泲禰祀

餞及祖祭

出宿于泲飲餞于禰泲地名祖而舍軷飲酒於
其側曰餞重始有事於道也禰地名箋云泲禰者所嫁國適衛之道所經故思宿餞。○泲子禮反餞音踐徐又才箭反送行飲酒也禰乃禮反地名韓詩作坭音同軷蒲末反道祭也女子有行遠父母兄
弟箋云行道也婦人有出嫁之道遠於親親故禮緣人情使得歸寧。○遠于萬反注同問我諸姑遂及伯姊父之姊妹稱姑先生曰姊箋云寧則又問姑及姊親其類也先姑後姊尊姑也疏出宿
至伯姊。○正義曰衛女思歸言我思欲出宿於泲先飲餞於禰而出宿以嚮衛國而以父母既沒不得歸寧故言女子生
而有適人之道遠於父母兄弟之親故禮緣人情使得歸寧今何爲不聽我乎我之嚮衛爲覲問諸姑遂及伯姊而已豈
爲犯禮也哉而止我也。○傳泲地名至禰地名。○正義曰言祖而舍軷飲酒於其側者謂爲祖道之祭當釋酒脯於軷舍
軷即釋軷也於時送者遂飲酒於祖側曰餞餞送也所以爲祖祭者重己方始有事於道故祭道之神也聘禮記曰出祖
釋軷祭酒脯乃飲酒於其側注云祖始也既受聘享之禮行出國門止陳車騎釋酒脯之奠於軷爲行始詩傳曰軷道祭
謂祭道路之神春秋傳曰軷涉山川然則軷山行之名也道路以阻險爲難是以委土爲山或伏牲其上使者爲軷祭
酒脯祈告卿大夫處者於是餞之飲酒於其側禮畢乘車轢之而遂行舍於近郊矣其牲犬羊可也大馭掌馭玉路以祀
軷遂驅之鄭云封土爲山象以菩芻棘柏爲神主既祭之以車轢之而去喻無險難也以此言之軷者本山行之名以祭
道路之神求無險難故取名焉知出國而爲之者以聘禮烝民韓奕皆言出祖則不在國內以祖爲行道之始則不得至
郊故知在國門外也以軷者軷壤之名與中霤行神之位同知委土爲山言或伏牲其上者據天子諸侯有牲卿大夫用
酒脯而已大人云伏瘞亦如之明天子以犬伏於軷上羊人無伏祭之事則天子不用羊詩云取羝以軷謂諸侯也故云
其有牲則犬羊耳謂天子以犬諸侯以羊尊卑異禮也以大馭云犯軷即云遂驅之故知禮畢乘車轢之而遂以聘禮上文
行也行者之先其古人之名未聞天子諸侯有常祀在冬大夫三祀曰門曰行曰厲士喪禮有毀宗躐行出于大門則行
神之位在廟門外西方今時民春秋祭祀有行神古之遺禮是在家釋幣告將行出國門用酒脯以祈告故二處不同也
月令冬其祀行注依中霤之禮云行在廟門外之西爲軷壤厚二寸廣五尺輪四尺有主有尸用特牲是天子諸侯常祀
在冬與軷異也軷祭則天子諸侯卿大夫皆於國外爲之大馭云犯軷詩云取羝以軷聘禮云釋軷是也又名祖聘禮及
詩云出祖是也又名道曾子問云道而出是也以其爲犯軷祭道路之神爲行道之始故一祭而三名也皆先軷而飲餞
乃後出宿此先言出宿者見飲餞爲出宿而設故先言以致其意韓奕云韓侯出祖出宿于屠既祖即當出宿故彼箋云
祖於國外畢乃出宿者示行不留於是也欲先明祖必出宿故皆先言出宿後言飲餞也聘禮遂行舍於郊則此出宿當
在郊而傳云泲地名不言郊者與下傳互也下干云所適國郊則此泲亦在郊也此泲云地名則干亦地名矣正以聘禮
遂行舍於郊則此衛女思宿爲明亦在郊也干泲思宿焉傳以爲在郊則言禰思餞焉差近在國外耳計宿餞當各在一
處而已而此云泲禰下云干言別地者下箋云干言猶泲禰未聞遠近同異要是衛女所嫁國適衛之道所經見所思之
耳下傳或兼云干言所適國郊者一郊不得二地宿餞不得同處言衍字耳定本集注皆云干所適國郊

祀軷

祀行之禮

其祀行祭先腎 冬陰盛寒於水祀之於行從辟除之類也祀之先祭腎者陰位在下腎亦在下腎爲尊也行在廟門外之西爲軷壤厚二寸廣五尺輪四尺祀行之禮北面設主于軷上乃制腎及脾爲俎奠于主南又設盛于俎東祭肉腎一脾再其他皆如祀門之禮○辟必亦反又婢亦反軷步曷反壤如丈反厚戶豆反廣古曠反 疏 注行在至之禮○正義曰知行在廟門外之西者約檀弓云毀宗躐行自此以下皆中霤禮文廣五尺輪四尺者謂軷壇東西爲廣南北爲輪常祀行神之壇則然若於國外祖道軷祭其壇隨路所嚮而爲廣輪尺數同也按鄭注聘禮云禮畢乘車轢而遂行唯車之一輪轢耳所以然者以兩輪相去八尺今軷唯廣五尺故知不兩輪俱轢云北面設主軷上者以主須南嚮故人北面設之其主則鄭注大馭云蓋以菩芻棘柏爲神主也

見[illegible]

祭祀（冰）

○天子乃鮮

羔開冰先薦寢廟鮮當爲獻聲之誤也獻羔謂祭司寒也祭司寒而出冰薦於宗廟乃後賦之春秋傳曰古者日在北陸而藏冰西陸朝覿而出之其藏冰也深山窮谷固陰沍寒於是乎取之其出之也朝之祿位賓食喪祭於是乎用之其藏之也黑牡秬黍以享司寒其出之也桃弧棘矢以除其災其出入也時食肉之祿冰皆與焉大夫命婦喪浴用冰祭寒而藏之獻羔而啓之公始用之火出而畢賦自命夫命婦至于老疾無不受冰○鮮依注音獻覿大歷反沍戶故反朝直遙反秬音巨與音預祭寒本或作祭司寒按左氏傳無司字○【疏】注鮮當至受冰正義曰鮮當爲獻者按詩豳風七月云四之日其蚤獻羔祭韭故知鮮爲獻也云獻羔謂祭司寒者以經云獻羔啓冰先薦寢廟恐是獻羔寢廟故云祭司寒左傳直云獻羔而啓之知祭司寒者以傳云祭寒而藏之旣祭司寒明啓時亦祭之云薦於宗廟乃後賦之者薦於宗廟謂仲春也乃後賦之謂孟夏也故凌人云夏頒冰左傳云火出而畢賦是也引春秋傳曰者昭四年左傳申豐之辭也從古者以至無不受冰皆左傳文也按昭四年春大雨雹季武子問於申豐申豐對以此辭云日在北陸者北陸虛也謂十二月日在虛之時而藏冰云西陸朝覿而出之者西陸昴也鄭康成以爲四月之時日在昴畢之星朝見東方於時出冰以頒賜百官若其初出薦廟時在二月是也云固陰沍寒者杜預注沍閉也謂堅固之陰閉塞不通陽之處於是取之云朝之祿位賓食喪祭於是乎用之者朝之祿位謂大夫已上故下云命夫命婦無不受冰是也賓謂接迎賓客食謂尋常飲食喪謂死喪祭謂祭祀云黑牡秬黍者以其祭水神色尚黑云桃弧棘矢者桃去不祥棘則刺禦惡云祭寒而藏之者寒謂司寒之神則玄冥水神也所用黑牡秬黍黑牡則黑羔云獻羔而啓之者獻羔則黑牡也亦用秬黍啓之謂二月時也故云公始用之云火出而畢賦者畢盡也謂應是得冰之人無問尊卑盡賦與之按左傳云火出於夏爲三月於商爲四月於周爲五月則火出季春建辰之月以周禮夏頒冰乃建巳之月不同者但建辰火星在卯火星始出至建巳火星漸高揔而言之亦得稱火出早則三月之末晚則四月之初不甚相遠又三月內有得四月節氣故據夏而言之按月令季冬藏冰詩豳風二之日納于凌陰三之日建寅之月不同者鄭注幽地晚寒所以然月也

禋祀

六宗

禋于六宗

孔傳精意以享謂之禋宗尊也所尊祭者其祀有六謂四時也寒暑也日也月也星也水旱也祭亦以攝告

○傳精意王攝告○正義曰國語云精意以享禋也釋詁云禋祭也孫炎曰禋絜敬之祭也周禮大宗伯云以禋祀祀昊天上帝以實柴祀日月星辰以槱燎祀司中司命風師雨師鄭云禋之言煙周人尚臭煙氣之臭聞者也鄭以禋祀之文在燎柴之上故以禋爲此解耳而洛誥云秬鬯二卣曰明禋又曰禋于文王武王又曰王賓殺禋咸格經傳之文此類多矣非燔柴祭之也知禋是精誠絜敬之名耳宗之爲尊常訓也名曰六宗明是所尊祭者有六但不知六者爲何神耳祭法云埋少牢於太昭祭時相近於坎壇祭寒暑王宮祭日夜明祭月幽禜祭星雩禜祭水旱也據此言六宗彼祭六神故傳以彼六神謂此六宗必謂彼之所祭是此六宗者彼文上有祭天祭地下有山谷丘陵此六宗之文在上帝之下山川之上二者次第相類故知是此六宗王肅亦引彼文乃云禋于六宗此之謂矣鄭玄注彼云四時謂陰陽之神也然則陰陽寒暑水旱各自有神此言禋于六宗則六宗常禮也禮無此文不知以何時祀之鄭以彼皆爲祈禱之祭則不可用鄭玄注以解此傳也漢世以來說六宗者多矣歐陽及大小夏侯說尚書皆云所祭者六上不謂天下不謂地旁不謂四方在六者之間助陰陽變化實一而名六宗矣孔光劉歆以六宗謂乾坤六子水火雷風山澤也賈逵以爲六宗者天宗三日月星也地宗三河海岱也馬融云萬物非天不覆非地不載非春不生非夏不長非秋不收非冬不藏此其謂六也鄭玄以六宗言禋與祭天同名則六者皆是天之神祇謂星辰司中司命風師雨師星謂五緯星辰謂日月所會十二次也司中司命文昌第五第四星也風師箕也雨師畢也晉初幽州秀才張髦上表云臣謂禋于六宗祀祖考所尊者六三昭三穆是也司馬彪又上表云歷難諸家及自言巳意天宗者日月星辰寒暑之屬也地宗社稷五祀之屬也四方之宗四時五帝之屬惟王肅據家語六宗與孔同各言其志未知孰是司馬彪續漢書云安帝元初六年立六宗祠於洛陽城西北亥地祀比大社魏亦因之晉初荀顗定新祀以六宗之神諸說不同廢之摯虞駁之謂宜依舊近代以來皆不立六宗之祠也

春祭曰祠祠之言食夏祭曰礿新菜可汋秋祭曰嘗嘗新穀冬祭曰蒸。進品物也祭天曰燔柴既祭積薪燒之。燔音煩祭地曰瘞薶既祭埋藏之。祭山曰庪縣。或庪或縣置之於山山海經曰縣以吉玉是也。庪居委反縣玄祭川曰浮沈投祭水中或浮或沈祭星曰布布散祭於地祭風曰磔今俗當大道中磔狗云以止風此其象。磔音責是禷。是禡師祭也師出征伐類。於上帝禡於所征之地。禷類禡罵既伯既禱馬祭也伯祭馬祖也將用馬力必先祭其先禘大祭也。五年一大祭。禘大計切繹又祭也祭之明日尋繹復祭周曰繹春秋經曰壬午猶繹商曰肜。書曰高宗肜日夏曰復胙。未見義所出。胙音祚祭名

疏春祭至祭名。釋曰此別四時及三代諸祭名也春祭曰祠夏祭曰礿秋祭曰嘗冬祭曰蒸者此四時之祭名也郭云祠之言食礿新菜可汋嘗嘗新穀蒸進品物也此皆周禮也。殷以上則礿禘蒸嘗王制文是也至周公則去夏禘之名以春礿當之更名春曰祠故禘祫志云王制記先王之法度宗廟之祭春曰礿夏曰禘秋曰嘗冬曰蒸祫爲大祭於夏於秋於冬周公制禮乃改夏爲礿禘又爲大祭祭義注云周以禘爲殷祭更名春曰祠是祠礿嘗蒸之名周公制禮之所改也若。然詩小雅云礿祠蒸嘗于公先王此文王之詩所以已得有制禮所改之名者然王者因革與世而遷事雖制禮大定要亦所改有漸易曰不如西鄰之礿祭鄭注爲夏祭之名則文王時已改言周公者據制禮大定言之耳。祭天曰。燔柴者祭天名燔柴祭法云燔柴於泰壇祭天也郭云既祭積薪燒之大宗伯云以禋祀祀昊天上帝以實柴祀日月星辰以槱燎祀司中司命飌師雨師鄭。云禋之言煙周人尚臭煙氣之臭聞者槱積也詩曰芃芃棫樸薪之槱之三祀皆積柴實牲體焉或有玉帛燔燎而升煙所以報陽也然則祭天之禮積柴以實牲體玉帛而燔之使煙氣之臭上達於天因名祭天曰燔柴也。祭

地曰瘞薶者祭地名瘞薶祭法云瘞埋於泰圻。祭地也然則祭神州地祇於北郊瘞繒埋牲因名祭地曰瘞薶。李巡曰祭
地以玉埋地中曰瘞薶孫炎曰瘞者翳也既祭翳藏地中。祭山曰庪縣有庪縣祭山之名也庪謂埋藏之大宗伯云以
貍沈祭山林川澤鄭注云祭山林曰埋是也縣謂縣其牲幣於山林中因名祭山曰庪縣郭云或庪或縣置之於山是也
又云山海經曰縣以吉玉是也者案中山經云歷兒冢也其祠祀。毛大牢之具縣以吉玉彼注云縣祭山之名是也。祭
川曰浮沈者浮沈祭川之名也郭云投祭水中或浮或沈大宗伯云以貍沈祭山林川澤鄭注云祭川澤曰沈順其性之
含藏是也。祭星曰布者李巡曰祭星者以祭布露地故曰布孫炎曰既祭布散於地似星布列也郭云布散祭於地。
祭風曰磔者磔謂披磔牲體象風之散物因名云郭云今俗當大道中磔狗云以止風此其象。是禷是禡師祭也者是
禷是禡詩大雅皇矣篇文也師祭也作者所以解詩也言用師出征之祭名也郭云師出征伐類於上帝禡於所征之地
者王制云天子將出征類乎上帝禡於所征之地是也言類乎上帝則類祭祭天也祭天而謂之類者尚書夏侯歐陽說
以事類祭之在南方就南郊祭之春官肆師注云類禮依郊祀而爲之是用尚書說爲義也禡之所祭其神不明肆師云
凡四時之大田獵祭表貉則爲位注云貉師祭也於立表處爲師祭祭造軍法者禱氣勢之增倍也其神蓋蚩尤或曰黃
帝又甸祝掌四時之田表貉之祝號杜子春云貉兵祭也田以講武治兵故有兵祭。習兵之禮故貉祭禱氣勢之十百而
多獲由此二注有之則禡祭造兵爲軍法者爲表以祭之禡周禮作貉貉又或爲貊字古今之異也貉之言百祭祀此神
求獲百倍。既伯既禱馬祭也者既伯既禱詩小雅吉日篇文也馬祭也作者所以釋詩也毛傳云伯馬祖也重物愼微。
將用馬力必先爲之禱其祖禱禱獲也郭云伯祭馬祖也將用馬力必先祭其先知伯是祭馬祖者爲馬而祭故知馬祖
謂之伯者伯長也馬祖始是長也鄭注周禮云馬祖天駟房也彼注云龍爲天馬故房四星謂之天駟馬國之大用王者
重之故夏官校人春祭馬祖夏祭先牧秋祭馬社冬祭馬步注云馬祖天駟上文云天駟先牧始養馬者馬社始乘馬者
馬步神爲災害馬者既四時各有所爲祭之馬祖祭之在春其常也而將用馬力則又用彼禮以禱之。禘大祭也者經
傳之文稱禘非一其義各殊論語云禘自既灌及春秋禘于太廟謂宗廟之祭也喪服小記云王者禘其所自出也及大
傳云禮不王不禘謂祭感生之帝於南郊也祭法云周人禘嚳而郊稷謂祭昊天於圜丘也以此比餘處爲大祭摠得稱
禘。宗廟謂之禘者禘諦也言使昭穆之次審諦而不亂也祭天謂之禘者亦言使典禮審諦也郭云五年一大祭者出禮
緯。文知非祭天之禘者以此文下云繹又祭也爲宗廟之祭知此亦宗廟之祭者。繹又祭也者又復也繹復祭之名也
郭云祭之明日尋繹復祭公羊傳云繹者何祭之明日也穀梁傳云繹者祭之旦日之享賓也天子諸侯謂之爲繹少牢
饋食大夫之禮也謂之賓尸與祭同日若然是亦與賓尸事不同矣而詩頌絲衣序云繹賓尸者繹祭之禮主爲賓事此
尸但天子諸侯禮大異日爲之別爲立名謂之爲繹言其尋繹昨日卿大夫禮小同日爲之不別立名直指其事謂之賓
尸耳此序言繹者是此祭之名賓尸是其祭之事故特詳其文也然又祭之名三代各異周名繹商名肜夏名復胙郭云
春秋經曰壬午猶繹者宣八年經文也又云書曰高宗肜日商書篇也孫炎云肜日相尋不絕之意也曰復胙者郭云未
見義所出以夏之典訓無言復胙名者是未見義所出也詩傳及詩箋亦無此一句說者云胙是祭肉也以祭之旦日復
陳其祭肉以賓尸也未知
然不。祭名者以題上事也

【疏】注故魯至禮也○解云正以其所主狹是以不得祭天地也

曷爲或言免牲或言免牛免牲禮也魯卜郊不吉免之禮卜郊不吉則爲牲作玄衣纁裳使有司玄端放之於南郊明本爲天不敢留天牲【疏】或言免牛○解云即成七年王正月鼷鼠食郊牛角改卜牛鼷鼠又食其角乃免牛是也免牛非禮也免牛何以非禮傷者曰牛養牲不謹敬有災傷天不饗用不得復爲天牲故以本牛名之非禮者非大牲不當復見免但當內自省責而已○復爲扶又反下同見免賢徧反下以見同三望者何望祭也然則曷祭祭泰山河海曷爲祭泰山河海据郊者主爲祭天○大山音泰本亦作泰下同【疏】三望者何○解云欲言祭名文在免牲之下欲言非祭因郊天爲之故執不知問山川有能潤于百里者天子秩而祭之此皆助天宣氣布功故祭天及之秩者隨其大小尊卑高下所宜禮祭天牲角繭栗社稷宗廟角握六宗五嶽四瀆角尺其餘山川視卿大夫天燎地瘞日月星辰布山縣水沉風磔雨升燎者取俎上七體與其珪寶在辨中置於柴上燒之○繭古典反燎力召反瘞於例反縣音玄磔陟百反【疏】注禮祭天至大夫○解云皆王制與禮說文耳其餘山川視卿大夫者小山川之屬但牵牛而已○注天燎至雨升○解云爾雅祭天曰燔柴者蓋以燎柴而燔之故謂祭爲燔柴云地瘞者即爾雅云祭地曰瘞埋李巡曰祭地以玉埋地中瘞亦埋也云日月星辰布者即爾雅云祭星曰布孫氏云旣祭布散於地位似星辰布列郭氏曰布散祭於地然則爾雅雖不言日月日月之義宜附於星故何氏連日月言之云山縣者爾雅云祭山曰庪縣郭氏云或庪或縣置之於山李氏曰祭山以黃玉及璧以庪置几上遥遥而眡之若縣故曰庪縣孫氏曰庪縣埋於山足曰庪埋於山上曰縣是也云水沉者即爾雅祭川曰浮沉孫氏曰置祭於水中或浮或沉故曰浮沉是也言風磔者即爾雅云祭風曰磔孫氏云旣祭披磔其牲以風散之李氏曰祭風以牲頭蹄及皮破之以祭故曰磔郭氏曰今俗當大道中磔狗云以止風此其象云雨升者無文何氏更有所見蓋患其雨多祭使上升故祭雨曰升明上水沉是祭川也○注燎者取至燎之○解云上天燎之文其七體者即少牢之肩臂臑肫胳正脊脡脊横脊短脅長脅代脅之屬也觸石而出膚寸而合側手爲膚案指爲寸言其觸石理而出無有膚寸而不合○膚寸方于反側手爲膚按指爲寸不崇朝而徧雨乎天下者唯泰山爾崇重也不重朝言一朝也○崇朝如字注同雨于付反又如字崇重直龍反下同河海潤于千里亦能通氣致雨潤澤及于千里韓詩傳曰湯時大旱使人禱于山川是也郊望非一獨祭三者魯郊非禮故獨祭其大者猶者何通可以已也已止何以書譏不郊而望祭也譏尊者不食而卑者獨食書者惡失禮也魯至是郊者僖公賢君欲尊明其先祖之功德不就廢之譏者春秋不見事不書皆從事舉可知也不告言不從者明已意汲汲欲郊而上不從爾所以見事鬼神當加精誠○秋七月○冬杞伯姬來求婦其言

天子乃祈來年于天宗大割祠于公社及門閭臘先祖五祀此周禮所謂蜡祭也天宗謂日月星辰也大割大殺羣牲割之也臘謂以田獵所得禽祭也五祀門戶中霤竈行也或言祈年或言大割或言臘互文○臘力合反蜡仕詐反字林作䄍

疏天子至五祀○正義曰祈來年于天宗者謂祭日月星辰也大割祠于公社者謂大割牲以祠公社以上公配祭故云公社及門閭者非但祭社又祭門閭但先祭社後祭門閭故云及臘先祖五祀者臘獵也謂獵取禽獸以祭先祖五祀也此等之祭總謂之蜡若細別言之天宗公社門閭謂之蜡其祭則皮弁素服葛帶榛杖其臘先祖五祀謂之息民之祭其服則黃衣黃冠鄭注郊特牲云息民與蜡異也按黨正云國索鬼神而祭祀則以禮屬民而飲酒于序以正齒位則飲酒在蜡祭之後此大飲在蜡祭之前者若黨正屬民飲酒在蜡之後故下云勞農以休息之注黨正飲酒是也若天子諸侯羣臣大飲在蜡祭之前故以大飲敘在祈年之前然鄭爲大飲之下注引黨正飲酒者證其正齒位同在此月不謂大飲即黨正飲酒也而熊氏以爲大飲烝在蜡之後非其義也凡蜡皆在建亥之月而皇氏以爲夏殷蜡各在已之歲終若如此夏家季冬則計耦耕事也脩耒耜具田器不得方始勞農以休息皇氏之義非也○注此周至互文○正義曰知此周禮所謂蜡者以郊特牲蜡者索也索萬物而饗之按籥章云國祭蜡則龡豳頌以息老物蜡而後息老此經亦先祭衆神乃後勞農休息文與籥章相當故經廣祭衆神是周禮籥章所謂蜡祭也而熊氏皇氏皆爲周禮六樂一變而致羽物以致六變而蜡祭此亦廣祭衆神故指彼一變二變而爲之蜡也然彼樂一變二變鄭自解爲蜡耳非周禮正文言蜡何得云周禮所謂蜡也云天宗謂日月星者以蜡祭唯公社不祭地故知祭天宗者不祭天若是祭天何須稱宗下季冬云天之神是天之衆神有司中司命不稱宗明稱宗者謂日月星也按異義六宗賈逵等以爲天宗三謂日月星地宗三謂泰山河海鄭玄六宗以爲星也辰也司中也司命也風師也雨師也不同賈逵之義今此云天宗謂日月星者尚書六宗文承肆類上帝之下凡郊天之時日月從祀故祭以日月配日月在類上帝之中故六宗不得復有日月此不云六宗而云天宗與彼別也蔡邕云日爲陽宗月爲陰宗北辰爲星宗也云臘謂田獵所得禽祭者以欲臘祭之時暫出田獵以取禽非仲冬大閱之獵也左傳云唯君用鮮則天子諸侯祭用鮮獸皇氏云仲秋獮得禽獸以爲乾豆至臘用之其義非也云五祀門戶中霤竈行者月令殷禮言之若周則七祀云或言祈年或言大割或言臘互文者天宗公社門閭先祖五祀等皆祈年大割臘祭之事故云互也皇氏云天宗故云祈社是報功故云大割先祖已之親故臘祭也

勞農以休息之黨正屬民飲酒正齒位是也○勞力報反

疏注黨正至是也○正義曰按黨正職國索鬼神而祭祀則以禮屬民此亦祭衆神之後勞農休息文正相當故云是此等休息是正齒位按雜記子貢觀蜡云一國之人皆若狂者按鄉飲酒初立賓行禮至禮終說屨升堂而燕行無算爵然則初時正齒位後則皆狂蜡祭蔡邕云夏曰清祀殷曰嘉平周曰蜡秦曰臘按左傳云虞不臘矣是周亦有臘名也

周礼

王后内祭祀

女祝四人奚八人女祝女奴曉祝事者○祝之六反鄭又之又反疏女祝至八人○釋曰在此者案其職云掌王后之內祭祀凡內禱祠之事故在此也○注女祝至事者○釋曰言女奴曉事謂識文者爲之也

三皇五帝九皇六十四民

兆五帝於四郊四望四類亦如之兆爲壇之營域五帝蒼曰靈威仰大昊食焉赤曰赤熛怒炎帝食焉黃曰含樞紐黃帝食焉白曰白招拒少昊食焉黑曰汁光紀顓頊食焉黃帝亦於南郊鄭司農云四望道氣出入四類三皇五帝九皇六十四民咸祀之玄謂四望五嶽四鎮四竇四類日月星辰運行無常以氣類爲之位兆日於東郊兆月與風師於西郊兆司中司命於南郊兆雨師於北郊○仰如字劉五郎反熛必消反樞昌朱反紐女久反拒居禹反汁又音巨汁音叶劉子集反

疏兆五至如之○釋曰自此以下云外神從尊至卑故先云五帝此不云大帝者此文上下唯論在四郊以對國中右社稷左宗廟其大帝與崐崘自相對而在四郊之內有自然之圜丘及澤中之方丘以其不在四郊故不言也○注兆爲至北郊○釋曰云兆爲壇之營域者案封人云社稷之壝謂壝土爲之即此壇之營域一也不言壇者舉外營域有壇可知云五帝蒼曰靈威仰之等此於大宗伯釋訖但彼據禮神玉幣而言此據壇域處所而說故兩處各言之也司農云四望道氣出入者案上注司農以爲日月星海後鄭不從矣今此云道氣出入與上注不同者以無正文故兩注有異若然云道氣出入則非日月星海謂五嶽之等也故後鄭就足之還爲五嶽之屬解之先鄭云四類三皇五帝九皇六十四民咸祀之者案史記云九皇氏沒六十四民興六十四民沒三皇興彼雖無三皇五帝之文先鄭意三皇已祀之明并祭五帝三五可知後鄭不從者以其兆五帝已下皆據外神大昊句芒等配祭而已今輒特祭人帝於其中非所宜故不從是以取五嶽之屬易之也後鄭注云四類日月星辰者以其言類明以氣類而爲位以祭之故知是日月之等知兆日於東郊者案祭義云大明生於東故覲禮亦云拜日於東郊玉藻又云朝日於東門之外也又知兆月於西郊者月生於西知風師亦於西郊者以其五行金爲暘土爲風風雖屬土秋氣之時萬物燥落由風故風亦於西郊也云兆司中司命於南郊者以其南方盛陽之方司中司命又是陽故司中司命在南郊也云兆雨師於北郊者以其雨是水宜在水位故知雨師在北郊天子四望諸侯三望境內山川案僖三十一年夏四月猶三望服氏云三

都宗人上士二人中士四人府二人史四人胥四人徒四十人都謂王子弟所封及公卿所食邑疏都宗人○釋曰在此者案其職云掌都祭祀之禮凡都祭祀致福于國皆是事鬼及禮事故列職於此○注都謂至食邑○釋曰案載師云家邑任稍地小都任縣地大都任畺地則大夫采地不得稱都故據大都小都而言之下文家據大夫而說也此既掌祭祀不云伯而云宗人者避大官名夏官都家稱司馬得與大官同名者以其單事是重故與大官同名也秋官都家以稱士者以其主都家萬民之獄訟以告方士故謂之士士者察也取其察審之義也

家宗人如都宗人之數家謂大夫所食采邑疏家宗人○釋曰在此者案其職云掌家祭祀之禮凡祭祀致福亦是共鬼之事故亦列職於此

都宗人掌都宗祀之禮凡都祭祀致福于國都或有山川及因國無主九皇六十四民之祀王子弟則立其祖王之廟其祭祀王皆賜禽焉主其禮者警戒之糾其戒具其來致福則帥而以造祭僕疏注都或至祭僕○釋曰知都有山川者見祭法云山川丘陵能興雲雨諸侯有其地則祭無其地則不祭都既畿內諸侯明亦祭境內山川也云及因國無主九皇六十四民之祀者按王制云天子諸侯祭因國之在其地而無主後者注云謂所因之國先王先公有功德宜享世祀今絕無後爲之祭主者按史記伏羲已前九皇六十四民並是上古無名號之君絕世無後今宜主祭之也云王子弟則立其祖王之廟者左氏傳莊二十八年云邑有先君之主曰都明天子禮亦然故知都內王子弟有祖王之廟也云其祭祀王皆賜禽焉者見祭僕云王所不與則賜之禽都家亦如之玄謂王所不與同姓有先王之廟是賜禽法云其來致福則帥[illegible]造祭僕知者見祭僕云凡祭祀致福者展而受之是造祭僕之事

正都禮與其服禁督其違失者服謂衣服及宮室車旗疏注禁督至車旗○釋曰鄭云禁督其違失者解經正都禮禮中所含者多故揔以違失解之云服謂衣服及宮室車旗者解經與其服鄭并言宮室車旗者經雖直舉其服服中可以兼宮室車旗是以下文家宗人兼言宮室車旗之禁明衣服之外揔須正之

君有寇戎之事則保羣神之壝守山

都宗人
都祭祀
正都禮与其服
寇戎保群神壝
大故禱祠

家宗人
家祭事
家禮与衣服宮室車旗
大故禱祠

川丘陵墳衍之壇域○壝惟癸反劉欲鬼反【疏】注守山至壇域○釋曰此經所云據寇戎從外而入故先保在郊之神位而言是以鄭云守山川丘陵墳衍之壇域也按小宗伯云兆山川丘陵於四郊彼惟不言墳衍墳衍之位亦在四郊皆須保之言壝者謂於中爲壇四畔爲壝舉壝則壇見矣

國有大故則令禱祠既祭反命于國令令都之有司也祭謂報塞也反命還白王○禱本亦作禱丁老反一音丁報反塞西代反【疏】注令令至白王○釋曰鄭知所令令有司者此都宗人是王家之官王命使禱祠是都內之事明所令令都內之有司有事於神者也云祭謂報塞也者凡所禱曰禱至於得福則曰祭當與正祭同名祭則是經言祭據報塞而言也云反命還白王者本以禱祠爲奉王命令祭訖反以王命還白於王故言還白王也

家宗人掌家祭祀之禮凡祭祀致福大夫采地之所祀與都同若先王之子孫亦有祖廟【疏】注大夫至祖廟○釋曰鄭云大夫采地之所祀者則家止謂大夫不通公卿也故載師職云家邑任稍地小都任縣地大都任畺地是大夫采地稱家在三百里之內卿爲小都在四百里公爲大都在五百里則上都宗人所主是也言所祀與都同者謂山川九皇六十四民在其地者云若先王之子孫亦有祖廟者亦如上都宗人但天子與諸侯禮異諸侯之卿大夫同姓邑有先君之主則曰都無曰邑天子之臣同姓大夫雖有先君之主亦曰邑也此不言凡家祭祀致福于國者舉都而言此家從可知

國有大故則令禱祠反命祭亦如之以王命令禱祠歸白王於獲福又以王命令祭之還又反命【疏】國有至如之○釋曰云則令禱祠反命者王以命令禱祠禱祠訖反命於王則與上文都宗人既祭反命于國爲一也此更言祭亦如之者與上異則此是禱祠訖王復更有命祭祭祀亦反命然彼此無異但文有詳略則彼亦有此王命更祭之法文不具也

掌家禮與其衣服宮室車旗之禁令掌亦正也不言寇戎保羣神之壝則都家自保之都宗人所保者謂王所祀明矣【疏】注掌亦至明矣○釋曰云掌亦正者都宗人云正故知此掌與彼正同云不言寇戎保羣神之壝則都家自保之者此鄭都家自解者鄭欲釋經二處互見其文何者彼經言若有寇戎之事則保羣神之壝者據王所命祀者而言則此家宗人亦有王所命祀者家宗人亦保之可知此家宗人不言寇戎保羣神之壝者是王所不祀家宗人自保之則都宗人亦有王不祀者都宗人自保之可知故鄭二者雙言之云都宗人所保者謂王所祀明矣者以王所不祀宗人不保之明宗人保者王所祀也

231　祭祀

祀因國之

○冬狄圍衛衛遷于帝丘卜曰三百年疏卜曰三百年○正義曰案史記衛世家及年表衛從此年以後歷十九君積四百三十年衛元君乃徙于野王元君卒子角代立秦滅衛廢角爲庶人衛成公夢康叔曰相奪予享相夏后啓之孫居帝丘享祭也○卜曰音越或人實反非也相息亮反注及下同夏戶雅反下同疏注相夏至祭也○正義曰夏本紀禹生啓啓生太康及仲康仲康生相是爲啓之孫也周禮祭人鬼曰享公命祀相甯武子不可曰鬼神非其族類不歆其祀歆猶饗也○歆許金反杞鄫何事言杞鄫夏後自當祀相相之不享於此久矣非衛之罪也言帝丘久不祀相非衛所絕不可以間成王周公之命祀諸侯受命各有常祀○間間廁之間請改祀命改祀相之命疏注改祀相之命○正義曰昭七年傳稱晉居夏虛祀鯀而晉侯疾瘳此衛居帝丘而不合祀相者祭法云鯀障洪水而殛死載在祀典傳稱實爲夏郊三代祀之周室既衰晉爲盟主當代天子祭鯀祀之神故祭鯀爲得禮相無功德於民惟當子孫自祭故稱杞鄫何事非衛之罪與鯀異也○鄭洩駕惡公子瑕鄭伯亦惡之故公子瑕出奔楚瑕文公子傳爲納瑕張本洩駕亦鄭大夫隱五年洩駕距此九十年疑非一人○惡烏路反下同

僖一

周國之祀

祀禮

伯[illegible]傳[illegible]之祀[illegible]神

[illegible]七共藏[illegible]來之祀如字

2049[illegible]

大烖之禱祠

大烖及執事禱祠于上下神示執事大祝及男巫女巫也求福曰禱得求

曰祠讄曰禱爾于上下神祇鄭司農
云小宗伯與執事共禱祠。讄音誄

疏大烖及執事禱祠于上下神示。釋曰云大烖者謂國遭水火及年穀不熟則
禱祠於上下天地神祇。注執事大祝及男巫女巫至禱祠。釋曰鄭知執事
之中大祝及男巫女巫者見大祝職云國有大故天烖則彌祀社稷司巫云國大烖則帥巫而造巫恒男巫職中雖無事
其司巫所帥者即帥男巫也女巫職云凡邦之大烖歌哭而請是以鄭君歷而言焉以充事也云求福曰禱得求曰祠兩
言之者欲見初禱
後得福則祠之也

小宗伯

國有大故則旅上帝及四望

國有大故則旅上帝及四望故謂凶烖旅陳也陳其祭事以祈焉禮不如祀之備也上帝五帝也鄭司農云四望日月星海玄謂四望五嶽四鎮四瀆

疏注故謂至四瀆○釋曰此旅是祈禱之名是以知是凶烖凶謂年穀不熟烖謂水火也云旅陳也陳其祭事以祈焉禮不如祀之備者但祈謂祈請求福得福乃祠賽之祠賽則備而與正祭同故知禮不如祀之備也云上帝五帝也者案禮器云祀帝於郊而風雨寒暑時風雨寒暑非一帝之所能為此祈請亦是求風雨寒暑時非一帝故知是五帝也鄭司農云四望日月星海後鄭不從者禮無祭海之文又山川稱望故尚書云望秩于山川是也玄謂四望五嶽四鎮四瀆知者祭山川既稱望案大司樂有四鎮五嶽崩四瀆又與五嶽相配故知四望中有此三者言四望者不可一往就祭當四向望而為壇遥祭之故云四望也

大宗伯

國有大故則令國人祭大故謂水旱凶荒所令祭者社及禜酺○禜音詠酺音蒲又音步疏注大故至禜酺○釋曰知大故是水旱凶荒者以其命國人祭明大故是天下皆有故知水旱凶荒凶荒謂年穀不熟知所命祭是社及禜酺者經云命國人祭案地官州祭社黨祭禜族祭酺於六遂之中亦聯祭社酺祭禜黨祭酺皆是國人所祭之事也歲時之祭祀亦如之月令仲春命民社此其一隅疏歲時至如之○釋曰云歲時之祭祀者上經據禱祈非時祭故此經見其常祭也云亦如之者亦命國人祭也○注月令至一隅○釋曰凡言歲時者謂歲之四時月令唯見一時故鄭云此其一隅也若然月令唯言春者特舉

春祈而言舉一隅可以三隅反則餘三時亦祭也

國有大故令國人祭｜社及其禜酺

歲時｜歲之祭

歲時國人祭

面禳之面禳

凡祭祀面禳釁共其雞牲釁釁廟之屬釁廟以羊門夾室皆用雞鄭司農云面禳四面禳也釁讀爲徽○禳如羊反

疏凡祭至雞牲○釋曰云凡祭祀面禳者祭祀謂宗廟之屬面禳謂祈禱之屬○注釁釁至爲徽○釋曰鄭云釁釁廟之屬者言之屬則釁鼓釁甲兵皆在其中釁廟以羊已下雜記文司農云面禳四面禳則侯禳禳謂禳去惡祥也云釁讀爲徽者亦謂以徽爲飾治之義也

雞

春官雞人

國有大故天裁彌祀社稷禱祠

大故兵寇也大裁疫癘水旱也彌猶徧也徧祀社稷及諸所禱既則祠之以報焉

疏

注大故至報焉○釋曰鄭知大故兵寇也者下列云天灾故知大故直是兵寇也知天災疫癘水旱者見宗伯云以荒禮哀凶札鄭注云荒人物有害又云弔禮哀禍災注云禍災謂水火此皆是天災流行故云天災謂疫癘水旱云彌猶徧也徧祀社稷及諸所禱按小祝云彌災兵彌爲安此彌爲徧不同者義各有所施彼是災兵之事故彌爲安此禱祠之事靡神不舉以彌爲徧云既則祠之以報焉者以其始爲曰禱得求曰祠故以報賽解祠

春官大祝

太師古今同之制

大師宜于社造于祖設軍社類上帝國將有事于四望及軍歸獻于社則前祝鄭司農讀設軍社以春秋傳曰所謂君以師行祓社釁鼓祝奉以從者也則前祝大祝自前祝也玄謂前祝者王出也歸也將有事於此神大祝居前先以祝辭告之○祓芳弗反劉音廢從才用反一音如字下注同疏大師至前祝○釋曰此經六事皆大祝所掌言大師者王出六軍親行征伐故曰大師云宜于社者軍將出宜祭於社即將社主行不用命戮於社云造於祖者出必造即七廟俱祭取遷廟之主行用命賞于祖皆載於齊車云設軍社者此則據社在軍中故云設軍社云類上帝者非常而祭曰類軍將出類祭上帝告天將行云國將有事於四望者謂軍行所過山川造祭乃過及軍歸獻于社者謂征伐有功得四俘而歸獻捷于社按王制云出征執有罪反以釋奠于學注云釋菜奠幣禮先師也引詩執訊獲醜則亦獻于學云則前祝者此經六事皆大祝前辭○注鄭司至告之○釋曰司農引春秋傳者定四年左氏傳按彼祝佗云君以軍行者師則軍也故尚書云大巡六師詩云六師及之皆以師名軍引之者證社在軍謂之軍社之事玄謂前祝者王出也歸也將有事於此神據此經因望已上爲出時獻於社爲歸時皆大祝前祝以辭告之按尚書武成丁未祖于周廟庚戌柴望皆是軍歸告宗廟告天及山川即此經出時告之歸亦告之此經上帝四望不見歸時所告故鄭揔云王出也歸也而將有事於此神以該之大會同造于廟宜于社過大山川則用事焉反行舍奠用事亦用祭事告行也玉人職有宗祝以黃金勺前馬之禮是謂過大山川與曾子問曰凡告必用牲幣反亦如之○舍音釋一音赦與音餘疏大會至舍奠○釋曰大會同者王與諸侯時見曰會殷見曰同或在畿內或在畿外亦告廟而行云造者以其非時而祭造次之意即上文造于祖一也云反行舍奠者曲禮云出必告反必面據生時人子出入之法今王出行時造于廟將遷廟主行反行還祭七廟非時而祭曰奠○注用事至如之○釋曰言用事亦用祭事告行也者言亦如上經大師用祭事告行引玉人職者按玉人職大璋中璋九寸邊璋七寸射四寸厚寸黃金勺青金外天子以巡守宗祝以前馬此云有宗祝以黃金勺前馬之禮非是彼正文義略言之耳云是謂過大山川與者彼不云過山川此言過大山川此不言用黃金勺故言以黃金勺以義約爲一故言與以疑之彼注云大山川用大璋中山川用中璋小山川用邊璋此直見過大山川不見中小者欲見中小山川共大山川一處直告大山川不告中小故不見中小山川各自別處則用中璋邊璋此所過山川非直用黃金勺酌獻而已亦有牢故校人職云將有事於四海山川則飾黃駒注云四海猶四方王巡守過大山川則有殺駒以祈沈之禮與是其牲牢也引曾子問曰凡告必用牲幣反亦如之者按彼注破牲爲制此用牲幣不破之者彼文不取牲義直取出告反亦告而已故破牲爲制於此經皆用牲知者王制云歸假于祖禰用特堯典亦云歸格于藝祖用特校人有飾黃駒之文則知此經出入皆有在禮故不破牲爲制

（春官大祝）

王爲

羣姓立七祀曰司命曰中霤曰國門曰國行曰泰厲曰戶曰竈王自爲立七祀諸侯爲國立五祀曰司命曰中霤曰國門曰國行曰公厲諸侯自爲立五祀大夫立三祀曰族厲曰門曰行適士立二祀曰門曰行庶士庶人立一祀或立戶或立竈此非大神所祈報大事者也小神居人之間司察小過作譴告者爾樂記曰明則有禮樂幽則有鬼神鬼神謂此與司命主督察三命中霤主堂室居處門戶主出入行主道路行作厲主殺罰竈主飲食之事明堂月令春曰其祀戶祭先脾夏曰其祀竈祭先肺中央曰其祀中霤祭先心秋曰其祀門祭先肝冬曰其祀行祭先腎聘禮曰使者出釋幣於行歸釋幣於門士喪禮曰疾病禱於五祀司命與厲其時不著今時民家或春秋祠司命行神山神門戶竈在旁是必春祠司命秋祠厲也或者合而祠之山即厲也民惡言厲巫祝以厲山爲之繆乎春秋傳曰鬼有所歸乃不爲厲○霤力又反譴棄戰反此與音餘脾婢支反肺芳廢反肝音干腎上忍反使色厲反惡烏路反繆音謬

【疏】王爲至或立竈○正義曰此一經明天子以下立七祀五祀之義曰司命者宮中小神熊氏云非天之司命故祭於宮中皇氏云司命者文昌宮星其義非也○曰中霤者主堂室神○曰國門者國門謂城門也○曰國行者謂行神在國門外之西曰泰厲者謂古帝王無後者也此鬼無所依歸好爲民作禍故祀之也○王自爲立七祀者前是爲民所立與衆共之四時常祀及爲羣姓禱祀其自爲立者王自禱祭不知其當同是一神爲是別更立七祀也○諸侯爲國立五祀者減天子戶竈二祀故爲立五祀也○曰公厲者謂古諸侯無後者諸侯稱公其鬼爲厲故曰公厲○諸侯自爲立五祀者義與天子同○大夫立三祀者減諸侯司命中霤故爲三祀也○曰族厲者謂古大夫無後者鬼也族衆也大夫衆多其鬼無後者衆故言族厲○曰門曰行者其大夫無民國故不言國門國行也然鄭注曲禮大夫五祀爲夏殷法注王制大夫五祀是有采地者鄭何以知然曲禮文連於大夫五祀故知非周而王制立七廟故知是周禮以彼推此大夫三祀則周諸侯之大夫無地者也○注此非至爲厲○正義曰小神居人之間司察小過作譴告者以其非郊廟社稷大神故云小神以其門戶竈等故知居人間也以小神所祈故知司察小過作譴告謂作譴責以告人云幽則有鬼神鬼神謂此與者以禮天神人鬼地祇若列其名樂記直云幽則有鬼神是幽闇之處有細小之鬼神謂此小祀者與與是疑辭也云司命主督察三命者案援神契云命有三科有受命以保慶有遭命以謫暴有隨命以督行受命謂年壽也遭命謂行善而遇凶也隨命謂隨其善惡而報之云聘禮曰使者出釋幣於行歸釋幣於門者證大夫有門行云士喪禮曰疾病禱於五祀者證士亦有五祀云司命與厲其時不著者以其餘五祀月令所祀皆著其時唯司命與厲祀時不顯著云今時民家或春秋祠司命行神山神門戶竈在旁者鄭以無文故引今漢時民家或有春秋二時祠司命行神山神也民或然故云或也其祀此司命行神山神之時門戶竈三神在諸神之旁列位而祭也云是必春祠司命秋祠厲也者漢時既春秋俱祠司命與山神則是周時必應春祠司命司命主長養故祠在春厲主殺害故祠在秋云或者合而祠之者鄭又疑之以見漢時司命與山神春秋合祭故云或者合而祠之云山即厲也者以漢時祭司命行神山神門戶竈等此經亦有司命門行戶竈等漢時有山而無厲此有厲而無山故云山即厲也云民惡言厲巫祝以厲山爲之者鄭解爲厲稱山之意漢時人民嫌惡厲漢時巫祝之人意以厲神是厲山氏之鬼爲之故云厲山云謬乎者謂巫祝以厲爲厲山之鬼於理謬乎所以爲謬者鬼之無後於是爲厲厲山氏有子曰柱世祀厲山之神得其鬼爲厲故云謬也引春秋傳者昭七年左傳文於時鄭良霄被殺而死其鬼爲厲子產立良霄之子良止爲後子大叔問其故子產曰鬼有所歸乃不爲厲引之者證厲山氏既有所歸不得爲厲

經祀

古經禮於太室不可得　同空稱孝敬

天子中宮六寢

更可居精之安祀不在室中　周之前在宮中

宮民都來歸宮中廟中則祖禰

司服掌王之吉凶衣服辨其名物與其用事用事祭祀視朝甸凶弔之事衣服各有所用疏司服至用事○釋曰此一經與下文爲總目王吉服有九大裘已下是也凶服即下文凶事與弔是也云辨其名物者衣服有名則物色有異同也○注用事至所用○釋曰云用事祭祀視朝甸凶弔之事者是其事各異云衣服各有所用者謂若祀昊天用大裘之等是也王之吉服祀昊天上帝則服大裘而冕祀五帝亦如之享先王則袞冕享先公饗射則鷩冕祀四望山川則毳冕祭社稷五祀則希冕祭羣小祀則玄冕六服同冕者首飾尊也先公謂后稷之後大王之前不窋至諸盩饗射饗食賓客與諸侯射也羣小祀林澤墳衍四方百物之屬鄭司農云大裘羔裘也袞卷龍衣也鷩裨衣也毳罽衣也玄謂書曰予欲觀古人之象日月星辰山龍華蟲作繢宗彝藻火粉米黼黻希繡此古天子冕服十二章舜欲觀焉華蟲五色之蟲繢人職曰鳥獸蛇雜四時五色以章之謂是也希讀爲絺或作黹字之誤也王者相變至周而以日月星辰畫於旌旗所謂三辰旂旗昭其明也而冕服九章登龍於山登火於宗彝尊其神明也九章初一曰龍次二曰山次三曰華蟲次四曰火次五曰宗彝皆畫以爲繢次六曰藻次七曰粉米次八曰黼次九曰黻皆希以爲繡則袞之衣五章裳四章凡九也鷩畫以雉謂華蟲也其衣三章裳四章凡七也毳畫虎蜼謂宗彝也其衣三章裳二章凡五也希刺粉米無畫也其衣一章裳二章凡三也玄者衣無文裳刺黻而已是以謂玄焉凡冕服皆玄衣纁裳○鷩必滅反劉方弊反毳昌銳反劉清歲反希本又作絺陟里反劉豬履反注下皆同窋張律反盩直留反或音胄裨婢支反又方支反罽居例反繢胡對反黹張里反刺七亦反劉七賜反沈此摯反下同疏王之至玄冕○釋曰王之吉服并下三者亦是令尊其祭服且言六矣○注六服至纁裳○釋曰云六服同冕者首飾尊也者六服服雖不同首同用冕以首爲一身之尊故少變同用冕耳下經五服同名弁亦是首飾尊鄭不言者義可知也冕名雖同其旒數則亦有異但冕名同耳云先公謂后稷之後大王之前不窋至諸盩者但后稷雖是公不謚爲王要是周之始祖感神靈而生文武之功因之而就故特尊之與先王同是以尚書武成云先王建邦啓土尊之亦謂之先王也是以鄭云后稷之後大王之前不數后稷不窋后稷子諸盩大王父二者之間並爲先公矣周本紀云后稷卒子不窋立不窋卒子鞠立鞠卒子公劉立卒子慶節立卒子皇僕立卒子差弗立卒子毀榆立卒子公非立卒子高圉立卒子亞圉立卒子公祖類立卒子古公亶父立古公亶父則大王亶父也公祖類即組紺亦曰諸盩也大祫於大祖后稷廟中尸服袞冕王服亦袞冕也案中庸注云先公組紺以上至后稷天保詩注先公謂后稷至諸盩天作詩注云先公謂諸盩至不窋經皆云先公注或言后稷或不言后稷者中庸云周公成文武之德追王大王王季上祀先公以天子之禮后稷既不追王故注先公中有后稷也天保詩云禴祠烝嘗是四時常祭故注先公中有后稷天作詩是祫之祭禘在后稷廟中不嫌不及后稷故注不言后稷各有所據故注不同也云饗射饗食賓客與諸侯射也者饗食則大行人云上公三饗三食之等是也但饗食在廟故亦服鷩冕也與諸侯射者此大射在西郊虞庠中亦服鷩冕也若燕射在寢則朝服若賓射在朝則皮弁服云羣小祀林澤墳衍四方百物者此據地之小祀以血祭社稷爲中祀埋沈已下爲小祀也若天之小祀則司中司命風師雨師鄭不言者義可知鄭司農云大裘羔裘也者司裘文先鄭注云大裘黑羔裘

然則凡祭之皆同羔裘義具於司裘也云袞卷龍衣也者鄭注禮記云卷俗讀其通則曰袞故先鄭袞卷并言之也云鷩禕衣也者案禮記曾子問云諸侯禕冕覲禮侯氏禕冕鄭注云禕之言埤也天子大裘為上其餘為禕若然則禕衣自袞以下皆是先鄭獨以鷩為禕衣其言不足矣云毳罽衣也者案爾雅云毛氂謂之罽則續毛為之若今之毛布但此毳則宗彝謂虎蜼而先鄭以為罽衣於義不可故後鄭不從也玄謂書曰至希繡而云此古天子冕服十二章舜欲觀焉者欲明舜時十二章至周無十二章之意也然古人必為日月星辰於衣者取其明也山取其人所仰龍取其能變化華蟲取其文理作繢者繢畫也衣是陽陽至輕浮畫亦輕浮故衣繢也宗彝者據周之彝尊有虎彝蜼彝因於前代則虞時有蜼彝虎彝可知若然宗彝是宗廟彝尊非蟲獸之號而言宗彝者以虎蜼畫於宗彝則因號虎蜼為宗彝其實是虎蜼也但虎蜼同在於彝故此亦并為一章也虎取其嚴猛蜼取其有智以其卬鼻長尾大雨則懸於樹以尾塞其鼻是其智也藻水草亦取其有文象衣上華蟲火亦取其明粉米共為一章取其絜亦取養人黼謂白黑為形則斧文近刃白近上黑取斷割焉黻黑與青為形則兩己相背取臣民背惡向善亦取君臣有合離之義去就之理也希繡者孔君以為細葛上為繡鄭君讀希為黹黹紩也謂刺繒為繡次但裳主陰刺亦是沈深之義故裳刺也云華蟲五色之蟲孔君注以為華象草華蟲雉也義亦通以其草華有五色故引繢人鳥獸蛇雜四時五色以章之為證也華蟲名鷩者以其頭似鷩以有兩翼即曰鳥以其體有鱗似蛇則曰蛇以其有五色成章則曰雉故鄭注考工記云蟲之毛鱗有文采者也云希讀為絺或作黹字之誤也者本有此二文不同故云誤當從絺為正也云王者相變至周而以日月星辰畫於旌旗者若孔君義虞時亦以日月星畫於旌旗與周同鄭意虞時無日月星畫於旌旗若虞時日月星畫於旌旗則衣無日月星也云所謂三辰旂旗昭其明也者所謂桓公二年哀伯辭彼三辰則此日月星辰旂旗者謂蛟龍為旂熊虎為旗不畫日月星連引之耳引之者證周世日月星畫於旌旗之意也云而冕服九章者據周法而言既去日月星三章明有九章在也云登龍於山登火於宗彝尊其神明也者鄭知登龍於山者周法皆以蟲獸為章首若不登龍於山則當以山為章首何得猶名袞龍乎明知登龍於山取其神也又知登火於宗彝者宗彝則毳也若不登火在於宗彝上則毳是六章之首不得以毳為五章之首故知登火於宗彝取其明也云九章初一日龍至凡五也此無正文並鄭以意解之以其衣是陽從奇數裳是陰從偶數云希刺粉米無畫也者衣是陽應畫今希冕三章在裳者自然刺繡但粉米不可畫之物今雖在衣亦刺之不變故得希名故鄭特言粉米也然則毳冕之粉米亦刺之也云玄者衣無文裳刺黻而已者以其祭服衣本是玄今玄冕一章仍以玄為名明衣上無畫一章者刺黻於裳而已是以謂玄焉云凡冕服皆玄衣纁裳者六冕皆然故云凡以該之知玄衣纁裳者見易繫辭黃帝堯舜垂衣裳蓋取諸乾坤乾為天其色玄坤為地其色黃但土無正位託於南方火赤色赤與黃即是纁色故以纁為名也

祭祀

抑此二者不及君身山川之神則水旱癘疫之災於是乎禜
之（有水旱之災則禜祭山川之神若臺駘者周禮四曰禜祭爲營攢用幣以祈福祥。癘音例疫音役禜音詠徐又音營）日月星辰之神則雪霜風雨之不時於
是乎禜之（星辰之神若實沈者）【疏】山川至禜之。正義曰水旱癘疫在地之災山川帶地故祭山川之神也雪霜風雨天氣所降日月麗天故祭日月星辰之神也此因其所在分繫之耳其實水旱癘疫亦是天氣所致雪霜風雨亦是在地之災耳雨之不時而致水旱水旱與雨不甚爲異而分言之者據其雨不下而霖不止是雨不時也據其苗稼生死則爲水與旱也禜是祈禱之小祭耳若大旱而雩則徧祭天地百神不復別其日月與山川者也。注有水至福祥。正義曰水旱癘疫俱祭山川杜略癘疫而不言之耳杜言山川之神若臺駘者下云星辰之神若實沈者言此禜祭祭其先世主山川主星辰者之神耳非獨祭此山川星辰之神也計日月無其主之者以與星辰俱是天神連言之耳周禮大祝掌六祈以同鬼示一曰類二曰造三曰禬四曰禜五曰攻六曰說鄭玄云禜日月星辰山川之祭也鄭玄云禜告之以時有災變也禜如日食以朱絲禜社也玄之此言取公羊爲說莊二十五年公羊傳曰日食以朱絲禜社或曰脅之或曰爲闇恐人犯之故營之然社有形質故可朱絲營繞日月山川非可營之物不得以此解禜也賈逵以爲營攢用幣杜依用之日月山川之神其祭非有常處故臨時營其地立攢表用幣告之以祈福祥也攢聚也聚草木爲祭處耳癘疫謂害氣流行歲多疾病然則君身有病亦是癘氣而云不及君身者陳思王以爲癘疫之氣止害貧賤其富貴之人攝生厚者癘氣所不及其事或當然也且子產知晉君之病不在於此故言二者不及君身以病非癘疫故不須祭臺駘等也

若君身則亦出入飲食哀樂之事也山川星辰之神又何爲焉（言實沈臺駘不爲君疾。樂音洛）【疏】若君至事也。正義曰家語孔子云飲食不時逸勞過度者病共殺之此云出入即逸勞也據國君之身則朝以聽政晝以訪問是出也夕以脩令夜以安身是入也

全之物也幽謂血也告幽全之物者貴純之道也純謂中外皆善血祭盛氣也祭肺肝心貴氣主也氣主氣之所舍也周祭肺殷祭肝夏祭心祭黍稷加肺祭齊加明水報陰也祭黍稷加肺謂綏祭也明水司烜所取於月之水也齊五齊也五齊加明水則三酒加玄酒也○齊才細反注及下涚齊并注同綏許恚反取膟膋燔燎升首報陽也膟膋腸間脂也與蕭合燒之亦有黍稷也明水涚齊貴新也涚猶清也五齊濁泲之使清謂之涚齊及取明水皆貴新也周禮㡛氏以涚水漚絲涚齊或爲汎齊○說齊姑銳反字又作涚泲子禮反下同㡛莫剛反漚烏豆反汎本又作泛同凡涚新之也新之者敬也其謂之明水也由主人之絜著此水也著猶成也齊主人齊絜此水乃成可得也○齊側皆反篇末文注同○君再拜稽首肉袒親割敬之至也敬之至也服也拜服也稽首服之甚也肉袒服之盡也割解牲體祭稱孝孫孝子以其義稱也謂事祖禰稱曾孫某謂國家也謂諸侯事五廟也於曾祖以上稱曾孫而已祭祀之相主人自致其敬盡其嘉而無與讓也相謂詔侑尸也嘉善也腥肆爓腍祭豈知神之所饗也主人自盡其敬而已矣治肉曰肆腍孰也爓或爲燖○肆剔歷反注同腍而審反爓直輒反舉斝角詔妥尸古者尸無事則立有事而后坐也尸神象也祝將命也妥安坐也尸始入舉奠斝若奠角將祭之祝則詔主人拜妥尸使之坐尸即至尊之坐或時不自安則以拜安之也天子奠斝諸侯奠角古謂夏時也○斝古雅反坐才臥反縮酌用茅明酌也謂泲醴齊以明酌也周禮曰醴齊縮酌五齊醴尤濁和之以明酌泲之以茅縮去滓也明酌者事酒之上也名曰明者事酒今之醳酒皆新成也春秋傳曰爾貢包茅不入王祭不共泲以酌酒酌猶斟也酒已泲則斟之以實尊彝昏禮曰酌玄酒三注于尊凡行酒亦爲酌也○縮所六反注同齊才細反下皆同去起呂反醳音亦共音恭斟章金反彝音夷注之樹反醆酒涚于清謂泲醆酒以清酒也醆酒盎齊盎齊差清和之以清酒泲之而已泲盎齊必和以清酒者皆久味相得○醆側產反盎烏浪反差初賣反又初佳反汁獻涚于醆酒謂泲秬鬯以醆酒也獻讀當爲莎齊語聲之誤也秬鬯者中有煮鬱和以盎齊摩莎泲之出其香汁因謂之汁莎不以三酒泲秬鬯者秬鬯尊也○汁之十反獻依注爲莎素何反下注同猶明清與醆酒于舊澤之酒也猶若也澤讀爲醳舊醳之酒謂昔酒也泲醴齊以明酌泲醆酒以清酒泲汁獻以醆酒天子諸侯之禮也天子諸侯禮廢時人或聞此而不審知云若今明酌清酒與醆酒以舊醳之酒泲之矣就其所知以曉之也泲清酒以舊醳之酒者爲其味厚腊毒也○澤依注讀爲醳音亦徐詩石反爲其于僞反腊毒上音昔隱義云腊久也久酒有毒祭有祈焉祈猶求也謂祈福祥求永貞也有報焉報謂若穫禾報社有由辟焉由用也辟讀爲弭謂弭災兵遠罪疾也○辟依注作弭亡婢反遠于萬反齊之玄也以陰幽思也故君子三日齊必見其所祭者齊三日者思其居處思其笑語思其志意思其所樂則見之也

凡以神仕者掌三辰之灋以猶鬼神示之居辨其名物猶圖也居謂坐也天者羣神之精日月星辰其著位也以此圖天神人鬼地祇之坐者謂布祭衆寡與其居句孝經說郊祀之禮曰燔燎掃地祭牲繭栗或象天酒旗坐星廚倉具黍稷布席極敬心也言郊之布席象五帝座禮祭宗廟序昭穆亦又有似虛危則祭天圜丘象北極祭地方澤象后妃及社稷之席皆有明法焉國語曰古者民之精爽不攜貳者而又能齊肅中正其知能上下比義其聖能光遠宣朗其明能光照之其聰能聽徹之如是則神明降之在男曰覡在女曰巫是使制神之處位次主而爲之牲器時服巫既知神如此又能居以天法是以聖人祭之以今之巫祝既闇其義何明之見何法之行正神不降或於淫厲苟貪貨食遂誣人神令此道滅痛矣○居紀慮反句紀具反蓋工典反齊側皆反知音智覡胡歷反李音胡隔反令力呈反

疏凡以至名物○釋曰序官注云神士者男巫之俊知是巫者此中掌三辰之法以猶鬼神祇之居按外傳云在男曰覡在女曰巫使制神之處位次主之度與此文合故知此神仕是巫○注猶圖至痛矣○釋曰云天者羣神之精日月星辰其著位也者鄭以經直見三辰不言天者天體無形人所不覩惟覩三辰故鄭云天者羣神之精日月星辰是其著位者也云以此圖天神人鬼地祇之坐者謂布祭衆寡與其居句者鄭意鬼神祇之居止是布祭於神神有衆寡多少或居方爲之或句曲爲之也引孝經說郊祀者援神契文故問章云周公郊祀后稷以配天云郊祀之禮燔燎掃地已下至敬心之言釋之也言郊之布席已下是鄭君語云郊之布席象五帝坐者按天文有五帝坐星東方蒼帝靈威仰南方赤帝赤熛怒中央黃帝含樞紐西方白帝白招拒北方黑帝汁光紀各於其面是布神坐也云禮祭宗廟序昭穆者文二年大事於大廟毀廟之主陳於大祖未毀廟之主皆升合食昭南面穆北面是人鬼之席坐也云亦又有似虛危者虛危有墳墓四司又爲宗廟布席象之故云又有似虛危地云則祭天圜丘象北極者北極有三星則中央明者爲大一常居傍兩星爲臣子位焉云祭地方澤象后妃者天有后妃四星天子象天后象地后妃是其配合也云及社稷者天有天社之星祭社之位象焉故云及社稷之席之言結五帝已下也孝經說云祭牲繭栗者據祭地或象天酒旗坐星酒旗星名云廚倉具黍稷者廚倉亦星名言廚倉所以具黍稷以祭祀云布席極敬心也者揔結語也國語曰以下者欲見巫能制神之處位者心由精爽之意云精爽不攜貳者言其專一也云上下比義者上謂天神下謂地神能比方尊卑大小之義言聖能通知神意云神明降之者正謂神來降於其身言在男曰覡在女曰巫者男子陽有兩稱名巫名覡女子陰不變直名巫無覡稱言今之已下欲言今世邪巫誑惑世間之事故鄭痛之

以冬日至致天神人鬼以夏日至致地示物鬽以禬國之凶荒民之札喪天人陽也地物陰也陽氣升而祭鬼神陰氣升而祭地祇物鬽所以順其爲人與物也致人鬼於祖廟致物鬽於墠壇蓋用祭天地之明日百物之神曰鬽春秋傳曰螭鬽魍魎杜子春云禬除也玄謂此禬讀如潰癰之潰○鬽眉祕反禬胡對反又戶外反札側八反又音截墠音善螭勑知反

疏以冬至札喪○釋曰言以冬日至夏日至此則大司樂云冬日至於地上之圜丘奏之若樂六變天神皆降夏日至於澤中之方丘奏之地祇皆出是也但其時天之神地之祇皆降仍於祭天之明日更祭此等小神祇故於此別之也○注天人至之潰○釋曰鄭云天人陽也者此解冬日至祭天神人鬼之意以其陽故十一月一陽生之月當陽氣升而祭之也云地物陰也者此解夏日至祭地示之意以其陰故五月一陰生之日當陰氣升而祭之也云所以順其爲人與物也者各順陰陽而在冬夏至也云致人鬼於祖廟致物鬽於墠壇此鄭惟釋人鬼物鬽不言致天神之處者文畧亦當在墠壇也云蓋用祭天地之明日者當冬至夏至之日正祭天地之神示事繁不可兼祭此等雖無文鄭以意量之故云蓋用祭天地之明日也云百物之神曰鬽春秋傳曰螭鬽魍魎者按左氏宣公三年楚子問鼎之大小輕重王孫滿對曰夏之方有德也遠方圖物貢金九牧鑄鼎象物故民入川澤山林不逢不若魑魅

魑魅莫能逢之服氏注云螭山神獸形魑魅怪物魑魅木石之怪文十八年注螭山神獸形或曰如虎而啖虎或曰魅人面獸身而四足好惑人山林異氣所生爲人害如賈服義與鄭異鄭君則以螭魅爲一物故云百物之神曰彪引春秋螭彪以證之經無魑魅連引之以國語木石之怪夔魍魎賈服所注是也杜子春云禬除也後鄭云此禬讀如潰癰之潰者就足子春之義以其癰潰則濃血除故讀從之云此禬讀從潰言此以對彼彼大祝云類造禬禜之禬禬爲會合之義不爲潰也

祭祀

孟之爲人也願殺之又惡王子朝之言以爲亂願去之子朝有欲位之言故劉蚠惡之○惡烏路反去起呂反有欲位之言一本位作立疏劉獻至去之○正義曰伯蚠是畢決有知謀者也願得殺賓孟去子朝所以彊單子之心故劉子亦與同志共立子猛也於賓孟云願殺之於子朝云願去之者朝是王之寵子王在不可專殺願逐去而已獻謚法知質有聖曰獻賓孟適郊見雄雞自斷其尾問之侍者曰自憚其犧也畏其爲犧牲奉宗廟故自殘毀。斷丁管反憚待旦反犧許宜反遽歸告王且曰雞其憚爲人用乎人異於是雞犧雖見寵飾然卒當見殺若人見寵飾則當貴盛故言異於雞○遽其據反犧者實用人人犧實難已犧何害言設使寵人如寵犧則不宜假人以招禍難使犧在己則無患害已喻子朝欲使王早寵異之○難乃旦反疏害孟至何害○正義曰說文云犧宗廟之牲也曲禮云天子以犧牛鄭玄云犧純毛也周禮牧人掌牧六牲以共祭祀之牲牷鄭玄云六牲謂牛馬羊豕犬雞牷體完具也又曰祭祀共犧牲以授充人繫之鄭玄云犧牲毛羽完具也授充人者當殊養之然則祭祀之牲選其毛羽完具者養之以爲犧犧者寵養犧牲之名賓孟感雞以毛羽牷具恐其被養爲犧故自斷其尾殘毀其形賓孟怪而問之侍者曰自憚其犧言此雞畏其被寵養也賓孟因此感悟疾歸以雞事告王且又言曰雞其憚畏爲人用乎人則異於是雞矣雞被寵飾終當見殺人被寵飾則當貴盛此其所以異於雞也犧者寵牲之名因以犧喻寵子即名寵子爲犧言寵愛爲犧者倣法用牲今寵愛爲犧者乃實用人言犧當用純德之人猶如祭犧當用純色之牲也他人之有純德寵之如犧後實招禍難矣己子之有純德寵之如犧有何害也但人有親疏若疏人被寵愛爲犧實爲禍難若己家親屬寵愛如犧有何患害他人謂子猛親屬謂子朝也犧者實用人上人是對牲爲稱普據凡人也人犧實難此下人據疏外之人人字雖同上下人意異○注雞犧雖見寵飾○正義曰犧者繫養之名耳言寵飾者當養之時必爲之服飾以異之如今之繫五采也史記稱楚王欲以莊周爲國相謂使者曰郊祭犧牛養之數歲衣以文繡牽入大廟是時欲爲孤豚豈可得乎是亦飾之事○注言設至異之○正義曰賓孟言人犧實難假疏人以爲說人爲疏姓之人寵養疏人擅權害主故言設使寵人如寵犧則不宜假人以招禍難假借他人以權或將反來害己子猛雖亦王子不得王寵與他人無異使犧在己家則無害已喻子朝子朝是己之子欲使王早寵異之如寵

昭廿二

見尤

925

○秋八月丁

卯大事于大廟躋僖公逆祀也僖是閔兄不得爲父子嘗爲臣位應在下令居閔上故曰逆祀○令力呈反閔上時掌反一本無上字疏注僖是至逆祀○正義曰禮父子異昭穆兄弟昭穆故同僖閔不得爲父子同爲穆耳當閔在僖上今升僖先閔故云逆祀二公位次之逆非昭穆亂也魯語云將躋僖公宗有司曰非昭穆也弗忌曰我爲宗伯明者爲昭其次爲穆何常之有如彼所言似閔僖異昭穆者位次之逆如昭穆之亂假昭穆以言之非謂異昭穆也若兄弟相代即異昭穆設令兄弟四人皆立爲君則祖父之廟即已從毀知其理必不然故先儒無作此說於是夏父弗忌爲宗伯宗伯掌宗廟昭穆之禮○夏戶雅反昭上遙反後昭穆之例放此疏注宗伯至之禮○正義曰周禮大宗伯掌建邦之天神人鬼地祇之禮小宗伯掌建國之神位辯廟祧之昭穆諸侯之官所掌亦當然也尊僖公且明見曰吾見新鬼大故鬼小新鬼僖公既爲兄死時年又長故鬼閔公死時年少弗忌明言其所見○長丁丈反少詩照反疏注新鬼至所見○正義曰且明見者既尊崇僖公且明言其意之所見見其順大小升聖賢也劉炫以爲直據兄弟大小爲義不須云死之長幼以規杜氏今刪定知不然者以傳云新鬼大故鬼小則大小之語總該諸事非直獨據兄弟明知亦據年時也先大後小順也躋聖賢明也又以僖公爲聖賢明順禮也君子以爲失禮疏君子以爲失禮○正義曰傳有評論皆託之君子此下盡先姑以來皆是一君子之辭耳引詩二文於詩之下各言君子者君子謂作詩之人此論事君子又引彼作詩君子以爲證耳僖公薨後始作魯頌爲傳之時乃設此辭非當時君子有此言也弗忌之意以先大後小爲順故言明順禮也君子之意以臣不先君爲順故云禮無不順各言其順順不同也魯語展禽云夏父弗忌必有天殃其葬也焚煙達于上孔晁云已葬而柩焚煙達椁外禮無不順祀國之大事也而逆之可謂禮乎子雖齊聖不先父食久矣齊肅也臣繼君猶子繼父○先悉薦反下不先皆同故禹不先鯀湯不先契鯀禹父契湯十三世祖○鯀古本反契息列反般始封之君疏注鯀父至世祖

文二

祝官
太祝之官之長
別職同官
田狩之祝
詛—祝之使沮敗

大祝下大夫二人上士四人小祝中士八人下士十有六人府二人史四人胥四人徒四十人大祝祝官之長疏大祝○釋曰大祝與小祝別職而同官故共府史胥徒在此者案其職云掌六祝之辭以事鬼神示亦是事鬼神之法故列職於此也○注大祝祝官之長○釋曰以其與下小祝喪祝甸祝詛祝等爲長也

喪祝上士二人中士四人下士八人府二人史二人胥四人徒四十人疏喪祝○釋曰在此者案其職云掌大喪勸防之事及辟令啟亦是禨事及事鬼神之法故列職於此也

甸祝下士二人府一人史一人徒四人甸之言田也田狩之祝○甸音電後不音者同疏甸祝○釋曰在此者案其職云掌四時之田表貉之祝從事鬼神之事故列職於此

詛祝下士二人府一人史一人徒四人詛謂祝之使沮敗也○詛側慮反祝之又反沮在呂反沈音敘疏詛祝○釋曰在此者案其職云掌盟詛類造攻說禬禜之祝號亦事鬼神故列職於此注云詛謂祝之使沮敗也者以言盟者盟將來詛者詛往過故云祝之使沮敗也

六祈

類造禬禜攻說

掌六祈以同鬼神示一曰類二曰造三曰禬四曰禜五曰攻六曰說祈嘄也謂爲有災變號呼告于神以求福天神人鬼地祇不和則六癘作見故以祈禮同之故書造作竈杜子春讀竈爲造次之造書亦或爲造造祭於祖也鄭司農云類造禬禜攻說皆祭名也類祭于上帝詩曰是類是禡爾雅曰是類是禡師祭也又曰乃立冢土戎醜攸行爾雅曰起大事動大衆必先有事乎社而後出謂之宜故曰大師宜于社造于祖設軍社類上帝司馬法曰將用師乃告于皇天上帝日月星辰以禱于后土四海神祇山川冢社乃造于先王然後冢宰徵師于諸侯曰某國爲不道征之以某年某月某日師至某國禜日月星辰山川之祭也春秋傳曰日月星辰之神則雪霜風雨之不時於是乎禜之山川之神則水旱癘疫之災於是乎禜之玄謂類造加誠肅求如志禬禜告之以時有災變也攻說則以辭責之禜如日食以朱絲禜社攻如其鳴鼓然董仲舒救日食祝曰炤炤大明瀸滅無光奈何以陰侵陽以卑侵尊是之謂說也禬未聞焉造類禬禜皆有牲攻說用幣而已○造七報反注下皆同禬古外反劉音會禜音詠嘄音叫劉音譑爲于僞反號尸羔反呼火故反見賢遍反禡莫駕反禜烏營反炤章摇反瀸子廉反

疏 掌六至曰說○釋曰上經六祝此云六祈皆是祈禱之事別見其文者按小祝重掌六祝云將事侯禳禱祠之祝號鬼神雖和同爲寧禱請此六祈爲百神不和同即六癘作見而爲祈禱故云以同鬼神祇是以別見其文○注祈嘄至而已○釋曰云謂爲有災變號呼告神以求福者鄭知號呼者見小祝云掌禱祠之祝號故知此六祈亦號呼以告神云天神人鬼地祇不和則六癘作見故以祈禮同之者鄭知鬼神祇不和者見經云掌六祈以同鬼神祇明是不和設六祈以和同之按五行傳云六沴作見云貌之不恭惟金沴木視之不明惟水沴火言之不從惟火沴金聽之不聰惟土沴水思之不睿惟金木水火沴土五行而沴有六者除本五外來沴巳則六彼云沴此云癘者沴有六則癘鬼作見故變沴言癘杜子春云造謂造祭於祖知者禮記云造于祖故後鄭從之先鄭云類造禬禜攻說皆祭名以其祈禱皆是祭事按後鄭類造禬禜皆有牲攻說用幣而已用幣非祭亦入祭科之中云類祭于上帝知者禮記王制及尚書泰誓皆云類于上帝故知類祭上帝也引詩云已下至師至某國以類造爲出軍之祭後鄭皆不從矣所以不從者但出軍之祭自是求福此經六祈皆爲鬼神不和同設祈禮以同之不得將出軍之禮以解之故後鄭不從先鄭引大雅皇矣詩即引爾雅者所以釋此詩故也云又曰乃立冢土戎醜攸行者大雅緜詩云爾雅曰起大事以下亦釋此詩故也又曰乃竝引以相副故大事宜于社造于祖設軍社類于上帝並是此大祝下文云司馬法曰將用師三字司農語云禜日月星辰山川之祭也者引春秋爲證春秋傳曰者昭元年左氏傳云鄭子産聘晉晉侯有疾問於

子產子產對此辭按彼傳文癘疫之災於是乎禜之此云不時者鄭君讀傳有異玄謂類造加誠肅求如志者欲明天神人鬼地祇不得同名類造故云加誠肅求如志云禬禜告之以時有災變也者春秋所云雪霜風雨水旱癘疫之不時於是乎禜之禬雖未聞禬是除去之義故知禬亦災變云攻說則以辭責之者引論語及董仲舒皆是以辭責之云禜如日食以朱絲禜社者按莊公二十五年六月辛未朔日有食之鼓用牲于社公羊傳云日食則曷爲鼓用牲于社求乎陰之道也以朱絲禜社或曰脅之或曰爲闇恐人犯之故禜之何休云朱絲禜之助陽抑陰也或曰爲闇者恐人犯歷之故禜之然此說非也記或傳者示不欲絕異說爾先言鼓後言用牲者明先以爲尊命責之後以臣子禮接之所以爲順也鄭引公羊傳者欲見禜是禜之義云攻如其鳴鼓然者此是論語先進篇孔子責冉有爲季氏聚斂之臣故云小子鳴鼓而攻之可彼是以辭攻責之此攻責之亦以辭責故引以爲證引董仲舒者是漢禮救日食之辭以證經說是以辭責之云禬未聞焉者經傳無文不知禬用何禮故云未聞鄭知類造禬禜皆有牲者按禮記祭法云埋少牢於泰昭祭時也下云幽禜祭星雩禜祭水旱鄭注云凡此以下皆祭用少牢禜既用牲故知類造皆亦有牲故云皆有牲也云攻說用幣而已者知攻說用幣者是日食伐鼓之屬天災有幣無牲故知用幣而已既云天災有幣無牲其類禮以亦是天災得有牲者災始見時無牲及其災成之後即有牲故詩云靡愛斯牲是也

（共以右大祝）

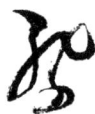

聖乎

子疾病。子路請禱。包曰禱請於鬼神子曰有諸周曰言有此禱請於鬼神之事子路對曰有之誄。曰禱爾于上下神祇孔曰子路失指誄禱篇名子曰丘之禱久矣孔曰孔子素行合於神明故曰丘之禱久矣

疏子疾至久矣正義曰此章記孔子不諂求於鬼神也子疾病子路請禱者孔子疾病子路告請禱求鬼神冀其疾愈也子曰有諸者諸之也孔子以死生有命不欲禱祈故反問子路曰有此禱請於鬼神之事乎子路對曰有之誄曰禱爾于上下神祇者誄禱篇名誄累也累功德以求福子路失孔子之指故曰有之又引誄禱篇之文以對也子曰丘之禱久矣者孔子不許子路故以此言拒之若人之履行違忤神明罹其咎殃則可禱請孔子素行合於神明故曰丘之禱久矣也

子曰奢則不孫儉則固與其不孫也寧固孔曰俱失

祝死

自戲童至于曲洧（今新汲縣治曲洧城臨洧水○戲許宜反洧于軌反治直吏反）【疏】注洧水○正義曰釋例云洧水出滎陽密縣西北陽城山東南至潁川長平縣入潁○晉范文子反自鄢陵（前年鄢陵戰還）使其祝宗祈死（祝宗主祭祀祈禱者）曰君驕侈而克敵是天益其疾也難將作矣愛我者惟祝我使我速死無及於難范氏之福也

（成十七）

尸僕祖道祭軷

少儀　酌尸之僕

古索祭行神，詳見曾子問諸侯適天子節疏

崔氏云：宫内之軷，祭中古之行；城外之軷，祭山川之神

古足烝民之仲山甫出祖道，實之禮，蓋即軷之遺

六宗

- 王肅（偽孔傳）の時、寒暑、日、月、星、水旱
  - 孫炎、云司馬
- 伏生 馬融　天地四時
- 劉歆 孔晁　乾坤六子
  - 司馬彪等各有異説
  - [illegible]
- 賈逵　天宗三　日月星　地宗三　河海岱山
- 今尚書歐陽夏侯　上不及天下不及地旁不及四方中央恍惚助陰陽變化有益於人也（陰陽宗）
- 古尚書説　天宗　日月北辰（星宗）　地宗　岱山河海（澤宗）（許同）
- 鄭玄　星、辰、司中、司命、風師、雨師

磔

大宗伯以疈辜祭四方百物　司農曰罷辜

披磔牲以祭若今時磔狗祭以止風　玄謂

疈〃牲胷也疈而磔之謂磔攘及蜡祭

疏蓋攘者時疈磔牲體者皆從胷臆解析

〃〃〃〃〃〃禮記月令季春九門磔攘季十二月大儺

時亦磔攘

曰祖

光琴瑟擊鼓以御田祖 付田祖光

嵩也

淮南齊俗　有虞氏之祀其社用土祀中霤

夏后氏其社用松祀戶

殷人之禮其社用石祀門

周人之禮其社用栗祀竈

燔柴於泰壇祭天也 疏祭感生帝於南郊令在郊大故曰燔柴

瘞埋於泰折祭地也 疏祭神地祇於北郊祭地曰瘞埋

埋少牢於泰昭祭時也 注四時

相近（鄭禳祈，作祖迎）於坎壇祭寒暑也 注寒于坎暑于壇

王宮祭日也

夜明祭月也

幽宗（鄭禜）祭星也

雩宗（鄭禜）祭水旱也

四坎壇祭四方也 注即謂山林川谷丘陵之神

大宗伯備列諸祀不見四時寒暑水旱

王肅及先儒以四時、寒暑、日、月、星、水旱、爲六宗

宗伯不見文不具

康成謂此諸神禱祈非常禮

（王制）天子祭天地

諸侯祭社稷

大夫祭五祀

司命　中霤　門　行　厲

世婦祀之

春官祀之

有司祀之

女巫

案五祀據祭法之文

諸侯曰　三祀則

祭法之大夫三祀

下御札

天子祭天地祭五方保宿祭五祀成福

諸侯方祀　祭山川祭五祀成福

大夫　祭五祀成福

士　祭先人

法印上宗

中霄司门

以為序札

天子祭天地

注：天地之神

祭四方 歲徧

注：四方之神

句芒在東

祝融后土在南

蓐收在西

玄冥在北

疏：[illegible]迎氣[illegible]

天子[illegible]

[illegible]方人帝[illegible]

周禮兆五帝於四郊，四望四類亦如之

祭山川

祭五祀

注：戶竈中霤門行[illegible]此蓋殷時制也

[illegible]

諸侯方祀

注：方祀者，各祭其方之官而已

祭山川 歲徧

祭五祀

大夫祭五祀 歲徧

士祭其先

天子大蜡八

[illegible]

先嗇　注　若神農者

司嗇　注　后稷是也

農　注　田畯也

郵表畷　注　謂田畯所以督約百姓於井間之處也　[illegible]

貓虎　[illegible]

坊

水庸　注　溝也

昆蟲

[illegible]

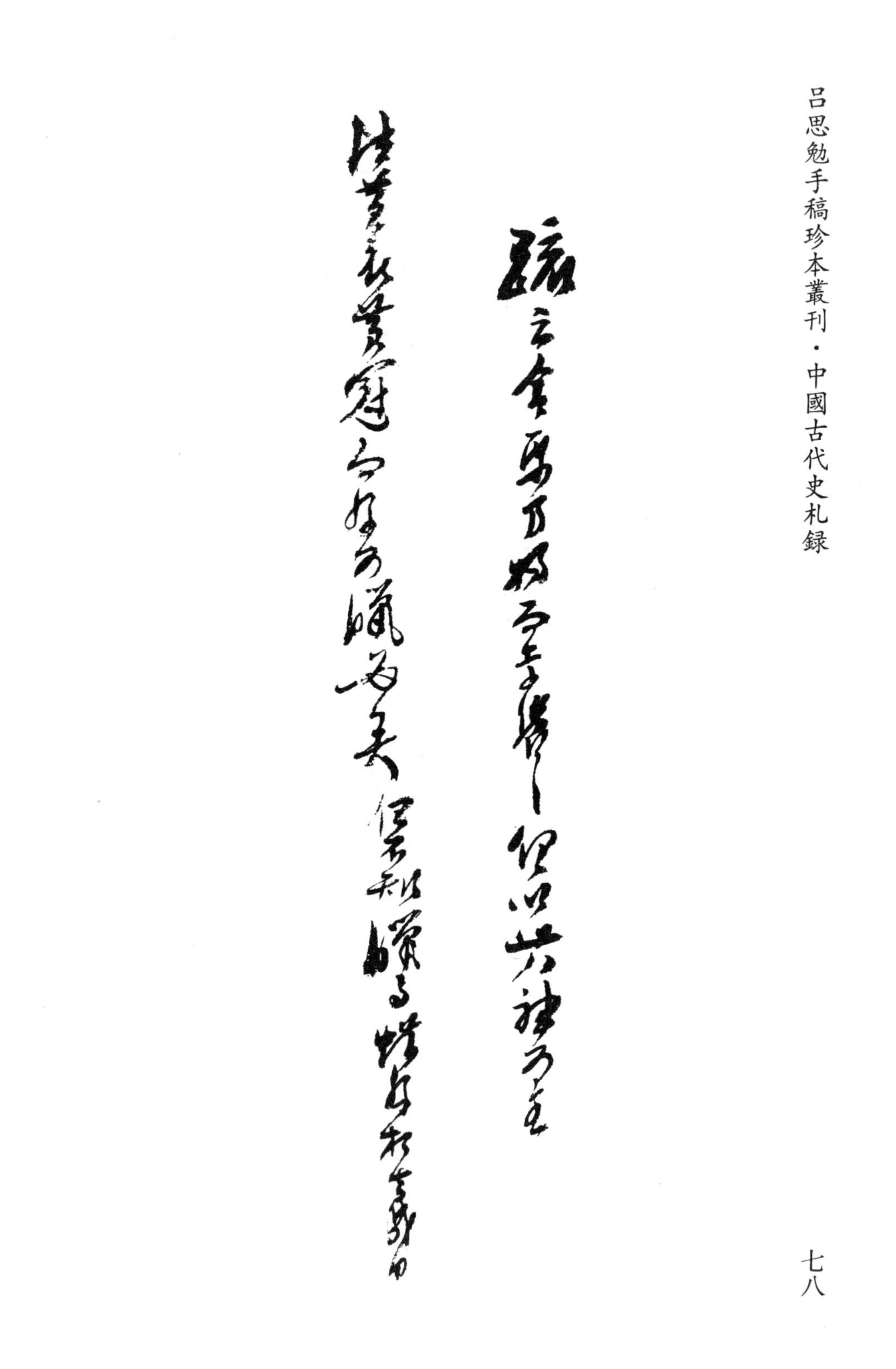

疏云金[illegible]乃[illegible][illegible][illegible]之[illegible]但以共[illegible][illegible][illegible]

陸賈新語資質[illegible][illegible][illegible][illegible][illegible][illegible][illegible][illegible][illegible]一[illegible]矣[illegible][illegible][illegible][illegible][illegible][illegible][illegible][illegible][illegible][illegible][illegible][illegible]

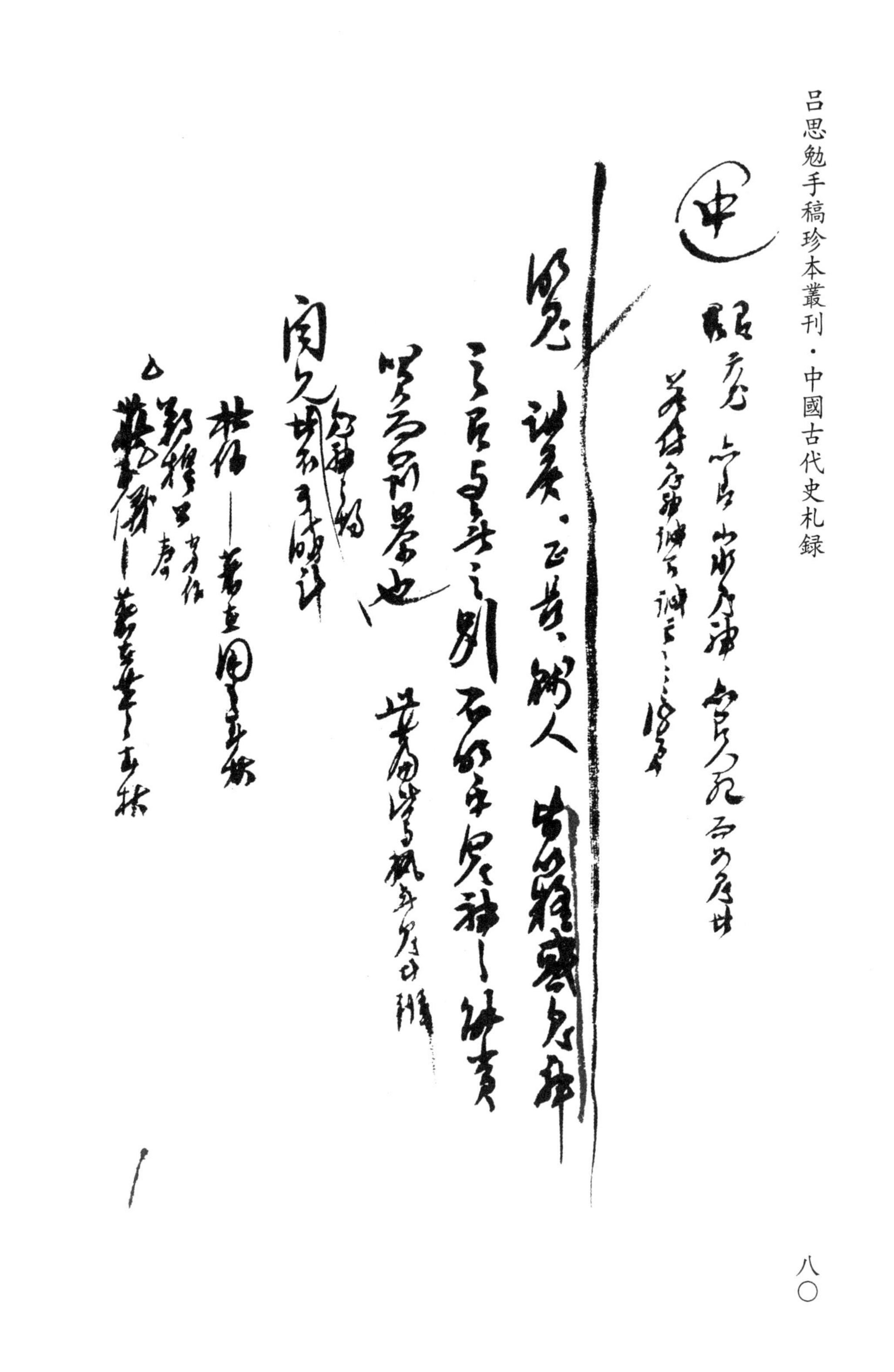

（中）

賦役 [illegible]

[illegible]

覽 [illegible]、[illegible]、[illegible]人 [illegible]

[illegible]別 [illegible]

[illegible]也

[illegible]

[illegible]

杜佑——[illegible]

△

[illegible]

祓禊古年——[illegible]之五秋
至寶圖　中興徵——[illegible]之五秋
崇ㄧ耳目不足之作
孔子傳注[illegible]
[illegible]子[illegible]子祀
[illegible]家刷　蘇佳
周書大正[illegible]
[illegible]母命百民鬼神記——[illegible]古所不得覆
男女無別　民[illegible]
已無[illegible]人[illegible]
先[illegible]

曰黃父之會夫子語我九言曰無始亂無怙富無恃寵無違同無敖禮無驕能無復怒無謀非德無犯非義○沈人不會于召陵晉人使蔡伐之夏蔡滅沈秋楚爲沈故圍蔡伍員爲吳行人以謀楚楚之殺郤宛也伯氏之族出伯州犂之孫嚭爲吳大宰以謀楚楚自昭王卽位無歲不有吳師蔡侯因之以其子乾與其大夫之子爲質於吳冬蔡侯吳子唐侯伐楚舍舟于淮汭自豫章與楚夾漢左司馬戌謂子常曰子沿漢而與之上下我悉方城外以毀其舟還塞大隧直轅冥阨子濟漢而伐之我自後擊之必大敗之既謀而行武城黑謂子常曰吳用木也我用革也不可久也不如速戰史皇謂子常楚人惡子而好司馬若司馬毀吳舟于淮塞城口而入是獨克吳也子必速戰不然不免乃濟漢而陳自小別至于大別三戰子常知不可欲奔史皇曰安求其事難而逃之將何所入子必死之初罪必盡說十一月庚午二師陳于柏舉闔廬之弟夫槩王晨請於闔廬曰楚瓦不仁其臣莫有死志先伐之其卒必奔而後大師繼之必克弗許夫槩王曰所謂臣義而行不待命者其此之謂也今日我死楚可入也以其屬五千先擊子常之卒子常之卒奔楚師亂吳師大敗之子常奔鄭史

神教

○子曰。非其鬼而祭之。諂也。

尚殺

墨子之迎敵祠凡望气有大将气有小将气有往气
有来气有敗气
巫舍必近公社必敬神之巫卜以請守守獨智知巫卜望
气之請而已其出入為流言驚駭恐吏民謹微察之斷罪不赦
望气舍近守宫
孫注
謂望气者舍必近太守巫舍必近公社必敬神
之巫祝史与望气者必以善言告民以請報守上守
獨知其請而已無与望气妄為不善言驚恐民
斷弗赦

諸侯覲于天子爲宮方三百步四門壇十有二尋深四尺加方明于其上四時朝覲受之於廟此謂時會殷同也○宮謂壝土爲埒以象墻壁也爲宮者於國外春會同則於東方夏會同則於南方秋會同則於西方冬會同則於北方八尺曰尋十有二尋則方九十六尺也深謂高也從上曰深司儀職曰爲壇三成成猶重也三重者自下差之爲三等而上有堂焉堂上方二丈四尺上等中等下等每面十二尺方明者上下四方神明之象也上下四方之神者所謂神明也會同而盟明神監之則謂之天之司盟有象者猶宗廟之有主乎王巡守至于方嶽之下諸侯會之亦爲此宮以見之司儀職曰將會諸侯則命爲壇三成宮旁一門詔王儀南鄉見諸侯也

疏諸侯至其上○注四時至侯也○釋曰自此盡四傳儐論會同王爲壇見諸侯之事云四時朝覲受之於廟者案曲禮下經言之春夏朝宗在朝不在廟而言四時朝覲皆在廟者覲宗雖在朝受事則在廟故并言之云此謂時會殷同也者以司儀職云將合諸侯則令爲壇三成與此爲一事則合者合諸侯也故知此爲壇見諸侯謂時會殷同時也案大宗伯云時見曰會殷見曰同鄭注云時見者言無常期諸侯有不順服者王將有征討之事則既朝覲王爲壇於國外合諸侯而命事焉春秋傳曰有事而會不協而盟是也殷猶衆也十二歲王如不巡守則六服盡朝朝禮既畢王亦爲壇合諸侯以命政焉所命之政如王巡守殷見四方四方四時分來終歲則遍若如此注則時會殷同亦有朝覲在廟而獨云四時朝覲在廟者以其周禮大行人諸侯依服數來朝時會無常期假令當方諸侯有不順服則順服者皆來朝王其中則有當朝之歲者復有不當朝之歲者若當朝之歲者自於廟朝覲若不當朝之歲者當在壇朝若十二年王不巡守則殷朝亦云既朝乃於壇者六服之內若以當歲者即在廟則依服數十二歲合有侯服年年朝者在廟朝覲其五服自甸男采衞要五服若以十二歲王巡守揔合朝服不得獨在廟在壇朝故鄭會同皆言既朝覲乃爲壇於國外也朝事儀未在壇朝而先言帥諸侯拜日亦謂帥已朝者諸侯而言也云爲宮者於國外春會同則於東方云云者經直言爲壇鄭知逐四方爲之者案司儀云將合諸侯則令爲壇三成鄭注云合諸侯謂有事而會也爲壇於國外以命事天子春帥諸侯拜日於東郊則爲壇於國東夏禮日於南郊則爲壇於國南秋禮山川丘陵於西郊則爲壇於國西冬禮月與四瀆於北郊則爲壇於國北既拜禮而還加方明於壇上而祀焉鄭引此文下及朝事儀而言故知爲壇皆依方爲之但四方之壇並宜在四郊之內以其拜日之等於近郊退來就壇明壇在近郊之[illegible]去城不知遠近或四方皆依成數東方八里南方七里西方九里北方六里四方此其定分[illegible]職方王會同或出[illegible]侯之國故職方氏令諸侯共待之事則無常數云八尺曰尋

者依考工記云殳長尋有四尺從軫差之知尋長八尺云三重者自下差之爲三等而上有堂焉堂上方二丈四尺上等中等下等每面十二尺者此以下基九十六尺上下三等每等兩相各丈二尺共二丈四尺三等摠七丈二尺通堂上二

丈四合九丈六尺也云方明者上下四方神明之象也者謂合木爲上下四方故名方此則神明之象故名明此樂解得名方明神之義也云所謂明神也者所謂秋官司盟之職云北面詔明神既盟則貳之是也云則謂之天之司盟有象者案春秋襄十一年經書公會晉侯宋公之等伐鄭鄭人懼行成秋七月同盟于亳范宣子曰不愼必失諸侯乃盟載書曰凡我同盟毋蘊年毋壅利毋保姦毋留慝救災患恤禍亂同好惡獎王室或間茲命司愼司盟名山名川明神殛之注云二司天神司盟司愼不敬者盟司察明者是爲天之司盟也云有象者猶宗廟之有主乎者以其宗廟木主亦上下四方爲之故云猶宗廟之有主無正文約同之故云乎以疑之雖同四方爲之但宗廟主止一神而已此下文以六色爲六神用六玉禮之有此別但取四方同而已云王巡狩至於方岳之下諸侯會之亦爲此宮以見之者案下文祭天燔柴祭山丘陵升祭川沈祭地瘞鄭注云升沈必就祭者也則是謂王巡守及諸侯之盟祭也者是王巡守在方岳亦爲此宮可知是以司儀注云王巡守殷國而同則其爲宮亦如此與以其與宮同也案司儀云王合諸侯令爲宮據時會而言其巡守據王就方岳殷國此王有故不行諸侯同來此二者其壇文約與時會同故云與以疑之是以鄭注大宗伯云殷同王亦爲壇於國外亦時會有文者也引司儀者彼此同是一事但文有詳略此文言者取司儀以足之云南鄉見諸侯也者王在堂上公於上等侯伯於中等子男於下等與玉拜皆升堂授玉乃降也

方明者木也方四尺設六色東方青南方赤西方白北方黑上玄下黃設六玉上圭下璧南方璋西方琥北方璜東方圭六色象其神六玉以禮之上宜以蒼璧下宜以黃琮而不以者則上下之神非天地之至貴者也設玉者刻其木而著之

疏方明至方圭○注六色至著之○釋曰云上宜以蒼璧下宜以黃琮者案大宗伯云蒼璧禮天黃琮禮地青圭禮東方赤璋禮南方白琥禮西方玄璜禮北方據彼文上宜用蒼璧下宜用黃琮今於四方還依宗伯唯上不用璧下不用琮故鄭云而不以者則上下之神非天地之至貴者也案宗伯注此禮天以冬至謂天皇大帝在北極者也禮地以夏至謂神在崐崘者也鄭云非天地之貴其天地之貴即昊天崐崘是也既非天地之貴即日月之神故下云祭天燔柴祭地瘞鄭注天地謂日月也若然日月用圭璧者典瑞云圭璧以祀日月故用圭璧也四方用圭璋之等案大宗伯注云禮東方以立春謂蒼精之帝而太昊句芒食焉餘三方皆據天帝人帝人神則此亦非彼神也以其下文有日月四瀆山川丘陵之神迎拜以爲明神故知非天帝人帝之等是以司盟云凡邦國有疑會同則掌其盟約之載及其禮儀北面詔盟神鄭注云有疑不協也明神神之明察者謂日月山川也覲禮加方明於壇上所以依之也是鄭解方明之神明日月山川之等非天帝也若然四方禮神還用圭璋琥璜非天神還用禮玉者尊此明神而與天神同故用之也云刻其木而著之者雖無正文以意言之以其非置於坐以禮神於上下猶南北爲順刻木於四方亦順不刻木安於中則不可故知義然也

上介皆奉其君之旂置于宮尚左公侯伯子男皆就其旂而立置於宮者建之豫爲其君見王之位也諸公中階之前北面東上諸侯東階之東西面北上諸伯西階之西東面北上諸子門東北面東上諸男門西北面東上尚左者建旂公東上侯先伯伯先子子先男而位皆上東方也諸侯入壝門或左或右各就其旂而立王降階南鄉見之三揖土揖庶姓時揖異姓天揖同姓見揖位乃定古文尚作上

疏上介至而立○注置於至

作上○釋曰云上介皆奉其君之旂置于宮尚左者此雖不言前期鄭云豫爲其君見王之位也則亦前期一日可也公侯就旂擬臨朝之時也此旂鄭雖不解鄭注夏官中夏辨號名此表朝位之旂與銘旌及在軍徽幟同皆以尺易刃小而爲之也云中階之前已下皆朝事儀明堂位文以朝事儀論會同之事明堂位周公朝諸侯于明堂不在宗廟皆與此同故鄭依之也言上者皆以近王爲上云尚左者建旂公東上侯先伯伯先子子先男而位皆上東方者以其侯伯別階相對子男雖隔門亦相對皆以東爲上故云侯先伯子先男也云諸侯入壝門或左或右各就其旂而立者案下注云諸侯初入門王官之伯帥之則此云諸侯入壝門或左或右者是二伯初帥之各依左右若康王之誥云大保帥西方諸侯入應門左畢公帥東方諸侯入應門右皆北面此雖無應門亦二伯帥諸侯初入宮門或左或右亦皆北面立定乃始各執其旂而立王乃降南面見之而揖必知王有降揖之事者燕禮大射公降揖羣臣使定位故知王亦然又知王土揖庶姓之等者此是司儀職王在壇揖諸侯之事彼與此同鄭彼注云土揖推手小下之也時揖平推手也天揖推手小舉之以推手曰揖引手曰撎故爲此解也若然覲禮天子不下堂而見諸侯今王降者以在壇會同相見與覲異故也以其覲禮廟門設擯此則堂壝門設擯是以雖纁覲禮之下覲禮無降揖法此與諸侯對面相見故有降揖之事

四傳擯王既揖五者升壇設擯升諸侯以會同之禮其奠瑞玉及享幣公拜於上等侯伯於中等子男於下等擯者每延之升堂致命王受玉撫玉降拜於下等及請事勞皆如覲禮是以記之覲云四傳擯者每一位畢擯者以告乃更陳列而升其次公也侯也伯也各一位子男俠門而俱東上亦一位也至庭乃設擯則諸侯初入門王官之伯帥之耳古文傳作傅○

疏四傳擯○注王既至作傅○釋曰知奠瑞玉及享幣公拜於上等侯伯於中等子男於下等擯者每延之升堂致命王受玉撫玉降拜於下等者三等拜禮皆司儀職文擯者延之升堂以下約上覲禮之法云王受玉謂朝時撫玉謂享時是以司儀三等之下云其將幣亦如之鄭云將幣享也又云及請事勞皆如覲禮者請事謂上文侯氏奠圭擯者請侯氏王欲親受之勞謂侯氏受刑後王勞之故云皆如覲禮云公也侯也伯也各一位者以其面位同故各自設擯云子男俠門而俱東上亦一位也者以其雖隔門相去近又同北面東上故共一位設擯故有四傳擯云至庭乃設擯者對上覲禮門外設擯案此上經諸侯各就其旂而立乃云四傳擯則在諸侯之北故知至庭乃設擯云則諸侯初入門王官之伯帥之耳者約顧命而知之

天子乘龍載大斾象日月升龍降龍出拜日於東門之外反祀方明此謂會同以春者也馬八尺以上爲龍大旂大常也王建大常縿首畫日月其下及旒交畫升龍降龍朝事儀曰天子冕而執鎭圭尺有二寸繅藉尺有二寸搢大圭乘大路建大常十有二旒樊纓十有二就貳車十有二乘帥諸侯而朝日於東郊所以教尊尊也退而朝諸侯由此二者言之已祀方明乃以會同之禮見諸侯也凡會同者不協而盟司盟職曰凡邦國有疑會同則掌其盟約之載書及其禮儀北面詔明神既盟則藏之言北面詔明神則明神有象也象者其方明乎及盟時又加於壇上乃以載辭告焉詛祝掌其祝號

疏天子至方明○注此謂至祝號○釋曰自此盡西門外論將見諸侯先禮日月山川之事云此謂會同以春者也者案下文於南門北門西門之外禮日月四瀆會同以夏秋冬此云拜日於東門之外故知會同以春者也云馬八尺以上爲龍者是周禮庾人職文案彼云馬八尺以上爲龍七尺以上爲騋六尺以上爲馬五尺以上爲駒云大旂大常也者案周禮司常云日月爲常交龍爲旂則旂與常別此既象日月則是大常而云大旂者九旂各有定稱亦有通名故桓二年臧哀伯云三辰旂旗服氏注云九旂之摠名故大常亦謂之大旂是以諸侯建交龍爲旂亦謂之常大行人云五等諸侯亦曰建常九斿亦是通稱也云王建大常縿首畫日月其下及旒交畫升龍降龍知

義然者以其先言日月後言龍故知縿首畫日月依爾雅說旌旗云正幅爲縿長尋曰旐謂旌旗身也其下屬旒乃畫日
月交龍案左傳云三辰旂旗服注云三辰謂日月星孔君尚書傳亦云畫日月星於衣服旌旗鄭注司服亦云王者相變
至周而以日月星辰畫於旌旗所謂三辰旂旗昭其明也若然大常當有星所以司常及此直云日月不云星者既言三
辰則日月星俱有周禮司常不言星者司常九旗皆以二字爲名故畧不言星是以此文亦畧不言星案文大常之上又
有交龍則諸侯交龍爲旂無日月王之大常非直有日月兼有交龍司常不言交龍亦是於文畧引朝事儀以下至朝諸
侯此亦同法故引之證此拜日於東門之事云天子冕而執鎮圭者案玉藻天子玄冕拜日於東門之外則知此亦玄冕
也搢大圭者則周禮玉人職大圭長三尺杼上終葵首是也云乘大路者則周禮玉路也以周之玉路因殷之大路飾之
以玉故猶以大路爲名云樊纓十有二就者案巾車鄭注云樊馬大帶纓馬鞅就成也以五采罽飾之一帀爲一成樊與
纓各飾爲十二帀十二就也云貳車十有二乘者案周禮大行人云上公貳車九乘侯伯七乘子男五乘而天子十二以
爲節故十二乘貳車者飾皆與正路同當亦飾之以玉使人乘之少儀云乘貳車則式佐車則否是也云帥諸侯朝日於
東郊者朝日即拜日一也以其朝必有拜云所以教尊尊也者天子至尊猶往朝日是教天下尊敬其所尊者故云教尊
尊也云退而朝諸侯者朝日於東郊退就壇使諸侯朝已云由此二者言之巳祀方明乃以會同之禮見諸侯也者言一
者諸侯朝事儀與此覲禮其朝事儀朝日退乃始朝諸侯此覲禮加方明於壇上公侯伯子男就其旂而立王乃四傳擯
見之是巳祀方明乃始見諸侯二者同故云由此二者言之若然朝事儀直有朝日禮畢退見諸侯此覲禮祀方明禮畢
乃朝諸侯不同者以其邦國有疑則有盟事朝日既畢乃祀方明於壇祀方明禮畢退去方明於下天子乃升壇與諸侯
相見朝禮既畢乃更加方明於壇與諸侯行盟誓之禮若邦國無疑王帥諸侯朝日而已無祀方明之事是以朝事儀直
云朝日教尊尊而朝諸侯不言祀方明之事鄭云已祀方明者據此覲禮上下有盟誓而言此天子乘龍及下文禮日之
等若有盟誓文當在宮方三百步之上今退文在下者欲見盟誓非常尋常無盟誓之事直朝日而已故也云凡會同者

不協而盟者左氏傳云有事而會不協而盟引此者證此經反祀方明之意反祀方明者爲不協而盟故也故引司盟證
之云既盟則藏之者盟誓既訖寫此盟辭頒之於六官司盟之官覆寫一通自藏擬後覆驗云言北面詔明神則明神有
象也象者其方明也者司盟云詔明神不言方明此鄭云此文直言方明不言明神鄭欲合爲一事故云言北面詔明神
則明神有形象可告以其方明有四方四色是其象無正文無義約爲一事故言乎以疑之云及盟時又加於壇上乃以
載辭告焉者對前祀方明加於壇上祀訖退而乃朝諸侯訖又加於壇上以載辭告之云詛祝掌其祝號者案春官詛祝
職云掌盟詛類造攻說禬禜之祝號注云八者之辭皆所以告神明也盟詛主要誓大事曰盟小事曰詛又云作盟詛之
載辭以敘邦國之信是也**禮日於南門外禮月與四瀆於北門外禮山川丘陵於西門外**此謂會同以夏冬秋者也變拜言禮者容
祀也禮月於北郊者月大陰之精以爲地神也盟神必云日月山川焉者尚著明也詩
曰謂予不信有如皦日春秋傳曰縱子忘之山川神祇其忘諸乎此皆用明神爲信也【疏】禮日至門外○注此謂至信也○釋曰知此謂會同夏秋
冬者以經禮日之等各於其門外上經禮日於東門之外已是春會同明知此是夏秋冬也既所禮各於門外爲壇亦各
合於其方是以司儀云將合諸侯則令爲壇三成宮旁一門鄭注云天子春率諸侯拜日於東方則爲壇於國東夏禮日
於南郊則爲壇於國南秋禮山川丘陵於西郊則爲壇於國西冬禮月四瀆於北郊則爲壇於國北云變拜言禮者容祀
也者言拜無祀祀則兼拜上經云拜日無盟誓不加方明於壇直拜日教尊尊而已此經三時皆言禮見有盟誓之事加

方明於壇則有祀日與四瀆及山川之事故言禮是以或言拜或言禮云禮月於北郊者月大陰之精以爲地神也者鄭
據經三時先北後西不以次第以其祭地於北郊祭月四瀆亦於北郊與地同但日者大陽之精故於東郊南郊於陽方
而禮之以月是地神四瀆與山陵俱是地神以山陵出見爲徵陰故配西方四瀆爲極陰故月同配北方又以月尊故先
言之而又祭於北郊也云盟神必云日月山川焉者爲其著明也者以山川是著見日月是其明故同爲盟神也引詩者
日明詩人以爲明證引春秋者定元年二月孟懿子會城成周宋仲幾不受功即云士彌牟曰晉之從政者新子姑受功
歸吾視諸故府仲幾曰縱子忘之山川鬼神其忘諸乎引之者山川神爲盟神義也不言月者諸文無以月爲盟神之事
故不引據此觀禮言月以月明爲盟神可知

祭天燔柴祭山丘陵升祭川沈祭地瘞

升沈必就祭者也就祭則是謂王巡守及諸侯之盟祭也其盟揭其著明者燔柴升
沈瘞祭禮終矣備矣郊特牲曰郊之祭也迎長日之至也大報天而主日也宗伯職曰以實柴祀日月星辰則燔柴祭天
謂祭日也柴爲祭日則祭地瘞者祭月也日月而云天地靈之也王制曰王巡守至于岱宗柴是王巡守之盟其神主日
也春秋傳曰晉文公爲踐土之盟而傳云山川之神是諸侯之盟其神主山川也月者
大陰之精上爲天使臣道莫貴焉是王官之伯會諸侯而盟其神主月與古文瘞作殪

疏　祭天至地瘞○注升沈至作殪○釋曰上論天子在國行
會同之禮於國之四郊拜禮於日月山川之神以爲盟主已備於上今更言祭日月山川者據天子巡守於四岳各隨方
向祭之以爲盟主故重見此文云升沈必就祭者也者對上經山川丘陵但於四郊望祭之故不言升沈之事此經言升
沈必是就山川丘陵故言升沈案爾雅云祭山曰庪懸祭川曰浮沈不言升此山丘陵云升者升即庪懸也此祭川直言
沈不言浮者以牲體或沈或浮不言浮亦文略也云就祭則是謂王巡守及諸侯之盟神也者此經主爲天子春東郊夏
南郊皆禮日即此經祭天燔柴也秋西郊即此經祭山丘陵升是也冬北郊即此經祭川沈祭地瘞也以其川即四瀆也
鄭兼言諸侯之盟者以其諸侯自盟亦祭山川爲神主故兼言之此經兼有王官之伯以月爲神主不言者無正文故不
言也云其盟揭於著明者亦如上釋以日月爲明山川爲著也云燔柴升沈瘞祭禮終矣者案周禮禋祀實柴燎是歆神
始禮未終而言禮終者以其祭禮有三始樂爲下神始禋柴爲歆神始牲體爲薦饌始燔柴是樂爲下神之後是下神之
禮終故云禮終案爾雅祭天曰燔柴祭地曰瘞埋柴與瘞相對則瘞埋亦是歆神若然則升沈在柴瘞之間則升沈亦是
歆神之節皆據樂爲下神之後而爲祭禮終矣或可周禮此三者爲歆神至祭祀之後更有此柴瘞升沈之事若今時祭
祀訖始有柴瘞之事者也引郊特牲者案易緯三王之郊一用夏正春分以後始日長於建寅之月郊天云迎長日之至
者預迎之又云大報天而主日也者鄭注云大猶徧謂郊天之時祭尊可以及卑日月以下皆祭以日爲主又云大宗伯
職曰以實柴祀日月星辰者此所引不取月與星辰之義直取日而已與此經燔祭文同鄭引此諸文者欲證此經祭天
燔柴是祭日非正祭天神以其日亦是天神故以祭天言之是以鄭云則燔柴祭天謂祭日也又云柴爲祭日則祭地瘞
者祭月也者以其前文天子在國祀日月燔祭既是日祭地是月可知亦非正地神也云日月而云天地靈之者以其尊
之欲爲方明之主故變日月而云天地是神靈之也云王制曰王巡守至於岱宗柴是王巡守之盟其神主日也者案彼
注以爲告至案祀典歲二月東巡守至於岱宗柴注爲考績燔燎柴此又爲祭日柴不同者但巡守至岱宗之下有此三
種之柴告至訖別有考績皆正祭之神別有祭日以爲方明之主尚書與王制并此文唯有柴之文故注不同互見爲義

明皆有是以此引王制之柴以爲祭日引春秋者僖公二十八年晉文公敗楚於城濮爲踐土之盟傳云山川之神引之證諸侯之盟用山川爲主此不言宋仲幾者所引之言皆是諸侯之事云月者大陰之精上爲天使臣道莫貴焉者鄭注周禮九嬪職引孔子云日者天之明月者地之理陰契制故月上屬爲天使婦從夫放月紀此二處俱是緯文鄭言此者證王官之伯臣中最尊奉王使出與諸侯盟其神主月以其無正文故言與以疑之鄉來所解諸侯以山爲主王官之伯以月爲主案襄十一年左傳云秋七月諸侯同盟於亳云司慎司盟名山名川彼非直有山川兼有二司則此所云日月山川者並有此二司可知又王官之伯非直奉王使出會諸侯而盟若受弓矢之賜得專征伐亦與諸侯爲盟訖

有序。皆卜筮所造置也埋牲曰瘞幣帛曰繒宣猶揚也繒或作贈。蓍音尸瘞於例反一音於滯反繒本又作增同似仍反又則登反又似登反〇故先王患禮之不達於下也患下不信也。〇疏故先至有序。〇正義曰此一節論上既言龜知人情故此言卜筮所造置之事故先王有事秉蓍龜既知人情因美龜德也先王聖人將有大事必秉執蓍龜而問吉凶言蓍者凡卜皆先筮故兼言之也。〇列祭祀自此至禮有序皆秉蓍龜事也陳列祭祀謂郊廟以下皆用卜筮也瘞繒者瘞埋也謂祀地埋牲也祭法云瘞埋於泰折祭地也幣帛曰繒繒之言贈也謂埋告又贈神也。〇宣祝嘏辭說宣揚也祝嘏有舊辭更宣揚告神也。〇設制度謂造宮室城隍車旗之屬也。〇故國有禮上諸事既並用卜筮故國家必有其禮也。〇官有御國既有禮故百官各御其事也。〇事有職官既有御故百事各有職主也。〇禮有序者凡所行禮皆有次序也。〇故先王患禮之不達於下也。〇正義曰此一經為下生文雖並用卜筮而民下猶未見信先王患之更為下諸事使達下也〇故祭帝於郊所以定天位也祀社於國所以列地利也祖廟所以本仁也山川所以儐鬼神也五祀所以本事也故宗祝在廟三公在朝三老在學王前巫而後史卜筮瞽侑皆在左右王中心無為也以守至正此所以達禮於下也教民尊神慎居處也宗宗人也瞽樂人也有四輔也〇儐皇音賓敬也舊必信反朝直遙反下同筮市制反瞽音古侑音又〇疏故祭至至正〇正義曰此一節論上云禮有序故記人因說禮須達下之事〇故祭帝於郊所以定天位也者天子至尊而猶祭於郊以行臣禮而事天也是欲使嚴上之禮達於下天高在上故云定天位也亦即是必本於天也〇祀社於國所以列地利也者天子至尊而猶自祭社欲使報恩之禮達於下也地出財故云列地利也亦即是命降于社之謂殺地也〇祖廟所以本仁也者王在宗廟以子禮事尸是欲使仁義之教達於下也亦即降于祖廟之謂仁義〇山川所以儐鬼神也者王自祭山川是欲使儐敬鬼神之教達於下也儐敬也亦即是降於山川之謂興作也〇五祀所以本事也者王自祭五祀是欲使本事之教達於下也五祀是制度故云本事也亦即是降於五祀之謂制度也〇故宗祝在廟者前明因事鬼神使禮達於下此明因委於人使禮達於下也宗宗伯也祝大祝也王在宗廟則委於宗祝示不自專以達下也〇三公在朝者在朝職事則委在三公也〇三老在學乞言則受之三老〇王前巫者若王弔臨則前委於巫也而後史者動則左史書之言則右史書之不敢為非也既言前巫故云後史也卜筮瞽侑皆在左右者卜筮主決疑瞽是樂人主和也侑是四輔典於規諫者也示不自專故並置左右也〇王中心無為也以守至正者既祭祀尊神及委任得人故中心無為以守至正之道也〇注此所至輔也〇正義曰自祭帝於郊至五祀所以本事是祭祀尊神也自宗祝在廟至皆在左右是慎居處也左輔右弼前疑後承皆侑勸人君為善故以侑為輔其四輔之義已具於文王世子〇故禮行於郊而百神受職焉禮行於社而百貨可極焉禮行於祖廟而孝慈服焉禮行於五祀而正法則焉言信得其禮則神物與人皆應之百神列宿也百貨金玉之屬〇應應對之應宿音秀故自郊社祖廟山川五祀義之脩而禮之藏也脩猶飾也藏若其城郭然〇藏如字徐才浪反疏故禮至藏也〇正義曰此一節論上文禮既達於下有功而見徵應

太史儋

人物

史記封禪書：其後百餘年，秦靈公作吳陽上畤，祭黃帝；作下畤，祭炎帝。後四十八年，周太史儋見獻公曰：秦始與周合，合而離，五百歲當復合，合十七年而霸王出。其年

秦孝公以來 七十七歲

而秦靈公於吳陽作上畤，祭黃帝；作下畤，祭炎帝。後四十八年，周太史儋見秦獻公孟康曰太史儋謂老子也師古曰此亦周之太史名非必老聃老聃非秦獻公時儋音丁井反又吐井反曰：周始與秦國合而別，別五百載當復合，應劭曰秦伯翳之後也始周孝王封非子爲附庸邑諸秦平王東遷洛邑襄公以兵衞之嘉其勳力列爲侯伯與周別五百載矣昭王時西州君自歸受罪盡獻其邑三十六城此復合也孟康曰謂周封秦爲別秦并周爲合此襄王爲霸始皇爲王也韋昭曰周封秦爲始別謂秦仲也五百歲謂從秦仲至孝公彊大顯王致伯與之親合也師古曰諸家之說皆非也自非子至西周獻邑凡六百五十三歲自仲至昭王二十六年孝公霸伯止有四百二十六歲皆不合五百之數也按史記秦本紀及年表並云周平王封襄公始列爲諸侯於是始與諸侯通又周本紀及吳齊晉楚諸系家皆言幽王爲犬戎所殺秦始列爲諸侯止與此志符會是乃爲別至昭襄王五十二年西周君自歸獻邑凡五百一十六年是爲合也言五百者舉其成數也合七十年而伯王出焉。韋昭曰武王昭王皆伯至始皇而王天下師古曰七十當爲十七字之誤也史記舊本皆作十七字伯王者指謂始皇初立政在太后嫪毐不得稱伯自昭王滅周後至始皇九年誅嫪毐止十七年本紀年表其義顯而皇氏乃合武王昭王爲數失之遠矣伯讀曰霸儋見後七年，櫟陽雨金，獻公以爲得金瑞，故作畦畤櫟陽而祀白帝。師古曰畦時如種韭畦之形而時於畦中各爲一土封也畦音下圭反○宋祁曰越本獻公下有白字

自秦宣公作密畤後二百五十年

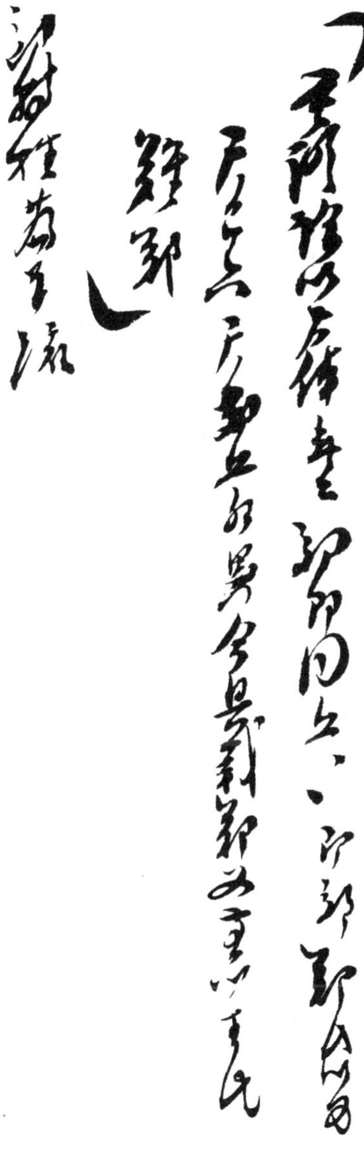

祭祀

宗教

帝一皇天大帝總領天地五帝羣神

迭生子孫更王天下

五帝在太微

三年春王正月郊牛之口傷改卜牛牛死乃不郊猶三望其言之何据食角不言之疏注据食角不言之○解云卽成

十三經注疏　公羊十五　宣公二年　三年　二

七年春王正月鼷鼠食郊牛角改卜牛鼷鼠又食其角乃免牛是也緩也辭間容之故爲緩不若食角急也別天牲主以角書者譏宣公養牲不謹敬不潔清而災重事至尊故詳錄其簡甚疏注不若食角急也解云言食角之時

正以有不顧之處爲天所災不敬簡慢故不言之耳○注別天牲主以角○解云卽王制云祭天地之牛角繭栗宗廟之牛角握賓客之牛角尺是○注重事至簡甚○解云正謂言之是也何者之爲緩辭故以簡慢之甚言矣言簡者欲取五

行傳云簡宗廟之言耳曷爲不復卜据定十五年牛死改卜牛疏注据定至卜牛○解云据彼經云十五年春王正月鼷鼠食郊牛牛死改卜牛是也養牲養二卜二卜語在下帝

牲不吉帝皇天大帝在北辰之中主總領天地五帝羣神也不吉者有災疏注帝皇至有災○解云在北辰之中者言其北辰之處紫微宮內也云總領天地天地五帝羣神也者總領天地之內五帝羣臣也其五方之

帝東方青帝靈威仰之屬是其五帝之名春秋緯文耀鉤具有其文則扳稷牲而卜之先卜帝牲養之有災更引稷牲卜之以爲天牲養之凡當二卜爾復不吉則不郊○扳普顏反又甫姦反疏注更

引至天牲○解云卽定十五年牛死改卜牛者正謂此帝牲在于滌三月滌宮名養帝牲三牢之處也謂之滌者取其蕩滌絜清三牢者各主一月取三月一時足以充其天牲○于滌大歷反養牲宮名疏注養

帝至之處○解云其三牢之文出春秋說文於稷者唯具是視視其身體具無災害而已不特養于滌宮所以降稷尊帝郊則曷爲必祭稷据郊者主爲祭天王

者必以其祖配祖謂后稷周之始祖姜嫄履大人迹所生配配食也疏注姜嫄至所生解云卽詩云履帝武敏歆文周本紀云有邰氏女曰姜嫄爲帝嚳元妃出野見巨人迹心忻然說欲踐之踐之身動如孕

者居期而生子以爲不祥棄之隘巷或棄山林寒冰之上云云姜嫄以爲神遂收養長之初欲棄之因名曰棄是也王者則曷爲必以其祖配据方父事天疏注据方父事天解云言旣以爲

父特祭何嫌而要須以祖配祭之乎故難之自內出者無匹不[illegible]匹合也無所與賈合則不行自外至者無主不止必得主人乃止者天道闇昧故推人道以接之

不以文王配者重本尊始之義也故孝經曰郊[illegible]稷以配天宗祀文王於明堂以配上帝上帝五帝在太微之中迭生子孫更王天下書改卜者[illegible]應變得禮也○迭大結反更王音庚下于況反疏注必得至主之解云正謂天之

精神靈不明察矣○注上帝至禮也○解云此[illegible]者卽靈威仰之屬言在太微宮內迭王天下卽感精符云蒼帝之始二十八世滅蒼者翼也彼注云堯翼之星精在[illegible]方其色赤滅翼者斗注云舜斗之星精在中央其色黃滅斗者參注云

禹參之星精在西方其色白滅參者虛注云湯[illegible]之星精在北方其色黑滅虛者房注云文王房星之精在東方其色青[illegible]五星之謀是其義○彝匡王

專祀七祀

凡祭五祀於廟用特牲之下皆中霤禮文云祭五祀於廟者設祭戶祭中霤在於廟室之中先設席於廟堂之奧若祀竈祀門祀行皆在廟門外先設帝於廟門之奧雖廟室廟門有別摠而言之皆謂之廟故云凡祭五祀於廟此謂殷禮也若周則七祀加司命與厲也不審祀之處所亦當與竈門行等俱在廟門之外祀也若周摠在宮內故宮正法云祭社稷七祀於宮中

月令

呂氏春秋

孫叔

大哉綱常乘為紀天下南郭説見祖留

錢氏相傳不忘本一四

神巫

巫咸

後十四世至帝孔甲淫德好神神瀆二龍去之（索隱）如淳案國語云二龍漦于夏庭是也其後三世湯伐桀欲遷夏社不可作夏社後八世至帝太戊有桑穀生於廷一暮大拱懼伊陟（集解）徐廣曰陟古作敕曰妖不勝德太戊脩德桑穀死伊陟贊巫咸巫咸之興自此始（索隱）尚書伊陟贊于巫咸孔安國云贊告也巫咸臣名今此云巫咸之興術自此始蓋以巫咸爲巫覡然楚詞亦以巫咸主神蓋太史以巫咸是殷臣以巫接神事太戊使禳桑穀之災所以伊陟贊巫咸故云巫咸之興自此始也後十四世帝武丁得傅說爲相殷復興焉稱高宗有雉（集解）徐廣曰一作鷸音雊登鼎耳雊武丁懼祖己曰脩德武丁從之位以永寧後五世帝武乙慢神而震死（索隱）謂武乙射天後

史記封禪書

神敬

郊祀志第五上

洪範八政三曰祀師古曰祀謂祭祀也祀者所以昭孝事祖通神明也旁及四夷莫不修之下至禽獸豺獺有祭師古曰禮記月令季秋之月豺祭獸孟春之月獺祭魚豺摯搏之獸形似狗獺水居而食魚祭者謂殺之而布列以祭其先也豺音仕皆反獺音吐曷反是以聖王爲之典禮民之精爽不貳齊肅聰明者神或降之師古曰爽明也齊讀曰齋齊肅莊敬也在男曰覡在女曰巫師古曰巫覡亦通稱耳覡音下狄反使制神之處位爲之牲器使先聖之後能知山川敬於禮儀明神之事者以爲祝能知四時犧牲壇場上下氏姓所出者以爲宗應劭曰上下謂天地之屬神也氏姓王族之別也宗大宗也臣瓚曰宗宗伯師古曰二說皆非也祝謂主祭之贊詞者積土爲壇平地爲場氏姓謂神本所出及見所當爲出者也宗宗人主神之列位尊卑者也春秋左氏傳曰號公使祝應宗區享神也又云宗祝用馬于四墉非宗伯及大宗也○劉敞曰予按春秋外傳曰夏父弗綦爲宗自稱曰我爲宗伯宗伯非宗何謂故有神民之官各司其序不相亂也民神異業敬而不黷師古曰黷汙瀆也黷音讀故神降之嘉生應劭曰嘉穀也師古曰嘉生謂眾瑞民以物序孟康曰各有分敘也災禍不至所求不匱師古曰匱乏也及少昊之衰九黎亂德孟康曰少昊時諸侯作亂者也韋昭曰黎氏九人也民神雜擾不可放物師古曰放依也物事也放音甫往反家爲巫史享祀無度黷齊明而神弗蠲師古曰齊讀曰齋蠲絜也嘉生不降禍災荐臻莫盡其氣師古曰言不究其性命也顓頊受之迺命南正重司天曰屬神命火正黎司地曰屬民應劭曰黎陰官也火數二二地數也故火正司地以屬萬民師古曰屬委也以其事委之也屬音之欲反使復舊常亡相侵黷自共工氏霸九州其子曰句龍能平水土死爲社祠師古曰共工氏在太昊炎帝之間無祿而王故謂之霸句讀曰鉤有烈山氏王天下其子曰柱能殖百穀死爲稷祠師古曰烈山氏炎帝故郊祀社稷所從來尚矣師古曰尚上也謂起於上古虞書曰舜在璿璣玉衡以齊七政師古曰虞書舜典也在察也璿美玉也璣轉而衡平以玉爲璣衡謂渾天儀也七政日月五星也言舜觀察璣衡以齊同日月五星之政度合天意遂類于上帝禋于六宗孟康曰六宗星辰風伯雨師司中司命○一說云乾坤六子又一說天宗三日月星辰地宗三太山河海或曰天地間游神也師古曰類以類祭也上帝天也絜精以祀謂之禋六宗之義說者多矣乾坤六子其最通乎望秩于山川徧于羣神師古曰望謂在遠者望而祭之秩次也羣神丘陵墳衍之屬揖五瑞師古曰揖與輯同揖合也五瑞公侯伯子男之瑞玉擇吉月日見四嶽諸牧班瑞師古曰四嶽諸牧謂四方諸侯也班布也歲二月東巡狩至于岱宗師古曰狩守也諸侯爲天子守土故巡行岱宗泰山也柴望秩于山川師古曰柴積柴而燔遂見東后東后者諸侯也師古曰后君也東方諸侯故謂之東后也合時月正日同律度量衡師古曰時四時也月十二月也日三百六十日律六律也度尺丈也量斛斗也衡斤兩也修五禮五樂師古曰五禮吉凶賓軍嘉也五樂謂春則琴瑟夏則笙竽季夏則鼓秋則鐘冬則磬也五樂尚書作五玉今志亦有作五玉者五玉即五瑞三帛二生一死爲贄師古曰三帛玄纁黃也二生羔鴈也一死雉也贄者所執以爲禮也五月巡狩至南嶽南嶽者衡山也八月巡狩至西嶽西嶽者華山也十一月巡狩至北嶽北嶽者恒山也皆如岱宗之禮中嶽嵩高也五載一巡狩師古曰此以上皆舜典所載禹遵之後十三世至帝孔甲淫德好神神黷二龍去之應劭曰夏帝孔甲天賜之乘龍河漢各二其後嫚瀆神故龍去之其後十三世湯伐桀欲遷夏社不可作夏社應劭曰遭大旱七年明德以薦而旱不止故遷社以棄代爲稷欲遷句龍德莫能繼故作夏社說不可遷之義也師古曰遷古遷字夏社尚書篇名今則序在而書亡逸迺遷烈山子柱而以周棄代爲稷祠後八世帝太戊有桑穀生於廷一暮大拱懼伊陟曰祆不勝德師古曰穀即今之楮樹也其字從木合兩手曰拱伊陟太戊臣伊尹之子太戊修

亞

宗敬

宗亞藝姬——上番藝指

林舟郎仙居士御閑天參

前稿白〻〻影宗書早尊指廿稿毋安信喜〻關〻

宗來遠〻〻古〻〻稿之事安後供〻指

來稿〻〻百〻〻稿多稿對宗事已供矣〻

請供〻于安安尊指

巫儺

巫降——降下禓

凡喪事掌巫降之禮降下也巫下神之禮今世或死既斂就巫下禓其遺禮○禓音傷疏注降下至遺禮○釋曰人死骨肉下沈於地精魂上歸於天天地與神人通故使巫下神云今世或死既斂就巫下禓其遺禮者按郊特牲鄉人禓鄭注云禓彊鬼彼逐疫癘之事故以禓爲彊鬼此禓當家之死鬼非彊鬼也

春官司巫

巫禱

神

禱于鍾巫以立其主

公之爲公子也與鄭人戰于狐壤止焉内諱獲故言止狐壤鄭地。諸側鳩反弑音試下同一本作殺鄭人囚諸尹氏尹氏鄭大夫賂尹氏而禱於其主鍾巫主尹氏所主祭。賂音路禱丁老反或多報反巫亡夫反遂與尹氏歸而立其主立鍾巫於魯十一月公祭鍾巫齊于社圃社圃園名。圃布古反館于寪氏館舍也寪氏魯大夫。寪于委反壬辰羽父使賊弑公于寪氏立桓公而討寪氏有死者欲以弑君之罪加寪氏而復不能正法誅之傳言進退無據

疏 討寪氏有死者。正義曰劉炫云羽父遣賊弑公公非寪氏所弑公在寪氏而死遂誣寪氏弑君欲以正法誅之君非寪氏所弑故討寪氏之家僅有死者而已言不摠誅之。注欲以至無據。正義曰劉炫云欲以弑君之罪加寪氏則君非寪氏所弑而復不能以正法誅之正法謂滅其族汙其宫也傳言此者進退無據進誅寪

左隱十一

巫

宗教

項之燕昭王卒惠王立與樂毅有隙田單聞之乃縱反間於燕宣言曰齊王已死城之不拔者二耳樂毅畏誅而不敢歸以伐齊爲名實欲連兵南面而王齊齊人未附故且緩攻即墨以待其事齊人所懼唯恐他將之來即墨殘矣燕王以爲然使騎劫代樂毅樂毅因歸趙燕人士卒忿而田單乃令城中人食必祭其先祖於庭飛鳥悉翔舞城中下食燕人怪之田單因宣言曰神來下教我乃令城中人曰當有神人爲我師有一卒曰臣可以爲師乎因反走田單乃起引還東鄉坐師事之卒曰臣欺君誠無能也田單曰子勿言也因師之每出約束必稱神師

史記田單列傳

宗教

暴巫

桐城耆舊傳吳布政通判傳、吳以諱一介、字元石、號菲菴、嘉靖三十五年進士、初授河南光州知州、[redacted]改禹州、其俗歲旱禱雨、輒暴巫以蓋羅之、收衛射請雨、乃大澍、東山數千年之古俗獨存者

巫

迷信

巫

反○初楚范巫矞似矞似范邑之巫○矞尹必反謂成王與子玉子西曰三君皆將强死疏皆將强死○正義曰强健也無病而死謂被殺也城濮之役王思之故使止子玉曰毋死不及止子西子西縊而縣絕在僖二十八年○强其丈反濮音卜毋音無縊一鼓反縣音玄王使適至遂止之使爲商公商楚邑今上雒商縣○王使所吏反沿漢泝江將入郢沿順流泝逆流○沿悅專反泝息路反郢以井反又以政反疏注沿順流泝逆流○正義曰商在漢水北漢水東流而南入江子西既至商邑聞讒不敢居商縣沿漢水順流而下至江乃泝流逆上渚宮當郢都之南故王在渚宮下見之也下注云小洲曰渚釋水文王在

辛

巫

宗教

巫云一 司巫為之長

司巫中士二人府一人史一人胥一人徒十人司巫巫官之長疏司巫○釋曰在此者案其職云若國大旱則帥巫而舞雩亦是事鬼神之事故列職於此○注司巫巫官之長○釋曰案其職云掌羣巫之政令與下男巫女巫神士等爲師故云巫官之長

男巫無數女巫無數其師中士四人府二人史四人胥四人徒四十人巫能制神之處位次主者疏注巫能至主者○釋曰巫與神通亦是鬼神之事故列職於此案神士職云凡以神士者掌三辰之法以猶鬼神示之居注引孝經緯及國語並是制神之處位及次第主之事神士還是男巫爲之故引彼以解此

（春官）

旱則舞雩——呼嗟求雨之祭

女例

司巫掌羣巫之政令若國大旱則帥巫而舞雩 雩旱祭也天子於上帝諸侯於上公之神鄭司農云魯僖公欲焚巫尪以其舞雩不得雨○尪音汪

疏 司巫至舞雩○釋曰掌羣巫之政令者下文男巫女巫皆掌之云若國大旱則帥巫而舞雩者謂帥女巫已下是以女巫職云旱暵則舞雩亦據脩雩而言也○注雩旱至得雨○釋曰言雩旱祭也者經云國大旱而舞雩明雩是旱祭是以春秋緯考異郵云雩者呼嗟求雨之祭云天子於上帝諸侯於上公之神知者按禮記月令大雩帝習盛樂據天子雩五帝按彼下文命百縣雩祀百辟卿士百縣謂畿內鄉遂明畿外諸侯亦雩祀百辟卿士即古上公句龍柱棄之等是天子祀上帝諸侯祀上公若魯與二王之後得祀天者亦得雩祭天鄭司農云魯僖公欲焚巫尪以其舞雩不得雨者按僖二十一年夏大旱公欲焚巫尪尪不必舞雩故檀弓云魯穆公云吾欲暴尪而奚若又云吾欲暴巫而奚若縣子曰天則不雨而暴人之疾子虐無乃不可與鄭注云尪者面鄉天覬天哀而雨之明非舞雩之人司農兼引尪者揔句連引之其實非舞者若四月正雩非直有男巫女巫按論語曾晳云春服既成童子六七人冠者五六人兼有此等故舞師云教皇舞帥而舞旱暵之祀舞師謂野人能舞者明知兼有童子冠者可知

（巫為舞）

旱暵則舞雩 使女巫舞旱祭崇陰也鄭司農云求雨以女巫故檀弓曰歲旱繆公召縣子而問焉曰吾欲暴巫而奚若曰天則不雨而望之愚婦人無乃已疏乎○暵呼旱反繆音穆縣音玄暴蒲卜反

疏 旱暵則舞雩○釋曰此謂五月已後脩雩故有旱暵之事旱而言暵者暵謂熱氣也○注使女至疏乎○釋曰司農引繆公者魯繆公春秋後事縣子者魯大夫欲暴巫者以其舞雩不得雨引之者證使女巫舞雩之事

（女巫）

大裁与巫

國有大裁則帥巫而造巫恒杜子春云司巫帥巫官之屬會聚常處以待命也玄謂恒久也巫久者先巫之故事造之當按視所施爲

疏注杜子至施爲○釋曰子春之意帥巫者巫則女巫恒訓爲常故云會聚常處後鄭不從玄謂恒久也巫久者先巫之故事後鄭之意以恒爲先世之巫久故所行之事今司巫見國大裁則帥領女巫等往造所行之事按視舊所施爲而法之

另爲司巫

凡邦之大裁歌哭而請有歌者有哭者冀以悲哀感神靈也

疏凡邦至而請○釋曰大裁言歌哭而請則大裁謂旱暵者○注有歌靈也○釋曰按林碩難曰凡國有大災歌哭而請魯人有日食而哭傳曰非所哭哭者哀也歌者是樂也有哭而歌是以樂裁裁而樂之將何以請哀未失所禮又喪矣孔子曰哭則不歌歌哭而請道將何爲玄謂日食異者也於民無困哭之爲非其所裁害不害穀物故歌必禮也董仲舒曰雩求雨之術呼嗟之歌國風周南小雅鹿鳴燕禮鄉飲酒大射之歌焉然則雲漢之篇亦大旱之歌考異郵曰集二十四旱志立服而緩雲刑理察挻罪赦過呼嗟哭泣以成發氣此數者非大裁歌哭之證也多裁哀也歌者樂也今喪家輓歌亦謂樂非孔子哭則不歌是出何經論語曰子於是日哭則不歌謂一日之中既以哀事哭又以樂而歌是爲哀樂之心無常非所以譏此禮若然此云歌者憂愁之歌若雲漢之詩是也

祭祀則共匰主及道布及蒩館杜子春云蒩讀爲鉏匰器名主謂木主也道布新布三尺也鉏藉也館神所館止也書或爲蒩館或爲租飽或曰布者以爲席也租飽茅與肉也玄謂道布者爲神所設巾中霤禮曰以功布爲道布屬于几也蒩之言藉也祭食有當藉者館所以承蒩謂若今筐也主先匰蒩後館玄言之者明共主以匰共蒩以筐大祝取其主蒩陳之器則退也士虞禮曰苴刌茅長五寸實于筐饌于西坫上又曰祝盥取苴降洗之升入設于几東席上東縮○匰音丹蒩子都反鉏子都反下同藉慈夜反下同租劉音緅又音卷洗音子餘反飽音庖又音弭裹音果爲于僞反刌音寸疏注杜子至東縮○釋曰子春所解及讀字惟解匰器名一事後鄭從之自餘並義無所取後鄭不從玄謂道布者爲神所設巾即引中霤禮以功布爲道布屬於几是也云蒩之言藉也祭食有當藉者謂常藉所當之食云館所以承蒩謂若今筐也者筐所以盛蒩者也云主先匰蒩後館互言之者謂主先匰器在上者欲見以匰器盛主來向祭所大祝取得主匰器即退蒩後言館器欲見大祝取得蒩館器退明亦初以館盛蒩來互言之是以鄭云明共主以匰共蒩以筐大祝取其主蒩陳之器則退也二事雙解之引士虞禮曰苴刌茅長五寸實於筐饌于西坫上者刌切也切之長五寸又陳之西坫者堂西南隅謂之坫饌陳於此未用前又曰祝盥升取苴降洗之升。設於几東席上東縮者士虞禮設席於奥禮神東面右几故設于几東席上東縮縮縱也據神東面爲正東西設之故言東縮引之者見苴是藉祭之物

凡祭事。守瘞瘞謂若祭地祇有埋牲玉者也守之者以祭禮未畢若有事然祭禮畢則去之○瘞於例反疏注瘞謂至去之○釋曰按爾雅祭天曰燔柴祭地曰瘞埋又按肆師立大祀用玉帛牲牷故鄭云瘞謂若祭地祇有埋牲玉者也鄭不言帛亦有帛可知云守之者以祭禮未畢若有事然者但祭地埋牲與禋祀同節作樂下神之後即有埋牲之事以後更有祭祀之節事故使司巫守埋是以鄭云有祭事然云祭祀畢即去之者以其無事故去之不復守也

注疏司巫

祭祀司巫

男巫掌望祀望衍授號旁招以茅杜子春云望衍謂衍祭也授號以所祭之名號授之旁招以茅招四方之所望祭者玄謂衍讀爲延聲之誤也望祀謂有牲粢盛者延進也謂但用幣致其神二者詛祝所授類造攻說禬禜之神號男巫爲之招○衍音延下同爲于僞反

【疏】男巫至以茅○釋曰云望祀者類造禬禜遥望而祝之云望衍者衍延也是攻說之禮遥望延其神以言語責之云授號者此二者皆詛祝授以神號云旁招以茅者旁謂四方此男巫於地官祭此神時則以茅招之於四方也○注杜子至之招○釋曰子春所云皆無依據故後鄭不從玄謂破衍爲延者衍字於內所義無所取故破從延云望祀謂有牲粢盛者注大祝已云類造禬禜皆有牲攻說用幣而已有牲則有黍稷故此兼云粢盛者也云延進也謂但用幣致其神者此即攻說用幣而已是也云二者詛祝所授類造攻說禬禜之神號男巫爲之招者以其授號文故二者之下故知此六神皆授之號之授號知是詛祝者授詛祝而知也

堂贈爲招弭

冬堂贈無方無算故書贈爲矰杜子春云矰當爲贈堂贈謂逐疫也無方四方爲可也無算道里無數遠益善也玄謂冬歲終以禮送不祥及惡夢皆是也其行必由堂始巫與神通言當東則東當西則西可近則近可遠則遠無常數○矰音曾疏注故書至常數○釋曰子春以堂贈爲逐疫後鄭不從者逐疫方相氏及占夢不合在此故不從云無算道里無數遠益善也後鄭不從者既言無數遠近由人不得云遠益善故不從玄謂知堂贈是送不祥及惡夢者見占夢云舍萌于四方以贈惡夢故知鄭云當東則東當西則西不言南北舉東西可知此解無方可近則近可遠則遠無常數此解無算春招弭以除疾病招招福也杜子春讀弭如彌兵之彌玄謂弭讀爲敉字之誤也敉安也安凶禍也招敉皆有祀衍之禮○弭與彌同及下敉皆亡氏反疏注招招至之禮○釋曰子春讀弭如彌兵之彌玄謂弭讀爲敉字之誤也按小祝後鄭注彌讀曰敉於此云爲敉從子春之說云敉安也安凶禍也者以經云除疾病故知所安者凶禍知招敉皆有祀敉之禮者此招敉爲招福安禍與侯禳意同侯禳在六祝有祭之法故知此二者亦有望祀望衍之禮可知

春爲男巫

女巫掌歲時祓除釁浴歲時祓除如今三月上巳如水上之類釁浴謂以香薰草藥沐浴。巳音祀疏注歲時至沐浴。釋曰歲時祓除者非謂歲之四時惟謂歲之三月之時故鄭君云

如今三月上巳解之一月有三巳據上旬之巳而爲祓除之事見今三月三日水上戒浴是也云釁浴謂以香薰草藥沐浴者若直言浴則惟有湯今兼言釁明沐浴之物必和香草故云以香薰草藥經直云浴兼言沐者凡絜靜者沐浴相將故知亦有沐也

歲时祓除釁浴

施於民趙成子言於諸大夫曰秦師又至將必辟之懼而增德不可當也詩曰毋念爾祖聿脩厥德孟明念之矣念德不怠其可敵乎○丁丑作僖公主書不時也○晉人以公不朝來討公如晉夏四月己巳晉人使陽處父盟公以恥之書曰及晉處父盟以厭之也適晉不書諱之也○公未至六月穆伯會諸侯及晉司空士縠盟于垂隴晉討衛故也書士縠堪其事也陳侯爲衛請成于晉執孔達以說○秋八月丁卯大事于大廟躋僖公逆祀也於是夏父弗忌爲宗伯尊僖公且明見曰吾見新鬼大故鬼小先大後小順也躋聖賢明也明順禮也君子以爲失禮禮無不順祀國之大

事也而逆之可謂禮乎子雖齊聖不先父食久矣故禹不先鯀湯不先契文武不先不窋宋祖帝乙鄭祖厲王猶上祖也是以魯頌曰春秋匪解享祀不忒皇皇后帝皇祖后稷君子曰禮謂其后稷親而先帝也詩曰問我諸姑遂及伯姊君子曰禮謂其姊親而先姑也仲尼曰臧文仲其不仁者三不知者三下展禽廢六關妾織蒲三不仁也作虛器縱逆祀祀爰居三不知也○冬晉先且居宋公子成陳轅選鄭公子歸

宗教

僖十

及里克俱死○晉侯改葬共大子共大子申生也○共音恭本亦作恭大音泰秋狐突適下國下國曲沃新城疏注下國曲沃新城○正義曰曲沃邑也而稱國者晉昭侯嘗以此邑封桓叔桓叔國之三世武公始并晉國遷居而就之此曲沃晉之舊國故謂之爲下國也遇大子大子使登僕忽如夢而相見狐突本爲申生御故復使登車爲僕○復扶又反下文及注同而告之曰夷吾無禮疏夷吾無禮○正義曰賈逵云烝於獻公夫人賈君故曰無禮馬融云申生不自明而死夷吾改葬之章父之過故曰無禮杜不爲注當以鬼神之意難得而知夷吾無禮或非一事不可指言故不說也余得請於帝矣請罰夷吾將以晉畀秦秦將祀余對曰臣聞之神不歆非類民不祀非族疏注神不至非族○正義曰傳稱非我族類其心必異則類族一也皆謂非其子孫妄祀他人父祖則鬼神不歆享之耳祭法云聖王之制祭祀也法施於民則祀之以死勤事則祀之以勞定國則祀之能禦大菑則祀之能捍大患則祀之若農棄爲稷后土爲社社稷功被天下乃令率土報功如此之徒非獨歆己之族若功不施於下民名不載於祀典唯其子孫祀之神亦不歆他族然則秦非晉類而使祀申生祀之大失也晉無罪而滅以畀秦刑之濫也天豈不違此事而待狐突之言方改圖者民之與神不相雜擾雖理有大歸非曲爲小惠豈有一人冤枉即能訴天天受人訴辭便將滅國此事本是妖夢假託上天非天實爲之人能改易傳言鬼神所馮有時而信非言此事實是天心不可執其言而以人事爲難也君祀無乃殄乎歆饗也殄絕也○畀必利反下注同歆許金反且民何罪失刑乏祀君其圖之君曰諾吾將復請七日新城西偏將有巫者而見我焉新城曲沃也將因巫而見○偏匹綿反疏七日至我焉○正義曰申生謂狐突云更經七日於新城西偏將有巫者而與之俱見我焉故杜云將因巫而見許之遂不見狐突許其言申生之象亦沒○見賢遍反又如字及期而往告之曰帝許我罰有罪矣敝於韓敝敗也韓晉地獨敝惠公故言罰有罪明不復以晉畀秦夷吾忌克多怨終於失國雖改葬加謚申生猶忿傳言鬼神所馮有時而信○馮皮冰反疏注敝敗至而信○正義曰晉語云惠公即位出共世子而改葬之臭徹於外國人誦之曰貞之不報孰是人斯而有是臭也貞爲不聽信爲不誠不更厥正大命其傾猗兮違兮心之哀兮歲之二七其靡有微兮郭偃曰甚哉善之難也君改葬共君以爲榮也而惡滋章十四年君之冢祀其替乎亦是申生猶忿之事

忽如夢而見　因巫者而見

神不歆非類
民不祀非族

宗教

縊而死於是邳鄭使謝秦未還故不及難晉君改葬恭太子申生【集解】韋昭曰獻公時申生葬不如禮故改葬之秋狐突之下國【集解】服虔曰晉所滅國以爲下邑一曰曲沃有宗廟故謂之國在絳下故曰下國也遇申生申生與載而告之【集解】杜預曰忽如夢而相見狐突本爲申生御故復使登車曰夷吾無禮余得請於帝【集解】服虔曰帝天帝請罰有罪將以晉與秦秦將祀余狐突對曰臣聞神不食非其宗君其祀毋乃絕乎君其圖之申生曰諾吾將復請帝後十日【集解】駰案左傳曰七日新城西偏將有巫者見我焉【集解】杜預曰將因巫以見許之遂不見【集解】杜預曰狐突許其言申生之象亦沒及期而往復見申生告之曰帝許罰有罪矣弊於韓【集解】賈逵曰弊敗也韓晉韓原兒乃謠曰恭太子更葬矣【索隱】更改也更葬謂改葬後十四年晉亦不昌昌乃在兄

鬼神

無事不辟廟門也鬼神尚幽闇

無事不辟廟門鬼神尚幽闇也廟殯宮。辟婢亦反徐扶亦反哭皆於其次無時哭也有事則入即位疏無事至其次。正義曰此一經論在殯無事之時。無事不辟廟門者辟開也廟門殯宮門也鬼神尚幽闇若朝夕入即位哭則暫開之若無事則不開也。哭皆於其次者次謂倚廬唯朝夕哭入門內即位耳若晝夜無時之哭則皆於廬次之中也凡葬前哭晝夜無時若有事謂賓來弔之時則入即位若朝夕哭及適子受弔之事並入門即位而哭

素涵少記

相

蔡澤者燕人也游學干諸侯小大甚衆不遇而從唐舉相【集解】駰案荀卿書曰梁有唐舉【索隱】荀卿書作唐莒曰吾聞先生相李兌曰百日之內持國秉政有之乎【索隱】按左傳云國子實執齊秉服虔曰秉權柄也曰有之曰若臣者何如唐舉孰視而笑曰先生曷鼻巨肩【集解】徐廣曰曷一作仰巨一作渠【索隱】曷鼻謂鼻如蝎虫也巨肩肩巨於項也蓋項低而肩聳也曷其例反魋顏蹙齃膝攣【集解】駰案攣兩膝曲也徐廣曰一作率【索隱】魋音徒回反魋顏謂顏貌魋回若魋梧然也齃音烏曷反蹙齃謂鼻蹙眉蹙攣謂膝又攣曲也吾聞聖人不相殆先生乎蔡澤知唐舉戲之乃曰富貴吾所自有吾所不知者壽也願聞之唐舉曰先生之壽從今以往者四十三歲蔡澤笑謝而去謂其御者曰吾持粱刺齒肥【集解】駰案持粱作飯也刺齒二字當作齧又作齕也【索隱】持粱謂作粱米飯而持其器以食也刺齒肥當爲齧肥謂食肥肉也躍馬疾驅懷黃金之印結紫綬於要揖讓人主之前食肉富貴四十三年足矣去之趙見逐入韓魏遇奪釜鬲於塗【集解】駰案爾雅曰鬲款足者謂之鬲郭璞曰

范雎蔡澤列傳

述信

相人

傳元年春王使內史叔服來會葬公孫敖聞其能相人也公孫敖魯大夫慶父之子○相息亮反見其二子焉叔服曰穀也食子難也收子穀文伯難惠叔食子奉祭祀供養者也收子葬子身也○見賢遍反下注狐見同食音嗣注同難乃旦反又如字供俱用反養餘亮反穀也豐下必有後於魯國豐下蓋面方爲八年公孫敖奔莒傳

文元

魏叢集日新語注是魏文之狀新撰之

静庵亦精相術也

相

周書太子晉　王子曰……且吾聞汝知人年之長短，告吾。師曠對曰：汝聲清汗，汝色赤白，火色不壽。王子曰：吾後三年將上賓于帝所，汝慎無言，殃將及汝。師曠歸，未及三年，告死者至。

例既宜日而不日者正以當所見之世爲内諱深使若惡愈於武宮故也〇冬十月霣霜殺菽何以書記異也菽大豆時獨殺菽不殺他物故爲異〇霣于敏反 疏 注時殺至爲異〇解云知獨殺菽不殺他物者正以此經特舉殺菽傳云記異故也若更殺他物則經直云霣霜不舉殺名傳云記災也則桓元年秋大水傳云何以書記災也彼注云災傷二穀以上是也此則但傷一穀既不成災故謂之異此災菽也曷爲以異書据無麥苗以災書 疏 注据無至災書解云即莊七年秋大水無麥苗傳云何以書記災也是也然則大水殺麥苗傳云記災今此霣霜殺菽傳云記異故据而難之若然向解若更殺他物則經直言霣霜不舉穀名何故莊七年經云秋大水無麥苗者彼傳云何以不書待無麥然後書無苗彼注云明君子不以一過責人水旱螟蟲皆以傷二穀乃書而不書穀名至麥苗獨書者民食最重是也然則一災不書今此書者示以早當誅季氏故不得不錄也異大乎災也異者所以爲人戒也重異不重災君子所以貴教化而賤刑罰也周十月夏八月微霜用事未可殺菽菽者少類爲稼強季氏象也是時定公喜於得位而不念父黜逐之恥反爲淫祀立煬宮故天示以當早誅季氏 疏 異大乎災也〇解云雖曰但傷一物若以害物言之災而必書者正以異重于災故也何者隱三年而作注云異者非常而可怪先事而至者隱五年作注云災者有害於人物隨事而至者然則正由先事而至可以爲戒若其變改竟不害人物若似君父教戒臣子之義故但謂之異而貴之矣災者隨事而至害於人物雖言變改亦無所及若似刑罰一施不可追更之義故謂之災而不重之故注云重異不重災君子所以貴教化而賤刑罰也然則直是美大此異故言異大於災不論害物與否五行傳云害物爲災不害物爲異亦通於此矣〇注菽者至象也〇解云菽季不同而得爲其象者正以菽爲第三之稱故爲少類季氏於叔孫爲弟亦是少之義故得爲其象菽雖第三爲稼最強季氏雖幼彊於叔孫故曰菽者少類爲稼強季氏之象也〇注是時至煬宮〇解云何氏以爲定公者昭公之子與賈復異既爲昭公之子而喜於得位者正以父見放逐薨於乾侯雖人衆政有年歲與爲道亦何可知忽然而立寧不喜乎是以怠其耻辱欲求福於淫祀天怪其所爲故示之戒也舊云定公篤於所生孝乎其親是以喜之而請昭公爲父者臣子一例故也云故天示以早當誅季氏也者天戒若曰等從勞心作淫祀之時不如作意早誅季氏所以然者雖作淫祀終竟無福早誅季氏可以復讎去患故也

穀字

朝

十有八年春王三月日有食之不言日

曰天子玄冕而朝日於東門之外故日始出而有闕疑其夜食何緣書乎鄭君釋之曰一日一夜合亦屬前月之晦故穀梁子不以爲疑○朝直遥反處昌慮反疏注王制至夜食篇也此魯事而門之外服玄冕其諸侯則玉藻云皮弁以聽朔於大傷之處尚有故知夜食也徐邈云夜食則星無光張遠

子必有尊也貴爲諸侯必有長也故天

朔夜食也何以知其夜食也曰王者朝日王制

注以知其夜食也何休曰春秋不言月食日者以其無形故朔日日始出其食有虧傷之處未復故知此自以夜食夜食則此是禮記玉藻文而云王制者謂王者之法制非謂王制之天子朝日者言王者朝日所以顯諸侯朝朔也天子朝日於東天子禮異其禮雖異皆早早行事而昨夜有虧廢疾云立八尺之木不見其影並與范意異也故雖爲天

朔日諸侯朝朔○長丁丈反

穀梁六八

神 司寒

大雨雹季武子問於申豐曰雹可禦乎禦止也申豐魯大夫對曰聖人在上無雹雖有不爲災

古者日在北陸而藏冰陸道也謂夏十二月日在虛危冰堅而藏之疏聖人至爲災。正義曰無雹復云雖有不爲災者言有相形之勢也聖人在上無雹言必無雖有不爲災復見無雹之意猶論
語祭肉不出三日出三日不食之矣。注陸道至藏之。正義曰釋天云北陸虛也西陸昴也孫炎云陸中也北方之宿
虛爲中也西方之宿昴爲中也彼以陸爲中杜以陸爲道者陸之爲中爲道皆無正訓各以意言耳杜以西陸朝覿謂奎
星朝見昴爲西方中宿則昴未得見宿是日行之道爾雅言平曰陸高平是道路之處故以陸爲道也日在北陸爲夏之
十二月也十二月日在玄枵之次小寒節大寒中漢書律厤志載劉歆三統厤云玄枵之初日在婺女八度爲小寒節在
危初度爲大寒中終於危十五度是夏之十二月日在虛危也於是之時寒極冰厚故取而藏之也周禮凌人正歲十有
二月令斬冰詩云二之日鑿冰沖沖月令季冬冰盛水腹命取冰鄭玄云腹厚也以此知日在北陸謂夏之十二月也

西陸朝覿而出之謂夏三月日在昴畢蟄蟲出而用冰春分之中奎星朝見東方疏西陸朝覿而出之。正義曰覿見也西道之宿有星朝見者於是而出之謂奎星晨見而出冰也。注謂夏至東方。正
義曰杜以西陸爲三月日在大梁之次清明節穀雨中三統厤云大梁之初日在胃七度爲清明節在昴八度爲穀雨中
終於畢十一度是夏之三月日在昴畢於是之時蟄蟲已出有溫暑臭穢宜當用冰故以時出之也厤法星去日半次則
得朝見三統厤春分日在婁四度宿分奎有十六度乃次婁則春分之日奎之初度去日已二十度矣故春分之中得早
朝見東方也西方凡有七宿傳言西陸朝覿於傳之文未知何宿覿也服虔以爲二月日在婁四度春分之中奎始朝
見東方以是時出冰月令仲春天子乃獻羔啓冰是也服虔又以此言出之即是仲春啓冰故爲此說案下句再言其藏
其出覆此藏出之文言其出之也朝之祿位賓食喪祭於是乎用之即是班冰之事非初啓也安得以出之爲啓冰也如
鄭玄荅其弟子孫皓問云西陸朝覿謂四月立夏之時周禮夏班冰是也與杜說異理亦通也劉炫云春分奎星已見杜
以夏三月仍云奎始朝見非其義也杜鄭及服三說鄭爲近之今知非者杜以西陸朝覿實是春分二月故杜此注云春
分之中奎星朝見東方及下獻羔啓之注云謂二月春分獻羔祭韭是也皆據初出其冰公始用之時也所以杜又注云
謂夏之三月日在昴畢蟄蟲出而用冰者以此傳云西陸朝覿而出之下傳覆之云其出之也朝之祿位賓食喪祭於是
乎用之既云朝之祿位冰食喪祭則是普賜羣臣故杜云謂夏三月又下注云言不獨共公是據普班之時也故下傳又
云火出而畢賦是也然冰之初出在西陸始朝覿之時冰之普出在西陸朝覿之後總而言之亦得稱西陸朝覿而出之

也劉炫不細觀杜意以爲杜既言春分朝見又言謂夏三月以規杜失非也

其藏冰也深山窮谷固陰沍寒於是乎取之沍閉也必取積陰之冰所以道達其氣使不爲災

【疏】其藏至取之。正義曰此傳再言其藏其出者上言取之用之之事下言藏之出之之禮也山則遠而難窮故言深山也谷則近而易盡故言窮谷也固牢也沍閉也牢陰閉寒言其不得見日寒甚之處於是乎取之。注沍閉至爲災。正義曰周禮鼈人掌互物鄭司農云互物謂龜鼈有甲蔵胡是沍爲閉也深山窮谷之冰至夏猶未釋陽氣起於下陽於冰伏積而不能出憤發或散而爲雹藏冰必取此山谷之內積陰之冰所以道達其氣使不爲災也藏冰凌室所藏不多積陰之冰不可取盡不取川池之冰以示道達陽氣耳未必陽氣皆待此而達也

其出之也朝之祿位賓食喪祭於是乎用之言不獨共公

【疏】其出至用之。正義曰此謂公家用之也朝廷之臣食祿在位大夫以上皆當賜之冰也其公家有賓客享食公家有喪有祭於是乎用之言其不獨共公身所用也周禮凌人云春始治鑑凡內外饔之膳羞鑑焉凡酒漿之酒醴亦如之祭祀共冰鑑賓客共冰大喪共夷槃冰是公家所用冰也。

其藏之也黑牡秬黍以享司寒黑牡黑牲也秬黑黍也司寒玄冥北方之神故物皆用黑有事於冰故祭其神。牡茂后反秬音巨冥亡丁反

【疏】注黑牡至其神。正義曰此祭玄冥之神非大神且非正祭計應不用大牲杜言黑牡黑牲當是黑牡羊也秬黑黍釋草文也啓冰唯獻羔祭韭藏冰則祭用牲黍者啓唯告而已藏則設享祭之禮祭禮大而告禮小故也月令於冬云其神玄冥故知司寒是玄冥也北方之神故物皆用黑從其方色也有事於冰故祭其寒神

其出之也桃弧棘矢以除其災桃弓棘箭所以禳除凶邪將御至尊故。弧音胡禳如羊反邪似嗟反

【疏】注桃弓至尊故。正義曰說文云弧木弓也謂空用木無骨飾也服虔云桃所以逃凶也棘矢者棘赤有鍼取其名也蓋出冰之時置此弓矢於凌室之戶所以禳除凶邪將御至尊故慎其事爲此禮也此傳言其出之也雖覆上文出之之文其實此出之謂二月初出之時公將用之故設弓矢也劉炫云此言出之覆上西陸朝覿知是火出時事二月已啓此方用弓矢者二月啓冰始薦宗廟此公將用之故設弓矢也

其出入也時食肉之祿冰皆與焉食肉之祿謂在朝廷治其職事就官食者。與音預

【疏】注食肉至食者。正義曰在官治事官皆給食大夫以上食乃有肉故魯人謂曹劌曰肉食者謀之又說子雅子尾之食云公膳日雙雞是大夫得食肉也傳言食肉之祿祿即此肉是也若依禮常所合食案玉藻云天子日食少牢諸侯日食特牲大夫特豕士特豚則士亦食肉但彼是在家之禮非公朝常食也杜言謂在朝廷治其職事就官食者以明在官之

食有冰耳下云自命夫命婦無不受冰謂賜之冰受以歸在家用之也

大夫命婦喪浴用冰命婦大夫妻。浴音欲

【疏】大夫至用冰。正義曰喪服傳曰大夫弔於命婦錫衰命婦弔於大夫亦錫衰此傳與彼命婦之文皆與大夫相對故杜知是大夫妻也喪大記云君設大盤造冰焉大夫設夷盤造冰焉士併瓦盤無冰鄭玄云禮自仲春之後尸既襲既小斂先內冰盤中乃設牀於其上不施席而遷尸焉秋涼而止士喪禮君賜冰亦用夷盤是當喪之時特賜之冰浴說乃設故云喪浴用冰

祭寒而藏之享司寒。祭寒而藏之本或作祭司寒者非

獻羔而啓之謂二月春分獻羔祭韭開冰室。韭音九

【疏】祭寒至啓之。正義曰上已云其藏冰也黑牡秬黍以享司寒今復云祭寒而藏之與上一事而重其文者欲明獻羔而啓之還是獻之於寒神故更使藏之啓之文相對也。注謂二至冰室。正義曰詩云四之日其蚤獻羔祭韭四之日即夏之

二月也告神而始開冰室始薦宗廟薦神之後公遂用之俱在春分之月**公始用之**公先用優尊**火出而畢賦**火星昏見東方謂三月四月中【疏】注火星至月中。正義曰十七年傳云火出於夏爲三月於商爲四月於周爲五月此云火出而畢賦謂以火出而後賦之以火出爲始也周禮云夏頒冰爲正歲之夏卽四月是也故杜兼言四月**自命夫命婦至於老疾無不受冰**老致仕在家者**山人取之縣人傳之**山人虞官縣人遂屬。傳直專反【疏】注山人至遂屬。正義曰周禮山虞掌山林之政令知山人虞官也周禮五縣爲遂是縣爲遂之屬也**輿人納之隸人藏之**輿隸皆賤官。輿音餘**夫冰以風壯**冰因風寒而堅。壯側亮反**而以風出**順春風而散用**其藏之也周**周密也**其用之也徧**及老疾。徧音遍**則冬無愆陽**愆過也謂冬溫。愆起虔反**夏無伏陰**伏陰謂夏寒**春無淒風**淒寒也。淒七西反**秋無苦雨**霖雨爲人所患苦。霖音林【疏】注霖雨爲人所患苦。正義曰詩云以祈甘雨此云苦雨雨水一也味無甘苦之異養物爲甘害物爲苦耳月令云孟夏行秋令則苦雨數來五穀不滋是霖雨爲人所患謂之苦也鄭玄云申之氣乘之苦雨白露之類時物得而傷也。**雷出不震**震霆也。霆音亭又音挺又亭佞反【疏】注震霆也。正義曰說文云震劈歷震物者釋天云疾雷爲霆霓郭璞云雷之急激者謂劈歷則霆是震之別名雷出不震言有雷而不爲霹靂也下云雷不發而震言無雷而有霹靂也**無菑霜雹癘疾不降**癘惡氣也。菑音災下同癘音例【疏】無菑至不降。正義曰霜雹卽是菑言無此菑害之霜雹也寒暑失時則民多癘疾癘疾天氣爲之故云降也**民不夭札**短折爲夭夭死爲札。札側八反一音截字林作壯列反【疏】注短折至爲札。正義曰洪範六極一曰凶短折孔安國曰短未六十折未三十是短折爲少夭之名也周禮膳夫大札則不舉鄭玄云夭札疫癘也謂遭疫癘而夭死也癘疾謂民病夭札謂人死故云夭死爲札**今藏川池之冰棄而不用**既不藏深山窮谷之冰又火出不畢賦有餘則棄之**風不越而殺雷不發而震**越散也言陰陽失序雷風爲害。殺如字又色界反徐色例反【疏】風不至而震。正義曰風不以理舒散而暴疾殺物雷不徐緩動發而震擊爲害**雹之爲菑誰能禦之七月之卒章藏冰之道也**七月詩豳風卒章曰二之日鑿冰沖沖謂十二月鑿而取之三之日納于凌陰凌陰冰室也四之日其蚤獻羔祭韭謂二月春分蚤開冰室以薦宗廟。豳彼貧反鑿在洛反沖沖直忠反凌陵證反一音陵蚤音早【疏】注七月至宗廟。正義曰凌人十二月令斬冰月令十二月令取冰當是卽以其月納於凌室也詩言三之日納于凌陰卽是正月矣不以鑿冰之月卽納之者鄭玄云豳土晚寒可以正月納冰言由晚寒故也上言將欲頒賦公始用之知蚤開冰室唯薦宗廟何休膏肓難此云春秋書雹以爲政之所致非由冰也若今朝廷藏冰亦不於深山窮谷何故或無雹天下郡縣皆不藏冰何故或不雹若言有之於古者必有驗於今此其不合於義失天下相與之意鄭玄箴之曰雨雹政失之所致是固然也國之失政君子知其大者其次知其小者藏冰之禮凌人掌之月令載之豳詩歌之此獨非政與故其小者耳夫深山窮谷固陰冱寒極陰之處冰凍所聚不取其冰則氣畜不泄結滯而爲伏陰凡雨水陽也雪雹陰也雨水而伏陰薄之則凝而爲雹雨雪而愆陽薄之則合而爲霰申豐見時失藏冰之禮而有雹推之陰陽知此伏陰所致亦聖人之爲言也詳載其言者以著藏冰之禮不可廢耳炫謂鄭言是也申豐寄言於此以諫失政其雹不是盡由冰也　○一

宗教

男女古代新昏時偽別某言云後尸之冥婚

其實也　未嘗無嗣　冀人之死也其事

劉子居　又古以禮不盈墓

命

周書命訓　天生民而成大命，命司德正之以禍福，立明王以順之，曰大命有常，小命日成，成則敬，有常則廣，廣以敬命，則度至於極。夫司德司義而賜之福祿，福祿在人，能無懲乎？若懲而悔過，則度至於極。夫或司不義而降之禍，禍在人，能無懲乎？若懲而悔過，則度至於極。夫民生而醜不明，無以明之，能無醜乎？若有醜而競行不醜，則度至于極。夫民生而樂生，無以穀之，能無勸乎？若勸之以忠，則度至于極。夫民生而惡死，無以畏之，能無恐乎？若恐而承教，則度至于極。六極既通，六間具塞，通道通天以正人，正人莫如有極，道天莫如無極，道天有極則不威，不威則不昭，正人無極則不信，不信則不行。明王昭天信人以度，功地以利之，使人畏天則度至于極。夫天

46

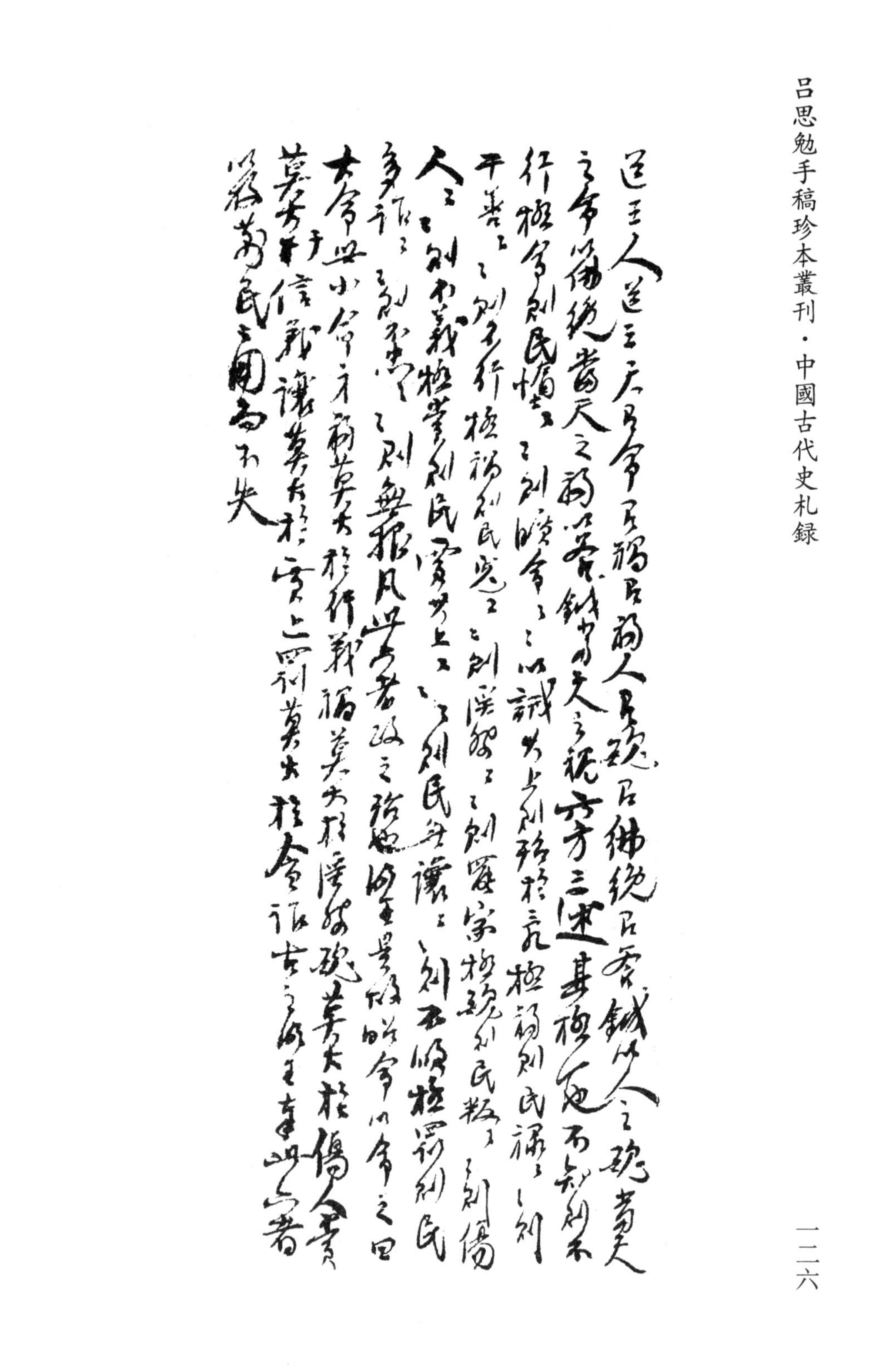

[illegible]

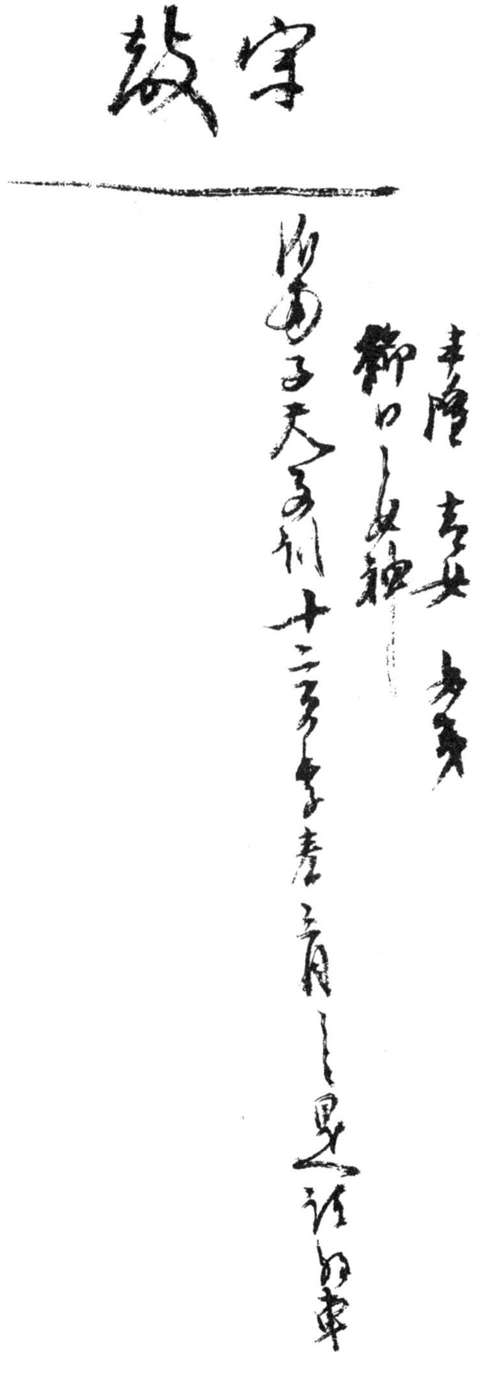

敘字

明陸氏明注

泰山查左二凡又查查九火刻生梁父知孔

六宗

安帝卽位元初六年以尙書歐陽家說謂六宗者在天地四方之中爲上下四方之宗以元始中故事謂六宗易六子之氣日月雷公風伯山澤者爲非是三月庚辰初更立六宗於雒陽西北戌亥之地禮比太社也

月令孟冬祈于天宗盧植注曰天宗六宗之神李氏家書曰司空李郃侍祠南郊不見六宗祠奏曰案尙書肆類于上帝禋于六宗六宗者上不及天下不及地傍不及四方在六合之中助陰陽化成萬物漢初甘泉汾陰天地亦禋六宗孝成之時匡衡奏立南北郊祀復祀六宗及王莽謂六宗易六子也建武都雒陽制祀不道祭六宗由是廢不血食今宜復舊制度制曰下公卿議五官將行弘等三十一人議可祭大鴻臚龐雄等二十四人議不可當祭上從郃議由是遂祭六宗六宗之議自伏生及乎後代各有不同今並抄集以證其論云虞書曰肆類于上帝禋于六宗望于山川伏生馬融曰萬物非天不覆非地不載非春不生非夏不長非秋不收非冬不藏禋于六宗此之謂也歐陽和伯夏侯建曰六宗上不謂天下不謂地傍不謂四方在六者之間助陰陽變化者也孔安國曰精意以享謂之禋宗尊也所尊祭其祀有六埋少牢于太昭祭時也相近於坎壇祭寒暑也王宮祭日也夜明祭月也幽禜祭星也雩禜祭水旱也禋于六宗此之謂也孔叢曰宰我問六宗於夫子夫子答如安國之說臣昭以此解若果是夫子所說則後儒無復紛然文秉案劉歆曰六宗謂水火雷風山澤也賈逵曰六宗謂日宗月宗星宗岱宗海宗河宗也鄭玄曰六宗星辰司中司命風伯雨師也星五緯也辰謂日月所會十二次也司中司命文昌第第四星也風師箕也雨師畢也晉武帝初司馬紹統表駮之曰臣以爲帝在于類則禋者非天山川屬望則海岱非宗宗猶山則望何秩焉伏與歆逵失其義也六合之間非制典所及六宗之數非一位之名陰陽之說又非義也并五緯以爲一分昌以爲二箕畢旣屬於辰風師雨師復特爲位玄之失也安國案祭法爲宗而除其天地於上遺其四方於下取其中以爲宗四時寒暑日月衆星并水旱所宗者八非但六也傳曰山川之神則水旱厲疫之災於是乎禜之日月星辰之神則雪霜風雨之不時於是乎禜之又曰龍見而雩如此禜者祀日月星辰山川之名雩者周人四月祭天求雨之稱也雪霜之災非夫禜之所禳雩禜之禮非正月之所祈周人之後說有虞之典故於學者未盡喻也且類于上帝卽禮天也望于山川禜所及也案周禮云昊天上帝日月星辰司中司命風師雨師社稷五祀五嶽山林川澤四方百物又曰兆五帝於四郊四類四望亦如之無六宗之兆祭法云祭天祭地祭時祭寒暑日月星祭水旱祭四方及山林川谷丘陵能出雲爲風雨見怪物皆是有天下者祭百神非此族也不在祀典復無六宗之文明六宗所禋卽祭法之所及周禮之所祀卽虞書之所宗不宜特復立六宗之祀也春官大宗伯之職掌玉作六器以禮天地四方以蒼璧禮天以黃琮禮地以青圭禮東方以赤璋禮南方以白琥禮西方以玄璜禮北方天宗日月星辰寒暑之屬也地宗社稷五祀之屬也四方之宗者四時五帝之屬也如此則羣神咸秩而無廢百禮徧修而不瀆於理爲通幽州秀才張髦又上疏曰禋於六宗禮祖考所尊者六也何以考之周禮及禮記王制天子將出類于上帝宜于社造于禰巡狩四方覲諸侯歸格于祖禰用特堯典亦曰肆類于上帝禋于六宗望于山川徧于羣神班瑞于羣后肆覲東后叶時月正日同律度量衡巡狩一歲以周爾乃歸格于藝祖用特臣以尙書與禮王制同事一義符契和合禋于六宗正謂祀祖考宗廟也文祖之廟六宗卽三昭三穆也若如十家之說旣各異義上下違背且沒乎祖之禮考之禮考之祀典尊卑失序若但類于上帝不禋祖禰而行去時不告歸何以格以此推之較然可知也禮記曰夫政必本於天殽以降命命降于社之謂殽地降于祖廟之謂仁義降於山川之謂興作降于五祀之謂制度又曰祭帝於郊所以定天位也祀社於國所以列地利也祭祖於廟所以本仁也山川所以儐鬼神也五祀所以本事也又曰禮行於郊而百神受職焉禮行於社而百貨可極焉禮行於祖廟而孝慈服焉禮行於五祀而正法則焉故自郊社祖廟五祀義之修而禮之藏也凡此皆孔子所以祖述堯舜紀三代之教著在祀典首尾相證皆先天地次祖宗而後山川羣神耳故禮祭[illegible]七代之所更變者禘郊宗祖明舜受終文祖之廟察璿璣考七政審已天命之定遂上郊廟當義合堯典則周公其人也郊[illegible]后稷以配天宗祀文王於明堂以配上帝是以四海之內各以其職來祭者也居其位攝其事郊天地供羣神之禮巡狩天下[illegible]祖[illegible]恐非有虞之志也五嶽視三公四瀆視諸侯皆以案先儒之說而以水旱風雨先五嶽四瀆從祖考而次上帝錯[illegible]典

六宗

社稷

非常祭也王制云天子將出類于上帝鄭

禋于六宗〔集解〕鄭玄曰六宗星辰司中司命風師雨師也駰案六宗義衆矣愚謂鄭說爲長〔正義〕周語云精意以享曰禋也孫炎云禋潔敬之祭也

玄云昊天上帝謂天皇大帝北辰之星

按星五星緯也辰日月所會十二次也司中司命文昌第五第四星也風師箕星也雨師畢星也孔安國云四時寒暑也日月星也水旱也禋祭法云埋少牢於大昭祭時也禳祈於坎壇祭寒暑也王宮祭日也夜明祭月也幽禜祭星也雩禜祭水旱也司馬彪續漢書云安帝立六宗祀於洛陽城西北亥地禮比太社也魏因之至晉初荀顗定新祀以六宗之神諸家說不同乃廢之

望于山川〔正義〕望者遙望而祭山川也山川辯於五嶽四瀆也爾雅云梁山晉望也

五帝

古代

六宗

易之爲書也不可遠擬議而動不可遠也疏正義曰不可遠者言易書之體皆倣法陰陽擬議而動不可遠離陰陽物象而妄爲也爲道也屢遷變動不居周流六虛六虛六位也疏正義曰其爲道也屢遷者屢數也言易之爲道皆法象陰陽數數遷改若乾之初九則潛龍九二則見龍是屢遷也變動不居者言陰陽六爻更互變動不恒居一體也若一陽生爲復二陽生爲臨之屬是也周流六虛者言陰陽周徧流動在六位之虛六位言虛者位本无體因爻始見故稱虛也

案六虛似即易爲卦之六宗

敬字

2025

秋夢居

君若有賜焉則視斂既布衣

君至。賜恩惠也斂大斂君視大斂皮弁服襲裘主人成服之後往則錫衰 疏 ○注賜恩至錫衰○釋曰案雜記云公視大斂公升商祝鋪席乃斂注引喪大記曰大夫之喪將大斂既鋪絞紟衾君至此君升乃鋪席則君至爲之改始新之此經上下不言改新者文不具也云斂大斂者案喪大記云君於士既殯而往爲之賜大斂焉此經云若有賜明君於士視大斂也云君視大斂皮弁服襲裘者案喪服小記云諸侯弔必皮弁錫衰言諸侯不言君者以其彼是弔異國之臣法案服問云公爲卿大夫錫衰以居出亦如之當事則弁絰不見君弔士服案文王世子注君爲同姓之士緦衰異姓之士疑衰並據成服後今大斂未成服緣弔異國之臣有服皮弁之法則君弔士未成服之前可服皮弁襲裘襲裘之文出檀弓子游弔小斂後襲裘帶絰而入此小斂後亦宜然也云成服之後往則錫衰者亦約服問君弔卿大夫之法若然文王世子注同姓之士緦衰異姓之士疑衰不同者彼謂凡平之士此士於君有師友之恩特賜與大夫同也

主人出迎于外門外見馬首不哭還入門右北面及衆主人袒不哭厭於君不敢伸其私恩 疏 ○注不哭至私恩○釋曰案喪大記云男子出寢門見人不哭平常出門時此迎君宜哭

巫止于廟門外祝代之小臣二人執戈先二人後巫掌招弥以除疾病小臣掌正君之法儀者周禮男巫王弔則與祝前檀弓曰君臨臣喪以巫祝桃茢執戈以惡之所以異於生也皆天子之禮諸侯臨臣之喪則使祝代巫執茢居前下天子也小臣君行則在前後君升則俠阼階北面凡宮有鬼神曰廟 疏 ○注巫掌至曰廟○釋曰云巫掌招弥以除疾病者周禮春官男巫職文彼注云招招福也弥讀爲敉敉安也謂安凶禍也云小臣掌正君之法儀者夏官小臣職文云男巫王弔則與祝前者亦男巫職文云祝者則周禮春官喪祝職云王弔則與巫前是也引之者證經巫祝小臣之事也引檀弓者證彼與此經異故云皆天子之禮也以其巫祝桃茢具故爲天子禮也云諸侯臨臣之喪則使祝代巫執茢居前下天子也者此據喪大記而言案彼云大夫既殯而君往焉巫止于門外祝代之先君釋菜于門內祝先升自阼階負墉南面君即位于阼小臣二人執戈立于前二人立于後文與此經同文有詳畧耳云小臣君行則在前後者非直爲弔喪則凡平行皆有此小臣從以其與君爲儀衛者云君升則俠阼階案顧命云二人雀弁夾階是其類也云凡宮有鬼神曰廟者以經云廟謂適寢爲廟故云有鬼神曰廟

君釋采入門主人辟釋采者祝爲君禮門神也必禮門神者明君無故不來也禮運曰諸侯非問疾弔喪而入諸臣之家是謂君臣爲謔 疏 ○注釋采至爲謔○釋曰引禮運者證君無故而入臣家故將入必禮門神也彼注引陳靈公與孔甯儀行父數如夏氏以取弒焉是君臣相謔致弒之事也

敬宗

神物惡桑叉

主人升乃以東爲主今在堂下主人在右故云統於東也云主人與佐食者賓尊不載者以賓主當楣對爲左右以賓尊不載牲體故使佐食對主人使賓爲右人而使執事在左而載也 宗人執畢先入當阼階南面 畢狀如叉蓋爲其似畢星取名焉主人親舉宗人則執畢導之既錯又以畢臨匕載備失脫也雜記曰枇用桑長三尺畢用桑三尺刊其本與末枇畢同材明矣今此枇用棘心則畢亦用棘心舊說云畢以御他神物神物惡桑叉則少牢饋食及虞無叉何哉此無叉者乃主人不親舉耳少牢大夫祭不親舉虞喪祭也主人未執事祔練祥執事用桑叉自此純吉用棘心叉 疏 ○宗人至南面○注畢狀至心叉○釋曰云畢狀如叉者下引舊說有他神物惡桑叉之言故以叉而言云蓋爲其似畢星取名焉者案詩云有捄天畢載施之行無正文故云蓋以疑之也云主人親舉宗人則執畢導之既錯又以畢臨匕載備失脫也知義然者以經言宗人執畢先入是導之也又知既錯又以畢臨匕載備失脫也者以經云當阼階南面明鄉主人執事臨匕備失脫可知也云今此枇用棘心則畢亦用棘心者案下記云棘心匕刻是也知畢亦棘心者以雜記匕畢同用桑據喪祭今吉祭匕用棘心則畢亦棘心也云舊說云畢以御他神物神物惡桑叉舊說如此又引少牢士虞已下破舊說之意也云此無叉者乃主人不親舉耳者欲解士虞少牢二禮云少牢大夫祭不親舉者大夫尊主人不親舉云虞喪祭也主人未執事者對吉祭主人執事有畢彼無也云祔練祥執事用桑叉者以其虞時主人不執事則祔已執事執事用桑叉則雜記所云是也云自此純吉用棘心叉者除祥後則禫月及吉祭用棘心也案易震卦彖辭云震來虩虩笑言啞啞震驚百里不喪匕鬯鄭注云雷發聲於百里古者諸侯象諸侯出教令能警戒國內則守其宗廟社稷爲之祭主不亡其匕鬯人君於祭匕牲體薦鬯而已其餘不親爲也若然諸侯親匕牲體大夫不親者卑不嫌得與人君同親匕也 鼎西面錯右人抽扃委于鼎北 右人謂主人及二賓既錯皆西面俟也 贊者錯俎加匕 贊者執俎及匕從鼎入者其錯俎東縮加匕東柄既則退而左人北面也 疏 注贊者至北面○釋曰云其錯俎東縮加匕東柄者少牢云俎皆設于鼎西西肆又云匕皆加于鼎東枋則此加匕於鼎東柄可知云既則退而左人北面也知者以其俎從於鼎西其人當北面於其南載之便是以昏禮亦云北面載執而俟是也 乃朼 右人也尊者於事指使可也左人載之 佐食升肵俎鼏之設于阼階西 肵謂心舌之俎也郊特牲曰肵之爲言敬也言主人之所以敬尸之俎古文鼏皆作密 疏 注肵謂至作密○釋曰知肵謂心舌者下記云肵俎心舌皆去本末午割之實於牲鼎載心立舌縮俎是也引郊特牲者見敬有肵俎送于尸前 卒載加匕于鼎 卒已也已載畢亦加焉 疏 注卒已至加焉○釋曰主

十三經注疏 儀禮四十五 特牲饋食禮 十二

人匕牲體宗人以畢助之主人匕事訖加之於鼎則宗人既事亦加於鼎可知 主人升入復位俎入設于豆東魚次腊特于俎北 入設俎載者腊特饌要方

宗教

吉礼

以吉禮事邦國之鬼神示事謂祀之祭之享之故書吉或爲告杜子春云書爲告禮者非是當爲吉禮書亦多爲吉禮吉禮之別十有二

疏以吉至神示。釋曰此已下敘五禮先以吉禮爲上云事邦國之鬼神示者據諸侯邦國而言者也以其天子宗伯若還據天子則不見邦國若以天子宗伯而見邦國則有天子可知故舉邦國以包王國。注事謂至有二。釋曰云事謂祀之祭之享之者還據已下所陳先後爲次若然經先云鬼與上下禮例不同者欲見逢時則祭事起無常故先云人鬼也云吉禮之別十有二者從此下經以禋祀血祭二經天地各有三享人鬼有六故十二也。

大宗伯

宗教

代俗以東西陰陽所出入宗其神謂之王父母

史記趙世家索隱引譙周

鬼蜮——人影、長只

為鬼為蜮則不可得有靦面目視人罔極蜮短狐也靦姡也箋云使女為鬼為蜮也則女誠不可得見也姡然有面目女乃人也人相視無有極時終必與女相見○蜮音或沈又音域狀如鼈三足一名射工俗呼之水弩在水中含沙射人一云射人影○靦土典反姡戶刮反面靦也作此好歌以極反側反側不正直也箋云好猶善也反側輾轉也作八章之歌求女之情女之情反側極於是也○呂音以古以字本作以疏為鬼至反側○正義曰研窮而不得其情於是怒而責之言汝若為鬼也為蜮也則誠不可得而見不須與我為詛今汝有靦面目乃是人也瞻視於人無有極已之時我必將與汝相見汝寧不披寫汝情不與我盟詛乎以疑譖我之故我作此八章之善歌窮極爾反側之情冀得其實也○傳蜮短狐靦姡○正義曰洪範五行傳云蜮如鼈三足生於南越南越婦人多淫故其地多蜮淫女惑亂之氣所生也陸機疏云一名射影江淮水皆有之人在岸上影見水中投人影則殺之故曰射影南人將入水先以瓦石投水中令水濁然後入或曰含沙射人皮肌其瘡如疥是也靦姡釋言文孫炎曰靦人面姡然說文云靦面見人姡面醜也然則靦與姡皆面見人之貌也○傳反側不正直○正義曰洪範云無反無側王道正直則知側是不正直也反側者翻覆之義故箋以為輾轉申傳不正直之義其意與傳同

何人斯八章章六句

神仙

蔣子都中國古神仙之說

天地萬靈對人之可千歲彼世者而上僊無彼也

靈威權之御

子楚子問鼎之大小輕重焉對曰在德不在鼎昔夏之方有德也遠方圖物貢金九牧鑄鼎象物百物而爲之備使民知神姦故民入川澤山林不逢不若螭魅罔兩莫能逢之用能協于上下以承天休桀有昬德鼎遷于商載祀六百商紂暴虐鼎遷于周德之休明雖小重也其姦回昬亂雖大輕也天祚明德有所厎止成王定鼎于郟鄏卜世三十卜年七百天所命也周德雖衰天命未改鼎之輕重未可問也○夏楚人侵鄭鄭卽晉故也○宋文公卽位三年殺母弟須及昭公子武氏之謀也使戴桓之族攻武氏於司馬子伯之館盡逐武穆之族武穆之族以曹師伐宋秋宋師圍曹報武氏之亂也○冬鄭穆公卒初鄭文公有賤妾曰燕姞夢天使與己蘭曰余爲伯鯈余而祖也以是爲而子以蘭有國香人服媚之如是既而文公見之與之蘭而御之辭曰妾不才幸而有子將不信敢徵蘭乎公曰諾生穆公名之曰蘭文公報鄭子之妃曰陳嬀生子華子臧子臧得罪而出誘子華而殺之南里使盜殺子臧於陳宋之間又娶于江生公子士朝于楚楚人酖之及葉而死又娶于蘇生子瑕子俞彌俞彌早卒洩駕惡瑕文公亦惡之故不立也公逐羣公子公子蘭奔晉從晉文公伐鄭

宗廟（下）

祭祀

曰若昔者三代聖王足以為法矣若苟昔者三代聖王足以為法然則姑嘗上觀聖王之事昔者武王之攻殷誅紂也使諸侯分其祭曰使親者受內祀謂武王克殷分命諸侯使主殷祀也非攻下篇云王既已克殷成帝之來分主諸神祀紂先王是也受內祀謂同姓之國得立祖王廟也郊特牲孔疏引五經異義云古春秋左氏說天子之子以上德為諸侯者得祖所自出魯以周公之故立文王廟左傳宋祖帝乙鄭祖厲王猶上祖也疏者受外祀此謂異姓之國祭山川四望之屬祭統說周錫魯重祭云外祭則郊社是也內祭則大嘗禘是也彼大祀非凡諸侯所得祀蓋不在所受之列故武王必以鬼神為有是故攻殷伐紂使諸侯分其祭若鬼神無有則武王何祭分哉祭吳鈔本作祀

墨子 明鬼 下

祭祀

一本作

以夏日至始數四十六日夏盡而秋始而黍熟天子祀於太祖其盛以黍黍者穀之美者也祖者國之重者也大功者太祖小功者小祖無功者無祖無功者皆稱其位而立沃有功者觀於外祖者所以功祭也非所以戚祭也天子之所以異貴賤而賞有功也

以夏日至始數九十二日謂之秋至秋至而禾熟天子祀於太惢西出其國百三

管子　卷二十四　十二　埽葉山房石印

管子輕重己

甘石說二分璇璣璣以齊七政 皆同郭敘
僅謂北極無星其高低皆不可見取星之環
繞乎其上下者測之以所測影高高影低之度折
中取之是爲北極璇璣時所謂旋機也紫微
垣下斗六星晝夜循垣以繞北極正月建寅二月建
卯十二月各隨所建歲一周天是爲維斗亦曰斗
極璇璣時所謂玉衡也北斗七星在紫微
垣之外正當午方其[redacted]斗杓所建有歲差不

能與月建相應推可正北方乎信以佐維斗
之用推周時每月所建適與斗柄月建相符
[redacted]是為周時玉衡其說似甚確辰者
次舍之義周官大宗伯以實柴祀日月星辰注云
星謂五緯辰謂日月所會十二次賈疏云
辰即二十八宿也不當日月之會直謂之論語為政
星者日月所會則謂之宿謂之辰謂之次
以德譬言如北辰居其所而眾星拱之正與此所
謂北極無星而環繞乎其上下以測之之義

正合目又合于太一行九宮之說見此義引乾鑿度云栢係可謂古義矣于此見西京博士所傳字字皆寶鄭玄之徒讀爲不可肎不博然馮肌推測究難盡合也於此見師說之可貴矣　又方京緯所謂羲和立渾儀其說原書已廢姑不具以見傳會旋機玉衡也

數術

易緯六日七分

反復其道七日來復陽氣始剝盡至來復時凡七日【疏】正義曰陽氣始剝盡謂陽氣始於剝盡之後至陽氣來復時凡經七日觀注之意陽氣從剝盡之後至於反復凡經七日其注分明如褚氏莊氏並云五月一陰生至十一月一陽生凡七月而云七日不云月者欲見陽長須速故變月言日今輔嗣云剝盡至來復是從盡至來復經七日也若從五月言之何得云始盡也又臨卦亦是陽長而言八月今復卦亦是陽長何以獨變月而稱七日觀注之意必謂不然亦用易緯六日七分之義同鄭康成之說但於文省略不復具言案易緯稽覽圖云卦氣起中孚故離坎震兌各主其一方其餘六十卦卦有六爻爻別主一日凡主三百六十日餘有五日四分日之一者每日分爲八十分五日分爲四百分四分日之一又爲二十分是四百二十分六十卦分之六七四十二卦別各得七分是每卦得六日七分也剝卦陽氣之盡在於九月之末十月當純坤用事坤卦有六日七分坤卦之盡則復卦陽來是從剝盡至陽氣來復隔坤之一卦六日七分舉成數言之故輔嗣言凡七日也反復者則出入之義反謂入而倒反復謂既反之後復而向上也

祈死

祝宗

盟何必守公○好呼報反惡烏路反焉可於虔反難乃旦反不與音預昭子自闞歸見平子平子稽顙曰子若我何昭子曰人誰不死子以逐君成名子孫不忘不亦傷乎將若子何平子曰苟使意如得改事君所謂生死而肉骨也昭子從公于齊與公言子家子命適公館者執之恐從者知叔孫謀○稽音啓顙息黨反公與昭子言於幄內曰將安衆而納公昭子請歸安衆○幄於角反公徒將殺昭子【疏】公徒將殺昭子○正義曰昭子謀歸安衆而後納公則獨公得入從公伐季氏者不得入故欲殺昭子也伏諸道伏兵左師展告公公使昭子自鑄歸辟伏兵○鑄之樹反平子有異志不欲復納公○復扶又反冬十月辛酉昭子齊於其寢使祝宗祈死戊辰卒恥為平子所欺因祈而自殺○齊側皆反本又作齋

昭廿五

夔

札子

十一月季武子卒晉侯謂伯瑕伯瑕士文伯曰吾所問日食從矣可常乎衛侯武子皆卒故對曰不可六物不同時各異民心不壹政教殊事序不類有變易官職不則治官居職非一法則同始異終胡可常也詩曰或燕燕居息或憔悴事國詩小雅言不同。憔在遙反詩作盡瘁在醉反疏詩曰至事國。○正義曰小雅北山大夫刺幽王也役使不均已勞於從事而不得養其父母焉或燕燕居息燕燕安息貌或盡瘁事國盡力勞病以從國事此作憔悴蓋師讀不同其異終也如是公曰何謂六物對曰歲時日月星辰是謂也公曰多語寡人辰而莫同何謂辰對曰日月之會是謂辰一歲日月十二會所會謂之辰。○語魚據反疏歲時日月星辰。○正義曰釋天云載歲也夏曰歲商曰祀周曰年李巡曰載一歲莫不覆載也孫炎曰四時一終曰歲取歲星行一次也年取年穀一熟是言歲即年也時謂四時春夏秋冬也日謂十日從甲至癸也月從正月至十二月也星二十八宿也辰謂日月所會一歲十二會從子至亥也周禮馮相氏掌十有二歲十有二月十有二辰十日二十有八星之位謂此六物也大歲所在十二年始帀故為十二歲。辰而莫同。○正義曰東南隅有辰也大火謂之辰也又有日月之會辰也又北方有辰星也日月會謂之辰者辰時也言日月聚會有時也故以配日謂以子丑配甲乙疏故以配日。○正義曰言辰無常所分在十二以十幹配之明非一所也

十三經注疏

春秋左傳四十四 昭公七年 二七

卌七

45

夫祭有餕餕者

祭之末也不可不知也是故古之人有言曰善終者如始餕其是已是故古之君子曰尸亦餕鬼神之餘也惠術也可以觀政矣術猶法也爲政尚施惠盡美能知能惠詩云維此惠君民人所瞻○道之音導餕音俊施惠始豉反下文注並同能知音智是故尸謖君與卿四人餕君起大夫六人餕臣餕君之餘也大夫起士八人餕賤餕貴之餘也士起各執其具以出陳于堂下百官進徹之下餕上之餘也道當爲餕聲之誤也百官謂有事於君祭者也既餕乃徹之而去所謂自卑至賤進徹或俱爲餕○謖所六反起也百官進依注作餕卑如字歷義音必利反凡餕之道每變以衆所以別貴賤之等而興施惠之象也是故以四簋黍見其脩於廟中也廟中者竟內之象也鬼神之惠徧廟中如國君之惠徧竟內也○別彼列反下同見賢遍反下同脩於一本脩作徧徧音遍下同祭者澤之大者也是故上有大澤則惠必及下顧上先下後耳非上積重而下有凍餒之民也是故上有大澤則民夫人待于下流知惠之必將至也由餕見之矣故曰可以觀政矣鬼神有祭不獨饗之使人餕之恩澤之大者也國君有蓄積不獨食之亦以施惠於竟內也○重直龍反下同餒乃罪反夫音扶見如字舊賢遍反畜勑六反

疏夫祭至政矣○正義曰此一節明祭末餕餘之禮自求多物恩澤廣被之事○是故古之人有言曰善終者如始餕其是已者引古人之言證餕爲美也夫靡不有初鮮克有終而祭之有餕即是克有終而禮猶盛故云善終者如始餕其是已已語辭也○是故古之君子曰尸亦餕鬼神之餘也者又引古言證餕義也言亦者亦人餕尸之餘乃是人食尸餘而云尸亦餕鬼神餘者若王侯初薦毛血燔燎是薦於鬼神至薦熟時尸乃食之是尸餕鬼神之餘若大夫士陰厭亦是先薦鬼神而後尸乃食亦尸餕鬼神餘故并云尸亦餕鬼神之餘也○惠術也可以觀政矣者術猶法也尸餕鬼神之餘是施恩惠之術法言爲政之道貴在於惠可以觀省人君之政教能施恩惠者即其政善不能施恩惠者則其政惡故云可以觀政矣○臣餕君之餘也者以君於廟中

凡爲俎者以骨爲主骨有貴賤殷人貴髀周人貴肩凡前貴於後俎者所以明祭之必有惠也是故貴者取貴骨賤者取賤骨貴者不重賤者不虛示均也惠均則政行政行則事成事成則功立功之所以立者不可不知也俎者所以明惠之必均也善爲政者如此故曰見政事之均焉殷人貴髀爲其厚者周人貴肩爲其顯也凡前貴於後謂脊脅臂臑之屬。髀必氏反又必履反重直龍反臑乃報反肱骨也

疏 凡爲至均焉。正義曰此一經明第八倫也。凡爲俎者以骨爲主者俎爲助祭者各將物於俎也。殷人貴髀周人貴肩者殷質貴髀之厚賤肩之薄周文貴肩之顯賤髀之隱各隨所貴。凡前貴於後者據周言之以周人之貴肩故也。俎者所以明祭之必有惠也者助祭者故賜之俎也。貴者不重賤者不虛示均也者言貴者不特多而重賤者不虛而無分俎多少隨其貴賤是示均平也。功之所以立者不可不知也者言功立由於分俎其事既重人君不可不知分俎之事也。善爲政者如此者言人君欲善爲政敎者必須如此分俎均平。注凡前至之屬。正義曰此脊脅臂臑舉其貴者言之屬中包其賤者不云肩者以經云周人貴肩故此畧之前體臂臑爲貴後體膊胳爲賤就脊脅之中亦有貴賤正脊在前爲貴脡脊橫脊在後爲賤脅則正脅在前爲貴短脅爲賤故揔云之屬以包之

事尸如君則君爲臣禮君食尸餘是臣食君餘與大夫食君餘相似故云臣餕君之餘也諸侯之國有五大夫此云六者兼有采地助祭也以下漸徧及下示溥恩惠也。士起各執其具以出陳于堂下者士廟中餕訖而起所司各執其饌具以出廟戶陳于堂下百官進徹之者進當爲餕謂有祭事之百官餕訖各徹其器而乃去之。凡餕之道每變以衆所以別貴賤之等者初君四人次大夫六人次士八人是變以衆於之以兩是別貴賤之等。而與施惠之象也者興起也其餕之禮初餕貴而少後餕賤而多皆先上而後下施惠之道亦當然皆先貴後賤故云施惠之象。是故以四簋黍見其脩於廟中也者謂餕之時君與三卿以四簋之黍脩整普徧也所以用四簋多黍而餕者欲見其恩惠脩整徧於廟中諸侯之祭有六簋今云以四簋者以二簋留爲陽厭之祭故以四簋而餕簋有黍稷特云黍者見其美舉黍稷可知也。廟中者竟內之象也者以四簋而徧廟中如君之恩惠徧於竟內也。顧上先下後耳者言上有大澤惠必及下无不周徧但賜顧之時尊上者在先卑下者處後耳一云顧故也謂君上先餕臣下後餕示恩則從上起也非上有積重而下有凍餒之民也者言非是在上有財物積重而不以施惠而使在下有凍餒之民言有積重必施散在下不使凍餒。由餕見之矣者言民所以知上有財物恩惠及於下者祇祭祀之餕見其恩逮於下之理故曰可以觀政矣者餕若以禮則能施惠其善政也餕若不以禮則不能施惠其政惡也故云可以觀政矣。

○

夫祭有畀煇胞翟

閽者惠下之道也唯有德之君爲能行此明足以見之仁足以與之畀之爲言與也能以其餘畀其下者也煇者甲吏之賤者也胞者肉吏之賤者也翟者樂吏之賤者也閽者守門之賤者也古者不使刑人守門此四守者吏之至賤者也尸又至尊以至尊既祭之末而不忘至賤而以其餘畀之是故明君在上則竟內之民無凍餒者矣此之謂上下之際

明足以見之見此畀者也仁足以與之與此畀者也煇周禮作韗謂韗磔皮革之官也翟謂教羽舞者也古者不使刑人守門謂夏殷時。畀必利反下及注同與也煇依注作韗同況萬反又音運下同甲吏也胞步交反下同肉吏也翟狄也樂吏也閽音昏守門者也以見賢遍反注皆同畀如字舊必利反下同磔知宅反

疏 夫祭至之際。正義曰此一節明祭之第十倫也。夫祭有畀煇胞翟閽者惠下之道也者畀與也煇也胞也翟也閽也此四者皆是賤官於祭之末與此四者以恩賜是惠施之道也。明足以見之者謂有德之君德能聰明足以見其惠下之義。仁足以與之者以君有仁恩足能賜與於下。古者不使刑人守門者此作記之人以見周刑人守門以祭末又何恩賜與刑人故明之云古者夏殷之時不使刑人守門雖是賤人所以得恩賜。此四守者吏之至賤者也既每言賤明但是各守其職之人能爲四物故云四守也尸又至尊以至尊既祭之末而不忘至賤而以其餘畀之是故明君在上則竟內之民無凍餒者矣者更廣明貴有餘分與至賤爲恩之深也人君身尊而尸又更尊故言又也。此之謂上下之際者結十倫也際接也至尊與賤者其道接也。注煇周至殷時。正義曰案周禮考工記韗人爲皐陶鄭云皐陶鼓木也言韗人之官掌作鼓木張皮兩頭鞔之以爲鼓是韗磔皮革之官云翟謂教羽舞者也者羽翟羽故詩邶風云左手執籥右手秉翟翟即狄也古字通用云古者不使刑人守門謂夏殷時者以周禮墨者使守門故知不使刑人守門謂夏殷時也

凡祭有

勉東參看46

祭祀器用

十三經注疏

儀禮四十六　特牲饋食禮

于廟門外有司受歸之此士禮不儐尸與下大夫同故引以相證也**徹庶羞設于西序下**爲將餕去之庶羞主爲尸非神饌也尚書傳曰宗室有事族人皆侍終日大宗已侍於賓奠然後燕私燕私者何也已而與族人飲也此徹庶羞置西序下者爲將以燕飲與然則自尸祝至於兄弟之庶羞宗子以與族人燕飲于堂内賓宗婦之庶羞主婦以燕飲於房【疏】徹庶至序下。注爲將至于房。釋曰知非神饌而云爲尸者以其尸三餕後始薦庶羞故徹之乃餕也凡餕者尸餕鬼神之餘祭者餕尸之餘義取鬼神之惠徧廟中庶羞非鬼神惠故不用也引尚書傳已下者是彼康誥傳文大宗已侍於賓奠者或有作養或有作暮者皆誤以奠爲正也引之者證徹庶羞不入于房而設於西序下以擬燕故也必知祭有燕者案楚茨詩云鼓鍾送尸下云備言燕私鄭注云祭祀畢歸賓客之俎同姓則留與之燕所以尊賓客親骨肉也其上大夫當日儐尸安有燕故有司徹上大夫云主人退注云反於寢也是無燕私若下大夫不儐尸與此士禮同亦當有燕也云與者以經直言設于序下不言燕疑之引書傳爲證有燕故言與以疑之也云然則自尸祝以下知義如此者以兄弟受獻於堂上主婦内賓受獻於房中尸出之後堂房無事故知燕時男子在堂婦人在房可也**筵對席佐食分簋鉶**爲將餕分之也分簋者分敦黍於會爲有對也敦有虞氏之器也周制士用之變敦言簋容同姓之士得從周制耳祭統曰餕者祭之末也不可不知也是故古之人有言曰善終者如始餕其是已是故古之君子曰尸亦餕鬼神之餘惠術也可以觀政矣【疏】筵對至簋鉶。注爲將至政矣。釋曰自此盡戶外西面論嗣子共長兄弟對餕之事云敦有虞氏之器者禮記明堂位云有虞氏之兩敦上文黍稷之敦是周制士用之云言簋容同姓之士得從周制耳者大夫異姓既用異代之器故少牢特牲皆用敦則同姓之士當同周制用簋故經言分簋是以文王世子鄭注亦云同姓之士緦衰異姓之士疑衰亦同姓與異姓別也引祭統者證餕是鬼神之惠徧廟中若國君之惠徧境内是可以觀政之事也**宗人遣舉奠及長兄弟盥立于西階下東面北上祝命嘗食**

七

安宅——人見妖祥不安居處

序降——禳移凶禍

掌安宅敘降宅居也降下也人見妖祥則不安主安其居處也者序其凶禍所下謂禳移之疏注宅居至移之○釋曰掌主也此官主安居者人見妖祥則意不安主安居其處不使不安故次敘其凶禍所下之地禳移之其心則安正歲則行事占夢以季冬贈惡夢此正月而行安宅之事所以順民疏注占夢至順民○釋曰民心欲得除惡樹善占夢之官以季冬贈去惡夢至此歲之正月行是安宅之事順民心也歲終則弊其事弊斷也謂計其吉凶然否多少○弊必世反下注同斷丁亂反疏注弊斷至多少○釋曰占夢之官見有妖祥則告之吉凶之事其吉凶或中或否故至歲終斷計其吉凶也云然否多少者然謂中也知中否多少而行賞罰（注、宗賦說）

以死報信

宗教

及趙武冠爲成人程嬰乃辭

諸大夫謂趙武曰昔下宮之難皆能死我非不能死我思立趙氏之後今趙武既立爲成人復故位我將下報趙宣孟與公

孫杵臼趙武啼泣頓首固請曰武願苦筋骨以報子至死而子忍去我死乎程嬰曰不可彼以我爲能成事故先我死今我

不報是以我事爲不成遂自殺趙武服齊衰三年爲之祭邑春秋祠之世世勿絕【集解】駰案新序曰程嬰公孫杵臼可謂信友厚士矣嬰之自殺下報亦過矣【正義】今

河東趙氏祠先人猶別舒一座祭二士矣趙氏復位十一年而晉厲公殺其大夫三郤欒書畏及乃遂殺其君厲公更立襄公曾孫周【集解】徐廣曰年表云

趙世家

神教

齊之神教

於是始皇遂東游海上行禮祠名山大川及八神求僊人羨門之屬八神將自古而有之或曰太公以來作之齊所以爲齊以天齊也【集解】蘇林曰當天中央齊其祀絕莫知起時八神一曰天主祠天齊天齊淵水居臨菑南郊山下者【索隱】顧氏案解道彪齊記云臨菑城南有天齊泉五泉並出有異於常言如天之腹齊也小顏云下者謂最下也二曰地主祠太山梁父蓋天好陰祠之必於高山之下小山之上命曰畤【集解】徐廣曰一云之下上畤命曰畤【索隱】此之一云與漢書郊祀志文同也地貴陽祭之必於澤中圜丘云三曰兵主祠蚩尤蚩尤在東平陸監鄉齊之西境也【集解】徐廣曰屬東平郡【索隱】監音闞皇覽云蚩尤冢在東平郡壽張縣闞鄉城中也四曰陰主祠三山【索隱】小顏以爲下所謂三神山顧氏案地理志東萊曲成有參山即此三山非海中之三神山也五曰陽主祠之罘【正義】括地志云之罘山在萊州文登縣西北九十里六曰月主祠之萊山【集解】韋昭曰在東萊長廣縣皆在齊北並勃海七曰日主祠成山成山斗入海【集解】韋昭曰成山在東萊不夜斗入海不夜古縣名【索隱】案解道彪齊記云不夜城古有日夜出見於東境故萊子立城以不夜爲名也斗入海謂斗絕曲入海也最居齊東北隅以迎日出云八曰四時主祠琅邪琅邪在齊東方【索隱】山海經云琅邪臺在勃海間蓋是山形如臺地理志琅邪縣有四時祠也蓋歲之所始皆各用一牢具祠而巫祝所損益珪幣雜異焉

史記封禪書　漢書郊祀志

隨地皆有外，可見古宗教同之跡

中霤

宮室

其祀中霤祭先心

疏 中霤猶中室也土主中央而神在室古者複穴是以名室為霤云祀之先祭心者五藏之次心次肺至此心為尊也祀中霤之禮設主於牖下乃制心及肺肝為俎其祭肉心肺肝各一他皆如祀戶之禮。霤力又反複方服反藏才浪反

注中霤至之禮。正義曰鄭意言中霤猶中室乃是開牖象中霤之取明則其地不當棟而在室之中央故喪禮云浴於中霤飯於牖下明中霤不關牖下也土主中央而神在室者所以必在室中祭土神之義也土五行之主故其神在室之中央也是明中霤所祭則土神也故杜注春秋云在家則祀中霤在野則為社也又郊特牲云家主中霤而國主社社神亦中霤神也云古者複穴是以名室為霤云者解所以謂室中為中霤之由也古者謂未有宮室之時也複穴者謂窟居也古者窟居隨地而造若平地則不鑿但累土為之謂之為複言於地上重複為之也若高地則鑿為坎謂之為穴其形皆如陶竈故詩云陶復陶穴是也故毛云陶其土而復之陶其壤而穴之鄭云復者復於土上鑿地曰穴皆如陶然故庾蔚云複謂地上累土謂之穴則穿地也複穴皆開其上取明故雨霤之是以後因名室為中霤也云祀之先祭心者五藏之次心次肺至此心為尊也云祀中霤之禮設主於牖下者開牖象霤故設主於牖下也五祀皆先席於室之奧此不言者前祀戶注已備言也此別設主當廟室牖內之下而北鄉也云乃制心及肺肝為俎其祭肉心肺肝各一他皆如祀戶之禮者亦祭竟徹之更陳鼎俎迎尸如祭戶也

十三經注疏　禮記十六　月令　十六

夏

迷信

鬼猶求食

及將死聚其族曰椒也知政乃速行矣無及於難且泣曰鬼猶求食若敖氏之鬼不其餒而（而語助言必餒○難乃旦反餒奴罪反餧也）及令尹子文卒鬭般爲令尹（般子文之子子揚○般音班）子越爲司馬蔿賈爲工正譖子揚而殺之子越爲令尹已爲司馬（賈爲椒譖子揚而已得椒處○蔿于委反賈爲于僞反處昌慮反）子越

宗教

鬼須食

必不可弗聽立之生奚齊其娣生卓子及將立奚齊既與中大夫成謀姬謂大子曰君夢

齊姜必速祭之齊姜大子母言求食○卓吐濁反大子祭于曲沃歸胙于公胙祭之酒肉○胙才故反公田姬寘諸宮六日公

夢

宗教

○初穆子去叔孫氏及庚宗成十六年辟僑如之難奔齊庚宗魯地○難乃旦反遇婦人使私爲食而宿焉問其行告之故哭而送之婦人聞而哭之適齊娶於國氏國氏齊正卿姜姓○娶七住反生孟丙仲壬夢天壓己弗勝穆子夢也○壓於甲反又於輒反勝音升下同顧而見人黑而上僂上僂肩傴○僂力主反傴紆甫反深目而豭喙口象猪○豭音加喙許穢反號之曰牛助余乃勝之旦而皆召其徒無之徒從者○號胡到反一音戶刀反下同從才用反且曰志之志識也○識申

昭四

神異典故

占夢事

大人占之維熊維羆男子之祥。維虺維蛇。女子之祥。箋云大人占之謂以聖人占夢之法占之也[illegible]山陽之祥也故爲生男虺蛇穴處陰之祥也故爲生女。大音泰後大人同 疏 箋大人至生女。正義曰以占夢之官中士耳而言大人占之明其法天人所爲故云聖人占夢之法占之聖人有法解則占之故左傳文公之夢子犯占之簡子之夢問諸史墨不必要占夢之官乃得占也此及無羊皆云大人占之則古夢者聖人之法正月云召彼故老訊之占夢識之者以王不尚道德專信徵祥侮慢故老故刺之不謂夢不當占也熊羆大較是山獸亦居澤在穴故韓奕云川澤訏訏有熊有羆秋官穴氏注云熊羆之屬冬藏者也燒其所食之物於穴外以誘出之是也

牧人乃夢眾維魚矣旐維旟矣箋云牧人乃夢見人眾相與捕魚又夢見旐與旟占夢之官得而獻之於宣王將以占國事也。旐音兆旟音餘大人占之眾維魚矣實維豐年陰陽和則魚眾多矣箋云魚者庶人之所以養也今人眾相與捕魚則是歲熟相供養之祥也易中孚卦曰豚魚吉。養羊亮反下同供九用反旐維旟矣室家溱溱溱溱眾也旐旟所以聚眾也箋云溱溱子孫眾多也。溱側巾反 疏 牧人至溱溱。正義曰牧人所牧既肥乃復爲王與夢夢見眾人維相與捕魚矣又夢見旐維旟矣牧人既爲此夢以告占夢之官占夢之官又獻之於王王乃令以大夫占夢之法占之夢見眾維魚矣者實維豐年是歲熟相供養之祥夢見旐維旟矣者室家溱溱是男女眾多之象歲熟民滋是國之休慶也。箋牧人至國事。正義曰知者以下云大人占之是王使占之明有所由得達於王夢事夢官所掌明本牧人既作此夢不知吉凶以問占夢之官占夢知其爲國之祥故獻之也占夢職曰歲終獻吉夢於王王拜受之彼所獻者謂天下臣民有爲國夢者其官得而獻之非占夢之官身自夢也故知此以占夢之官得而獻之所夢是年豐歲熟民眾之祥故知以占國事。傳陰陽至眾夢。正義曰以魚麗之義言之太平而萬物盛多故知陰陽和經言眾維魚矣乃謂捕魚者多傳云魚多者言由魚多故捕者眾解人共捕之意。箋魚者至豚魚吉。正義曰魚者庶民之所以養者以庶民不得殺犬豕故捕魚以食之是所以養也歲穀不熟則無以相養會眾人相與捕魚則是歲熟相供養之祥引易中孚卦曰豚魚吉者孟子曰七十者可以食雞豚豚魚俱是養老之物故引之以證魚可供養也彼注云三辰在亥亥爲豕爻失正故變而從小名言豚耳四辰在丑丑爲鼈蟹鼈蟹魚之微者爻得正故變而從大名言魚耳三體兌兌爲澤四上值天淵二五皆坎爻坎爲水二侵澤則豚利五亦以水灌淵則魚利豚魚以喻小民也而爲明君賢臣恩意所供養故吉如彼注意以豚魚喻小民與此乖者以彖云豚魚吉信及豚魚喻則澤及民觀彖爲說此則斷章取義故不同也

三夢

掌

三夢之灋一曰致夢二曰觭夢三曰咸陟夢者人精神所寤可占者致夢言夢之所至夏后氏作焉咸皆也
陟之言得也讀如王德翟人之德言夢之皆得周人作焉杜子春
云觭讀爲奇偉之奇其字當直爲奇玄謂觭讀如諸戎掎之掎掎亦得也亦言夢之所得
殷人作焉○𦾔音夢本多作夢觭居綺反注掎同又紀宜反杜其宜反陟如字或音得
疏 注夢者至作焉○釋曰云夢者人精神所寤可占者
謂人之寐形魄不動而精神寤見覺而占之故云精神所寤可占者也云致夢言夢之所至者馴致爲至故云夢之所至
也云夏后氏作焉者上文三兆三易有子春所解且從子春至於餘文正解即從近師所說此三夢子春等不說故即從
近師爲夏殷周也云讀如王德翟人之德者按僖二十四年左傳云王德翟人以其女爲后德亦爲得義故讀從之故杜
子春讀觭爲奇偉之奇讀從家語玄謂觭讀如諸戎掎之掎掎亦得也者按襄十四年左傳云戎子駒支曰秦師不復我
諸戎實然譬如捕鹿晉人角
之諸戎掎之是掎爲得也
其經運十其別九十運或爲緷當爲煇是視祲所掌十煇也王者於天日也夜有夢
則晝視日旁之氣以占其吉凶凡所占者十煇每煇九變此術
今亡○緷胡本反字林云大束也說文
音運云緯也聶音徽煇音運祲子鴆反
疏 注運或至今亡○釋曰運或作緷者此經運一部周禮或作緷字並不從故云
當爲煇讀從視祲十煇之煇故引視祲所掌十煇爲證也云王者於天日也
夜有夢則晝視日旁之氣以占其吉凶者此按占夢云以日月星辰占六夢之吉凶注引趙簡子夜夢日而日食史墨占
之又視祲有十煇之法五曰闇先鄭云謂日月食餘九煇皆日旁氣故以日旁氣解之云凡所占者十煇每煇九變者此
類上三兆三易皆有頌別之數此經煇十其別有九十以義言之明一煇九變
故爲九十解之云此術今亡者數見十煇爲九十變此術今亡未知其義耳

（春官大卜）

占夢中士二人史二人徒四人疏占夢○釋曰在此者案其職云以日月星辰占六夢之吉凶夢是精神所感并日月星辰等是鬼神之事故列職於此

占夢掌其歲時觀天地之會辨陰陽之氣其歲時今歲四時也天地之會建厭所處之日辰陰陽之氣休王前後○夢本又作瞢音同厭於琰反王于況反疏注其歲至前後○釋曰鄭云其歲時今歲四時也者但天地之會陰陽之氣年年不同若今歷日今歲亦與前歲不同故云今歲四時也云天地之會建厭所處之日辰者建謂斗柄所建謂之陽建故左還於天厭謂日前一次謂之陰建故右還於天故堪輿天老曰假令正月陽建於寅陰建在戌日辰者日據幹辰據支云陰陽之氣休王前後者案春秋緯云王者休王所勝者死相所勝者囚假令春之三月木王水生木水休木勝土土死木王火相王所生者相相所勝者囚火勝金春三月金囚以此推之火王金王水王義可知觀此建厭所在辨陰陽之氣以知吉凶也以日月星辰占六夢之吉凶日月星辰謂日月之行及合辰所在春秋昭三十一年十二月辛亥

占夢
建—陽建—左還
厭—陰建—右還
休王
堪輿
漢八會之術
舍萌—驅疫
釋采
儺

朔日有食之是夜也晉趙簡子夢童子倮而轉以歌旦而日食占諸史墨對曰六年及此月也吳其入郢乎終亦弗克入郢必以庚辰日月在辰尾庚午之日日始有謫火勝金故弗克必以日月星辰占夢者其術則今八會其遺象也用占夢則亡○倮魯火反轉如字又張戀反郢以井反劉餘政反適直革反 疏 以日至吉凶○釋曰六夢者即下云一曰二曰是也以日月星辰占知者謂夜作夢且於日月星辰以占其夢以知吉凶所在○注日月至則云○釋曰張逸問占夢注云春秋昭三十一年十二月辛亥朔日有食之是夜也趙簡子夢童子倮而轉以歌旦而日食占諸史墨對曰六年及此月也吳其入郢乎終亦弗克入郢必以庚辰日月在辰尾庚午之日日始有謫火勝金故弗克此以日月星辰占夢者不知何術占之前問不了荅曰日月在辰尾夏之九月辰在房未有尾星建戌厭寅寅與申對辰與戌對申近庚辰與戌對故知庚辰辰下爲主人故予爲主人金侵火故不勝雖不勝即復故云弗克日有適氣時九月節者以庚午在甲子篤辛亥在甲辰篤也中有甲戌甲申甲午成一月也從庚午以下四日從甲辰至辛亥八日并之十二日通同四十二日如是庚午之日當在八月十九日故言時得九月節也言雖不勝即復者以其庚金午火位相連故云雖不勝即復也言雖不勝者吳君臣爭宮秦救復至不能定楚是其不勝不能損吳是明即復也問曰何知有此厭對之義乎荅曰按堪輿黃帝問天老事云四月陽建於巳破於亥陰建於未破於癸是爲陽破陰陰破陽故四月有癸亥爲陰陽交會十月丁巳爲陰陽交會言未破癸者即是未與丑對而近癸也交會惟有四月十月也若有變異之時十二月皆有建厭對配之義也云則今八會其遺象也者按堪輿大會有八也小會亦有八服氏云是歲歲在析木後六年在大梁大梁水宗十一月日在星紀爲吳國分楚之先顓頊之子老童老童楚象行歌象楚走哭姬姓日月在星紀星紀之分姬姓吳也楚衰則吳得志吳世世與楚怨楚走去其國故曰吳其入郢吳屬水水數六十月水位故曰六年及此月也有適而食故知吳終亦不克又彼注云後六年定四年十一月閏餘十七閏在四月後其十一月晦晦庚辰吳入郢在立冬後復此月也十二月辛亥日會月於龍尾而食庚午日初有適故曰庚辰一日日月在辰尾尾爲亡臣是歲吳始用子胥之謀以伐楚故天垂象又注云午火庚金也火當勝金而反有適故爲不克晉諸侯之霸與楚同盟趙簡子爲執政之卿遠夷將伐同盟日應之食故夢發簡子服氏以庚午之日日始適火勝金故不克入楚必以庚辰此與鄭義別其餘畧相依也問曰周之十二月夏之十月日夏體正應在析木而云在星紀何荅曰據此月中有十一月節故舉言之戚長以爲誤也此六夢蓋三王同有六夢法也 一曰正夢 無所感動平安自夢 疏 注無所至自夢○釋曰鄭知無感動平安自夢者以其言正是平安之義故知無所感動平安自夢 二曰噩夢 杜子春云噩當爲驚愕之愕謂驚愕而夢○噩五各反注鄂同 疏 注杜子至而夢○釋曰以其言噩噩是驚愕之意故子春讀噩從驚愕解之 三曰思夢 覺時所思念之而夢○覺芳孝反下同 疏 注覺時至而夢○釋曰以其思是思念之意故解云覺時所思念之而夢也 四曰寤夢 覺時道之而夢○寤本或作寤五故反 疏 注覺時道

之而夢○釋曰以其字爲覺寤之字故知覺寤時道之匯而夢也 五曰喜夢 喜悅而夢 疏 注喜悅而夢○釋曰以其字爲喜說之字故知未睡心說睡而爲夢 六曰懼夢 恐懼而夢 疏 注恐懼而夢○釋曰以其字爲恐懼之字故云恐懼而夢 季冬聘王夢獻吉夢于王王拜而受之 聘問也夢者事之祥吉凶之占在日月星辰季冬日窮于次月窮于紀星迴于天數將幾終於是發幣而問焉若休慶之云爾因獻羣臣之吉夢於王歸美焉詩云牧人乃夢衆維魚矣旐維旟矣此所獻吉夢○幾如字又音祈 疏 季冬至受之○釋曰季冬歲終除舊惡擬來歲布新善故問王夢之善惡

夢惡者贈去之下文是也獻吉夢於王者歸美於王○注聘問至吉夢○釋曰云夢者事之祥者若對文禎祥是善妖孽是惡散文祥中可以兼惡夢者有吉有惡故云夢者事之祥也云吉凶之占在日月星辰者即上文以日月星辰占六夢之吉凶是也云季冬日窮于次月窮於紀星迴於天數將幾終者皆月令文日窮於次者次謂日辰所在季冬日月會于玄枵是日窮於次月窮於紀謂星紀日月五星會聚之處月謂斗建所在十二月斗建丑故云月窮於紀星迴於天者星謂二十八宿十二月復位此十二月未到本位故直云星迴於天數將幾終者幾近也至此十二月歷數將終云於是發幣而問焉若休慶之云爾者鄭以禮動不虛必以幣帛行禮乃始問王故云發幣而問焉休美也問王夢若美慶云爾云因獻羣臣之吉夢於王歸美焉者君吉夢由於羣臣君統臣功故獻吉夢歸美於王也詩云牧人乃夢是無羊美宣王詩也牧人乃夢衆維魚矣旐維旟矣者牧人謂牧牛羊之人故注衆維魚矣豐年之祥旐旟所以聚衆引之者證獻吉慶之事

乃舍萌于四方以贈惡夢　杜子春讀萌爲明或云其字當爲明明謂歐疫也謂歲竟逐疫置四方書亦或爲明玄謂舍讀爲釋舍萌猶釋采也古書釋菜釋奠多作舍字萌菜始生也贈送也欲以新善去故惡○舍音釋注舍萌同萌亡耕反去起呂反

疏　注杜子至故惡○釋曰子春之說舍萌爲歐疫案下文自有歐疫於此以舍萌爲之其義不同故後鄭不從玄謂舍萌猶釋采也者按王制有釋采奠幣之事故從之云萌菜始生也者案樂記區萌達鄭注云屈生曰區芒而直出曰萌故知萌菜始生者云欲以新善去故惡者舊歲將盡新年方至故於此時贈去惡夢

遂令始難歐疫　令方相氏也難謂執兵以有難卻也方相氏蒙熊皮黃金四目玄衣朱裳執戈揚盾帥百隸爲之歐疫厲鬼也故書難或爲儺杜子春難讀爲難問之難其字當作難月令季春之月命國難九門磔禳以畢春氣仲秋之月天子乃難以達秋氣季冬之月命有司大難旁磔出土牛以送寒氣○難乃多反劉依杜乃旦反注以意求之儺字亦同磔涉百反禳如羊反

疏　遂令始難歐疫○釋曰因事曰遂上經贈惡夢遂令方相氏始難歐疫○注令令至寒氣○釋曰云令令方相氏以方相氏專主難者故知令方相氏云難謂執兵以有難卻也者所引方相氏以下是也杜子春云難讀爲難問之難者以其難字爲難故爲此讀又引月令云季春之月命國難案彼鄭注此月之中日行歷昴昴有大陵積尸之氣氣佚則厲鬼隨而出行故難之云命國難者惟天子諸侯有國者令難去九門磔攘者九門依彼注路門應門雉門庫門皋門國門近郊遠郊關張磔牲體攘去惡氣也云以畢春氣者畢盡也季春行之故以盡春氣云仲秋之月天子乃難以達秋氣者按彼鄭注陽氣左行此月宿直昴畢昴畢亦得大陵積尸之氣氣佚則厲鬼亦隨而出行故難之以通達秋氣此月難陽氣故惟天子得難云季冬之月命有司大難旁磔出土牛以送寒氣者按彼鄭注此月之中日歷虛危虛危有墳墓四司之氣爲厲鬼將隨彊陰出害人也故難之命有司者謂命方相氏言大難者從天子下至庶人皆得難言旁磔者謂四方於四方之門皆張磔牲體云出土牛以送寒氣者彼鄭注云出猶作也作土牛者丑爲牛牛可牽可止送猶畢也故作土牛以送寒氣此子春所引難引三時之難惟即季冬大難知者此經始難文承季冬之下是以方相氏亦據季冬大難而言

謹

宗教

傳十五年春將禘于武公戒百官齊戒。○禘大計反齊側皆反疏戒百官○正義曰周禮大宰祀五帝前期十日帥執事而卜日遂戒享先王亦如之鄭玄云前期前所諏之日也十日容散齊七日致齊三日也執事宗伯大卜之屬既卜又戒百官以始齊此戒百官亦謂戒之令齊故杜云齊戒言是齊之戒也祭統云及時將祭君子乃齊齊之爲言齊也齊不齊以致齊也是故君子之齊也專致其精明之德也故散齊七日以定之致齊三日以齊之定之之謂齊齊者精明之至也是將祭必齊祭前豫戒之也梓慎曰禘之日其有咎乎吾見赤黑之祲非祭祥也喪氛也祲妖氛也蓋見於宗廟故以爲非祭祥也氛惡氣也○咎其九反祲子鴆反氛芳云反徐侯云反蓋見賢遍反疏注祲妖至氣也○正義曰周禮有眂祲之官鄭玄云祲陰陽氣相侵漸成祥者其職掌十煇之法一曰祲二曰象鄭衆云煇爲日光氣也然則祲是陰陽之氣相侵之名日光之氣有名爲祲祲之所見非獨見於日光故直云祲妖氛也梓慎唯言見祲不言祲之所在爲祭而言故疑云蓋見於宗廟故以爲非祭祥也月令云氛霧冥冥則氛亦氣也以言喪氛故以氛爲惡氣也見赤黑之祲以爲喪氛則赤黑是喪象梓慎有以知之服虔云水黑火赤水火相過云云其在涖事乎涖臨也。○涖音利疏其在涖事乎○正義曰既見喪氛又言喪之所在其在涖事之人乎意疑涖事者當其咎也二月癸酉禘叔弓涖事籥入而卒去樂卒事禮也大臣卒故爲之去樂○去起呂反注及下同爲于僞

昭十五

望

陳涉傳

周文陳賢人也嘗爲項燕軍視日文穎曰周文即周章也服虔曰視日旁氣也如

淳曰視日時吉凶舉動之占師古曰視日如說是也事春申君應劭曰楚相黃歇自言習兵勝與之將軍印西擊秦行收兵至關車千乘卒十萬至戲軍焉師古曰戲

故事

以官蔡賜蓋其時草創亦未置相國之官也正義豫州吳房縣本房子國是所封也周文陳之賢人也集解文穎曰即周章嘗爲項燕軍視日集解如淳曰視日時吉凶舉動之占也司馬季主爲日者事

春申君自言習兵

陳涉世家

眡祲掌十煇之法——煇謂日光氣
赤雲爲陽，黑雲爲陰
漢隋唐時猶有「日珥」之名
祲——陰陽氣相侵漸成祥

眡祲中士二人史二人徒四人祲陰陽氣相侵漸成祥者魯史梓慎云吾見赤黑之祲○祲子鴆反李且荏反疏眡祲○釋曰在此者案其職云掌十煇之法以觀妖祥辨吉凶亦是陰陽鬼神之事故列職於此

眡祲掌十煇之灋以觀妖祥辨吉凶妖祥善惡之徵鄭司農云煇謂日光炁也○煇音運炁音氣本亦作氣疏眡祲至吉凶○釋曰按下十等惟一曰言祲故據一日以爲官首言掌十煇之法者一曰以下十等多是日旁之氣言煇亦是日旁煇光故揔以煇言之○注妖祥至炁也○釋曰云妖祥善惡之徵者祥是善之徵妖是惡之徵故言善惡之徵此妖祥相對若散文祥亦是惡徵毫有祥桑之類是也鄭司農云煇謂日光氣也者就十等之中五日闇闇謂日食則無光氣而云十等皆謂日光氣者據多而言一曰祲二曰象三曰鑴四曰監五曰闇六曰瞢七

十三經注疏　周禮二十五　春官宗伯下　三

曰彌八曰敘九曰隮十曰想故書彌作迷隮作資鄭司農云祲陰陽氣相侵也象者如赤鳥也鑴謂日旁氣四面反鄉如煇狀也監雲氣臨日也闇日月食也瞢日月瞢瞢無光也彌者白虹彌天也敘者雲有次序也如山在日上也隮者升氣也想者煇光也玄謂鑴讀如童子佩鑴之鑴謂日旁氣刺日也監冠珥也彌氣貫日也隮虹也詩云朝隮于西想雜氣有似可形想○鑴鄭許規反劉思隨反或下圭反瞢七鄧反隮子兮反鄭許亮反煇音運本亦作暈音同虹音洪又古巷反劉古項反疏注故書至形想○釋曰此經十事先鄭皆解之後鄭從其六不從其四先鄭云祲陰陽氣相侵也者赤雲爲陽黑雲爲陰如春秋傳云赤黑之祲在日旁云象者如赤鳥也者

楚有雲如衆赤鳥在日旁者也云鑴謂日旁氣四面反鄉如煇狀也者後鄭不從云監雲氣臨日也者後鄭亦不從云闇
日月食也者以其日月如光消故闇腜也云瞢日月瞢瞢無光也者以其瞢瞢無光之貌故知無光云彌者白虹彌天也
者此從故書爲迷後鄭不從云敘者雲有次敘如山在日上也者以其此十煇皆在日旁敘爲次敘之字故知敘者雲氣
次敘如山在日上云隮者升氣也者以其隮訓爲升故隮者是升氣也此後鄭不破增成其義云想者煇光此後鄭亦不
從玄謂鑴讀如童子佩鑴之鑴謂日旁氣刺日也者此鑴從芄蘭詩童子佩鑴能不我知鑴是錐類故爲雲氣刺日云監
冠珥也者謂有赤雲氣在日旁如冠耳珥即耳也今人猶謂之日珥云彌氣貫日也者以其言彌故知雲氣貫日而過云
隮虹也者即爾雅螮蝀謂之虹日在東則西邊見日在西則東邊見故引詩云
朝隮于西爲證也云想雜氣有似可形想者以其雲氣雜有所象似故可形想

史記卷二十五

律書第三

王者制事立法物度軌則壹稟於六律【索隱】案律有十二陽六爲律黃鐘太簇姑洗蕤賓夷則無射陰六爲呂大呂夾鐘中呂林鐘南呂應鐘是也名曰律者釋名云律述也所以述陽氣也律歷志云呂旅陽宣氣也古律用竹又用玉漢末以銅爲之呂亦稱間故有六律六間之說元間大呂二間夾鐘是也漢京房知五音六律之數十二律之變至六十猶八卦之變至六十四卦也故中呂上生執始執始下生去滅上下相生終於南呂而六十律畢六律爲萬事根本焉【索隱】律歷志云夫推歷生律制器規圜矩方權重衡平準繩嘉量探賾索隱鉤深致遠莫不用焉是萬事之根本也其於兵械尤所重【索隱】易稱師出以律是於兵械尤重也【正義】內成曰器外成曰械械謂弓矢殳矛戈戟劉伯莊云吹律審聲聽樂知政師曠審歌知晉楚之彊弱故云兵家尤所重故云望敵知吉凶【索隱】凡敵陣之上皆有氣色氣強則聲強聲強則其衆勁律者所以通氣故知吉凶也【正義】凡兩軍相敵上皆有雲氣及日暈天官書云暈等力鈞厚長大有勝薄短小無勝故望雲氣知勝負彊弱引晉語乃曰故云聞聲效勝負【正義】周禮云太師執同律以聽軍聲而詔其吉凶左傳云師曠知南風之不競即其類百王不易之道也武王伐紂吹律聽聲【索隱】其事當有所出今則未詳推孟春以至于季冬殺氣相并【正義】人君暴虐酷急即常寒應寒生北方乃殺氣也武王伐紂吹律從春至冬殺氣相并律亦應之故洪範咎徵云急常寒若是也而音尚宮【正義】兵書云夫戰太師吹律合商則戰勝軍士強角則軍擾多變失士心宮則軍和士卒同心徵則將急數怒軍士勞羽則兵弱少威同聲相從物之自然何足怪哉

武王伐紂吹律聽聲索隱其事當有所出今則未詳○臣照按至今明載周國語何未詳也　而音尚宮○正義監本訛舛不可讀今據周禮典同注改　成湯有南巢之伐以殄夏亂正義淮南子云湯伐桀放之歷山與末喜同舟浮江奔南巢之山而死○臣世駿按淮南修務訓云整兵鳴條困夏南巢譙

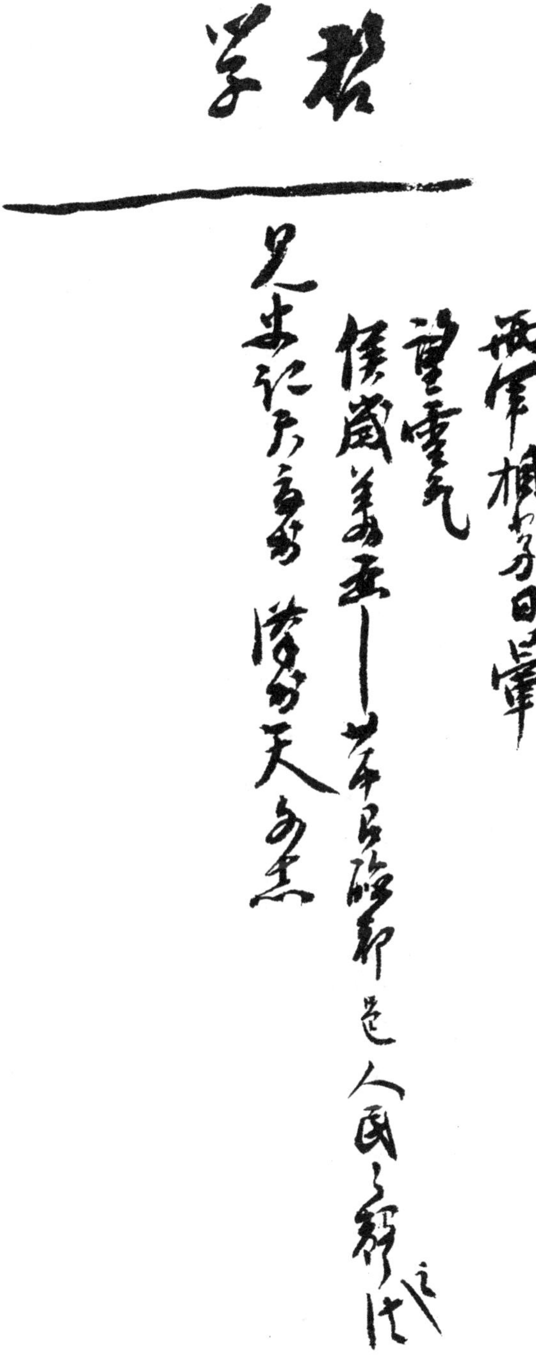

僞

秦欲攻安邑恐齊救之則以宋委於齊曰宋王無道爲木人以寫寡人射其面寡人地絶兵遠不能攻也王苟能破宋有之寡人如自得之已得安邑塞女戟因以破宋爲齊罪（索隱 秦令齊滅宋仍以破宋爲齊之罪名）秦欲攻韓恐天下救之則以齊委於天下曰

蘇秦列傳蘇代約燕王書

御祭

宗教

射侯——祝詛之系統

祭侯之禮以酒脯醢謂司馬實爵而獻獲者于侯薦脯醢折俎獲者執以祭侯○折之設反疏祭侯至脯醢○釋曰鄭云謂司馬實爵獻獲者于侯巳下皆依大射而言彼雖諸侯禮天子射亦然又此不辨大射賓射燕射則三等射皆同按大射司馬正洗散遂實爵獻服不服不侯西北三步北面拜受爵乃祭侯左右个及中其辭曰惟若寧侯○若猶女也寧安也謂先有功德其鬼有神○女音汝下文并注同疏注若猶至有神○釋曰祭侯者祭先有功德之侯若射侯則射不寧侯有罪者也下文毋或一經是也舉有功以勸示又舉有罪以懲之故兩言之也毋或若女不寧侯○不屬于王所故抗而射女○或有也若如也屬猶朝會也抗舉也張也○毋音無强飲强食詒女○曾孫諸侯百福詒遺也曾孫諸侯謂女後世爲諸侯者○强其丈反下同詒羊之反又羊志反遺唯季反

考工記

宗教

俑

大喪飾遺車之馬及葬埋之言埋之則是馬塗車之芻靈○埋亡皆反本又作貍疏注言埋至芻靈釋曰言遺車則雜記注天子九乘苞大遣奠牲體乘別大牢苞九个入壙藏之於椁內壙外者云塗車之芻靈者按檀弓孔子云塗車芻靈自古有之謂爲俑者不仁俑謂偶人所作孔子善古而非周則古者以泥塗爲車芻靈謂以芻草爲人馬神靈至周塗車仍存但刻木爲人馬替古者芻靈今鄭云塗車之芻靈則是仍用芻靈與檀弓違者至周實用俑者但鄭舉古之芻靈況周耳非謂周象仍用芻靈也

夏及殺人

宗教宣言

靈魂

因果法天因果也　實在其真某方面之因果大

闡左角乃天因

宗史記亦作靈天聖上靈所能靈而鄉靈寶

靈貫門多種靈靈等之向精角於聖翻譯

為門名而靈文作標

靈星　[illegible]　[illegible]

漢興八年有言周興而邑立后稷之祀於是高帝令天下立靈星祠三輔故事長安城東十里有靈星祠言祠后稷而謂之靈星者以后稷又配食星也舊說星謂天田星也一曰龍左角爲天田官主穀張晏曰農祥晨見而祭也祀用壬辰位祠之壬爲水辰爲龍就其類也牲用太牢縣邑令長侍祠漢舊儀曰古時歲再祠靈星春秋之太牢禮也舞者用童男十六人服虔應劭曰十六人即古之二羽也舞者象敎田初爲芟除次耕種芸耨驅爵及穫刈舂簸之形象其功也古今注曰元和三年初爲郡國立稷及祠社靈星禮器也

續古今注亦

方相氏狂夫四人方相猶言放想可畏怖之貌○放想方丈反本或作倣音同疏注方相至之貌○釋曰在此者按其職云蒙熊皮黃金四目玄衣朱裳執戈揚盾可畏怖亦是武事故在此也鄭云方相猶言放想者漢時有此語是可畏怖之貌故云方相也

方相氏掌蒙熊皮黃金四目玄衣朱裳執戈揚盾帥百隸而時難以索室敺疫蒙冒也冒熊皮者以驚敺疫癘之鬼如今魌頭也時難四時作方相氏以難卻凶惡也月令季冬命國難索廋也○難乃多反注同敺起俱反魌音欺疏注蒙冒至廋也○釋曰云時難四時者按月令惟有三時難是以月令季春云命國難以季春日歷大梁有大陵積尸之氣與民爲厲命有國者難仲秋云天子乃難時斗建酉亦有大陵積尸之氣此月難陽氣陽氣至此不止害將及人惟天子得難諸侯亦不得季冬云乃命有司大難言大則及民庶亦難惟有此三時難鄭云四時者雖三時亦得云四時揔有之也若然此經所難據十二月大難而言是以鄭引季冬爲證也鄉黨鄉人難郊特牲云鄉人禓亦皆據十二月民庶得難而言也大喪先匶葬使之道○先悉薦反下音柩道音導下同疏注葬使之道○釋曰喪所多有凶邪故使之導也及墓入壙以戈擊四隅敺方良壙穿地中也方良罔兩也天子之椁柏黃腸爲裏而表以石焉國語曰木石之怪夔罔兩○壙苦晃反又音曠方良上音罔下音兩注同又虫如字夔求龜反疏注壙穿至罔兩○釋曰必破方良爲罔兩者入壙無取於方良之義故也云天子之椁柏黃腸爲裏而表以石焉者欲見有罔兩之義故引漢法爲證又檀弓云天子柏椁以端長六尺言椁柏則亦取柏之心黃腸爲椁之裏故漢依而用之而表之以石古雖無言漢亦依古而來蓋周時亦表以石故有罔兩也云國語者按國語水之怪龍罔象土之怪夔罔兩則知方良當爲罔兩也

宮[illegible]室攷

落　釁

○楚子成章華之臺願以諸侯落之宮室始成祭之爲落臺今在華容城內疏注宮室至城內○正義曰雜記云成廟則釁之路寢成則考之而不釁釁屋者交神明之道也鄭玄云言路寢生人所居不釁者不神之也考之者設盛食以落之爾檀弓曰晉獻文子成室諸大夫發焉是也然則不釁似無祭而杜言宮室始成祭之爲落者以其言落必是以酒澆落之雖不如廟以血塗其上當祭中霤之神以安之

昭七

新成廟則釁路寢則考焉春秋云

考仲子之宮

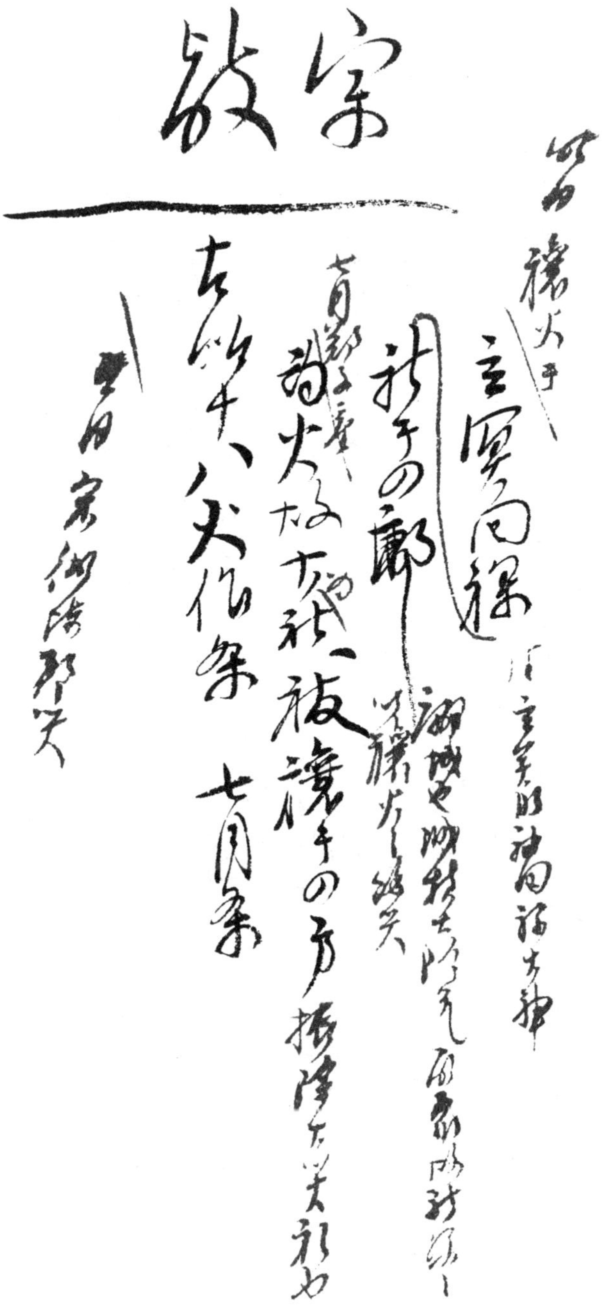
宗教

宗廟

禘祫

以前諸條見九卷第五頁後一注

在公子遂之所致也不就莊三十一年發傳者此最甚事者 疏 注不就至事著○解云莊三十一年冬不雨傳云何以書記災也然則彼一時不雨是以不得發傳云不雨之日長此則歷四時故言最甚事者也 ○八月

丁卯大事于大廟躋僖公大事者何大祫也 以言大與有事異又從僖八年禘數之知爲大祫○大廟音太下太祖皆同躋傳子兮反升也本又作隮同祫音洽大祭 禘數大帝反下所主反 疏 大事者何○解云欲言大祭無禘祫之文欲言時祭而經書大故執不知問○注以言至事異○解云宣八年夏六月辛巳有事于太廟彼是時祭不言大則知此言大者是大祭明矣○注又從僖至大祫 解云春秋說文云三年一祫五年一禘爾雅云禘大祭也孫氏云禘五年大祭也然則三年一祫五年一禘禮如然也案僖八年秋七月禘於太廟從此以後三年一祫數則十一年祫十四年祫十七年祫二十年祫二十三年祫二十六年祫二十九年祫三十二年祫文二年祫也若作五年一禘數則從僖公八年禘十三年禘十八年禘二十三年禘二十八年禘三十三年禘文五年禘則文二年非禘年正當合祫故知此年大事爲祫矣是以注云又從僖八年禘數之知爲大祫也若然從僖八年禘數之則十一年祫十三年禘隨次而下至僖二十三年并爲禘祫何得下傳云五年而再殷祭者蓋謂其初時三年作祫五年作禘大判言之得言五年而再殷祭其間三五參差隨次而下何妨或有同年時乎知非祫與禘相因而數爲三年五年者若從僖八年禘十一年祫十六年禘十九年祫數之至僖三十二年禘文公二年祫亦相當但於五年而再殷祭之言不合故不得然 大祫者何合祭也其合祭奈何毀廟之主陳于大祖 毀廟謂親過高祖毀其廟藏其主于大祖廟中禮取其廟室笮以爲死者炊沐大祖廟公之廟陳者就陳列大祖前大祖東鄉昭南鄉穆北鄉其餘孫從王父父曰昭子曰穆昭取其鄉明穆取其北面尚敬○笮側白反炊沐昌垂反下音木東鄉許亮反下同 疏 大祫者何○解云正以祫小于禘而文加大故執不知問○注禮取至炊沐○解云出禮記文 未毀廟之主皆升合食于大祖 自外來曰升 五年而再殷祭 殷盛也謂三年祫五年禘禘所以異於祫者功臣皆祭也祫猶合也禘猶諦也審諦無所遺失禮天子特禘特祫諸侯禘則不祫祫則不當大夫有賜於君然後祫其高祖○諦音帝礿羊略反 疏 注禘所以至皆祭也○解云出禮記與春秋說文○注禮天至特祫解云禮記及春秋說文即不主禘祫是也○注諸侯至不嘗解云即禮記王制所云夏禘則不礿秋祫則不嘗是也○注大夫至高祖○解云正以於禮不得故也 躋者何升也何言乎升僖公 據禘于大廟不道所升 疏 躋者何○解云先君昭穆自有常式今而言躋故執不知問○注據禘至所升○解云即僖八年秋七月禘于大廟用致夫人是也 譏何譏爾逆祀也其逆祀奈何先禰而後祖也 升謂西上禮昭穆指父子近取法春秋惠公與莊公當同南面西上隱桓與閔僖亦當同北面西上繼閔者在下文公緣僖公於閔公爲庶兄置僖公於閔公上失先後之義故譏之傳曰後祖者僖公以臣繼閔公猶子繼父故閔公於文公亦猶祖也自先君言之隱桓及閔僖各當爲兄弟顧有貴賤耳自繼代言之有父子君臣之道此恩義逆順各有所施也不言吉祫者就不三年不復譏略爲下張本○禰乃禮反 疏 注不言至張本○解云閔二年夏五月乙酉吉禘于莊公傳云其言吉何言吉者未可以吉也曷爲未可以吉未三年也然則吉禘于莊公在三年之內今此大事亦在三年之內是不須更言吉祫以譏之但略言大事于大廟爲下躋僖公張本而已 ○冬晉人宋人陳人鄭人伐秦

文二

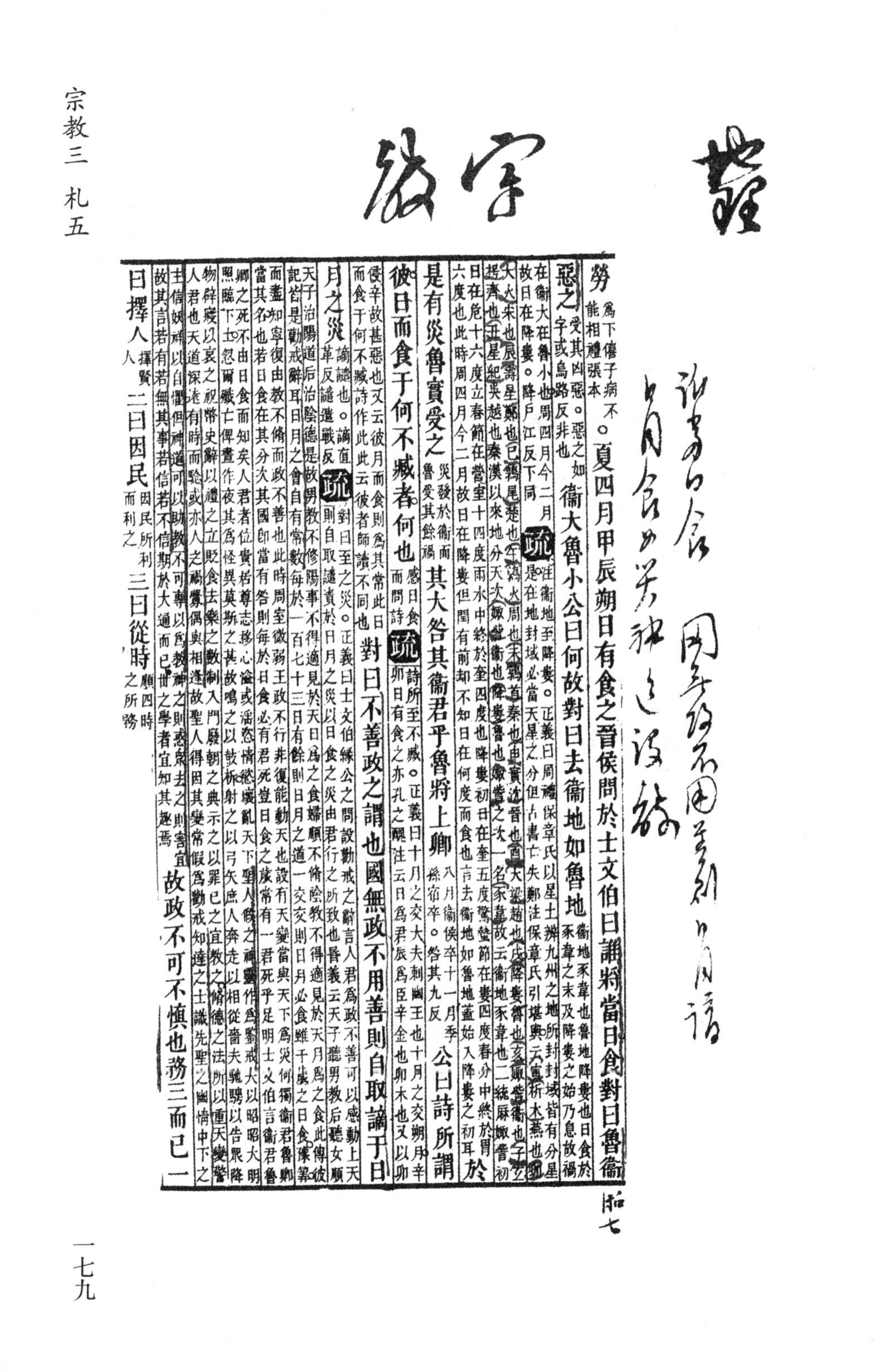

勞為下僖子病不能相禮張本。夏四月甲辰朔日有食之晉侯問於士文伯曰誰將當日食對曰魯衛惡之受其凶惡。惡之如字或烏路反非也衛大魯小公曰何故對曰去衛地如魯地衛地豕韋也魯地降婁也日食於豕韋之末及降婁之始乃息故禍在衛大在魯小也周四月今二月故日在降婁。降戶江反下同疏注衛地至降婁。正義曰周禮保章氏以星土辨九州之地所封封域皆有分星是在地封域必當天星之分但古書亡失鄭注保章氏引堪輿云寅析木燕也卯大火宋也辰壽星鄭也巳鶉尾楚也午鶉火周也未鶉首秦也申實沈晉也酉大梁趙也戌降婁魯也亥娵訾衛也子玄枵齊也丑星紀吳越也秦漢以來地分天次娵訾衛也降婁魯也娵訾之次一名豕韋故云衛地豕韋也二統厤娵訾初日在危十六度立春節在營室十四度雨水中終於奎四度也降婁初日在奎五度驚蟄節在婁四度春分中終於胃六度也此時周四月今二月故日在降婁但閏有前却不知日在何度而食也言去衛地如魯地蓋始入降婁之初耳於是有災魯實受之災發於衛而魯受其餘禍其大咎其衛君乎魯將上卿八月衛侯卒十一月季孫宿卒。咎其九反公曰詩所謂彼日而食于何不臧者何也感日食而問詩疏詩所至不臧。正義曰十月之交大夫刺幽王也十月之交朔月辛卯日有食之亦孔之醜注云日為君辰為臣辛金也卯木也又以卯侵辛故甚惡也又云彼月而食則為其常此日而食于何不臧詩作此此云彼者師讀不同也對曰不善政之謂也國無政不用善則自取謫于日月之災謫譴也。謫直革反譴遣戰反疏對曰至之災。正義曰士文伯緣公之問設勸戒之辭言人君為政不善可以感動上天則自取譴責於日月之災以日食之災由君行之所致也昏義云天子聽男教后聽女順天子治陽道后治陰德是故男教不修陽事不得適見於天日為之食婦順不脩陰教不得適見於天月為之食此傳彼記皆是勸戒辭耳日月之會自有常數每於一百七十三日有餘則日月之道一交交則日月必食雖千歲之日食豫筭而盡知寧復由教不脩而政不善也此時周室微弱王政不行非復能動天也設有天變當與天下為災何獨衛君魯卿當其名也若日食在其分次其國即當有咎則每於日食必有君死豈日食之歲常有一君死乎足明士文伯言衛君魯卿之死不由日食而知矣人君者位貴居尊志移心溢或淫恣情慾壞亂天下聖人假之神靈作為鑒戒夫以昭昭大明照臨下土忽爾殲亡俾晝作夜其為怪異莫斯之甚故鳴之以鼓柝射之以弓矢庶人奔走以相從嗇夫馳騁以告衆降物辟寢以哀之祝幣史辭以禮之立貶食去樂之數制入門廢朝之典示之以罪已之宜教之脩德之法所以重天變警人君也天道深遠有時而驗或亦人之禍釁偶與相逢故聖人得因其變常假為勸戒知達之士識先聖之幽情中下之主信妖祥以自懼但神道可以助教不可專以為教神之則惑衆去之則害宜故其言若有若無其事若信若不信期於大通而已世之學者宜知其趣焉故政不可不慎也務三而已一曰擇人擇賢人二曰因民因民所利而利之三曰從時順四時之所務

鬼神

墨子閒詁　卷八　十

埽葉山房石印

子墨子曰古之今之為鬼疑當作古今之為鬼此衍一之字非他也有天鬼疑當有神字周禮大宗伯天神地示人鬼此則天神地示總曰鬼神散文得通也亦有山水鬼神者亦有人死而為鬼者今有子先其父死弟先其兄死者矣意雖使然畢本使作死云一本作使按道藏本吳鈔本並作使今從之然而天下之陳物謂陳說事故文選古詩李注云陳猶說也曰先生者先死若是則先死者非父則母非兄而姒也爾雅釋親云女子同出謂先生為姒後生為娣長婦謂稚婦為娣婦娣婦謂長婦為姒婦王引之云而猶則也今絜為酒醴粢盛絜道藏本作潔即絜之俗以敬慎祭祀若使鬼神請有請畢本改誠云舊作請一本如此下依改按道藏本吳鈔本並作請此篇多以請為誠詳前是得其父母姒兄而飲食之也豈非厚利哉若使鬼神請亡請畢本作誠道藏本吳鈔本作請今据改亡無通是乃費其所為酒醴粢盛之財耳自夫費之非特注之汙壑而棄之也自當為且舊本無非字畢云一本作非直注之特與直音近故特亦作植蘇云特字上當有非字俞云一本作非直注之是也直特同得通用而非字則必當有墨子蓋謂非空棄之而已且可以合驩聚眾也今挩非字則義不可通下文正作非直注之于壑而棄之也當据補案蘇俞說是也今据補內者宗族外者鄉里皆得如具飲食之

墨子明鬼

災祥

震与隱慝

妖祥為神道助教

耳○震夷伯之廟罪之也於是展氏有隱慝焉隱慝非法所得尊貴罪所不加是以聖人因天地之變自然之妖以感動之知達之主則識先聖之情以自厲中下之主亦信妖祥以不妄神道助教唯此爲深○知音智疏注隱慝至爲深○正義曰慝訓惡也隱蔽之惡不見於外非法令所得繩也其人尊貴非刑罰所能加也忽有震破其廟乃是幽冥加罪聖人因天地之變自然之妖故章其事以感動穢行之人使自懲肅也知達之主則識先聖之情知此欲以懼愚人也中下之主亦信此妖祥之事謂身爲惡行神必加禍以此不妄動作易稱聖人以神道設教故云神道助教唯此事爲深因此遂汎解春秋諸有妖祥之事皆爲此也

僖十五

神祇無數

大馭
犯軷

大馭掌馭王路以祀及犯軷王自左馭馭下祝登受轡犯軷遂驅之行山曰軷犯之者封土爲山象以菩芻棘柏爲神主既祭之以車轢之而去喻無險難也春秋傳曰跋涉山川自由也王由左馭禁制馬使不行也故書軷作罰杜子春云罰當爲軷軷讀爲別異之別謂祖道轢軷磔犬也詩云載謀載惟取蕭祭脂取羝以軷詩家說曰將出祖道犯軷之祭也聘禮曰乃舍軷飲酒于其側禮家說亦謂時祭○軷蒲末反注跋涉同𨊠之又反菩音負一音倍芻䓗俞反轢音歷難乃旦反別彼列反下同磔陟格反羝丁兮反舍音釋

疏大馭至驅之○釋曰此據祭天之時故有犯軷之事云及犯軷者出國門封土爲山象祭軷王在左自馭馭下祝登受取王手之轡犯軷遂驅之而出○注行山至道祭○釋曰言行山曰軷者謂水行曰涉山行曰軷云封土爲山象者鄭注月令祀行之禮爲軷壇厚三寸廣五尺此道祭亦宜然云菩芻棘柏爲神主者謂於三者之中但用其一以爲神主則可也云既祭之以車轢之而去喻無險難也者祭天在近郊雖無險難審慎故也引春秋傳曰者按襄二十八年子大叔云跋涉山川蒙犯霜露以逞君心是其山行曰軷之事也子春讀軷爲別異之別者蓋取軷訖行去之意引聘禮大夫道祭者無牲牢酒脯而已又於旁飲酒餞別故云飲酒於其側也

及祭酌僕僕左執轡右祭兩軹祭軓乃飲故書軹爲䡇軓爲範杜子春云文當如此左不當重重非是書亦或如子春言又云䡇當作軹軹謂兩轊也其或言轊亦非是又云範當爲軓軓謂車前軾也或讀軓爲簪笄之笄○軹音止軓音犯注軓同䡇劉音雞重直龍反轊音衛範當媺美反又音犯也

疏及祭至乃飲○釋曰此云及祭酌僕者即上文將犯軷之時當祭左右轂末及軾前乃犯軷而去酌僕者使人酌酒與僕僕即大馭也大馭則左執轡右手祭兩軹并祭軓之軾前三處訖乃飲飲者若祭末飲福酒乃始轢軷而去○注故書至之笄○釋曰云謂兩轊者轊即轂末云軓當爲軓軓謂車軾前也者按少儀祭左右軌范乃飲注云周禮大馭祭兩軹祭軓乃飲軌與軹於車同謂轊頭也範與范聲同謂軾前也若然此云軹少儀作軌軌與車轍之軌同名此云軓少儀云范同是軾前也

凡馭路行以肆夏趨以采薺凡馭路謂五路也肆夏采薺樂章也行謂大寢至路門趨謂路門至應門○薺才私反

疏凡馭至采薺○釋曰樂師亦有此法彼下有車亦如之即上云行趨者據步迎賓客法此既馭路亦云行趨者此雖馭路行趨遲疾惟步迎賓客爲法故雖車亦行趨也○注凡馭至應門○釋曰此大馭惟馭玉路而云謂五路者大馭雖馭玉路以經云凡所含廣則餘四路

十三經注疏　周禮三十一　夏官司馬下　九

戎僕掌馭戎車戎車革路也師出王乘以自將○將子匠反疏注戎車至自將○釋曰此云戎車巾車云革路建太白以即戎車革路也掌王倅車之政正其服倅副也服謂衆乘戎車者之衣服○倅七内反劉倉愛反疏注倅副至衣服○釋曰鄭注坊記云僕右恒朝服據非在軍時若在軍則服韋弁服衆乘戎車者之衣服謂此服也言衆乘戎車者之服則副車十二乘及廣闕苹輕之倅皆是也犯軷如玉路之儀凡巡守及兵車之會亦如之如在軍疏注如在軍○釋曰云如在軍者謂如其犯軷巡狩及兵車會亦乘革路若乘車之會即乘金路也掌凡戎車之儀凡戎車衆之兵車也書序曰武王戎車三百兩疏注以待賓客○釋曰云凡語廣故知衆兵車即三百兩也按武王伐紂時王自巡六師則有六軍千乘及諸戎狄三分二諸侯其車多矣只有三百兩者據陳與紂戰者而言

詔祝佑之乃詔告主人降以其無事故也尸服卒者之上服上服者如特牲士玄端也不以爵弁服爲上者祭於君之服非所以自配鬼神士之妻則宵衣耳疏尸服卒者之上服。注上服至衣耳。釋曰上經有見主人服不見尸服故記人明之云主服對深衣在下玄端者案特牲經筮日云主人冠玄端至祭日夙興主人服如初是士之正祭服玄端即是卒者生時所著之祭服故尸還服之云不以爵弁服爲上者祭於君之服非所以自配鬼神者案曾子問孔子曰尸弁冕而出卿大夫士皆下之注云爲君尸或弁者先祖或有爲大夫士者彼君之先祖爲士尸服爵弁不服玄端者子孫爲諸侯先祖尸在中故先祖爲士者尸還服助祭於君之服也云士之妻則宵衣耳者以其經直云尸不辨男女士虞既男女別尸明經云尸可以兼男女故鄭併云士之妻也案特牲正祭主婦著纚笄宵衣明女尸亦宵衣可知男男尸女女尸必使異姓不使賤者異姓婦也賤者謂庶孫之妾也尸配尊者必使適也疏男男至賤者。注異姓至適也。釋曰虞卒哭之祭男女別尸故男女別言之也云異姓婦也者以男無異姓之禮故也知經云必使異姓者據與婦爲尸者也不使同姓與婦爲尸者尸須得孫列者孫與祖爲尸孫婦還與夫之祖姑爲尸故不得使同姓女爲尸也云賤者謂庶孫之妾也尸配尊者必使適也者男尸先使適孫無適孫乃使庶孫女尸先使適孫妻無適孫妻使適孫妾又無妾乃使庶孫妻即不得使庶孫妾以庶孫之妾是賤之極者若然庶孫妻亦容用之而鄭云必使適也者據經不使賤有適孫妻則先用適而言其實容用庶孫妻法也必知無容用庶孫者以曾子問孔子曰祭成喪者必有尸尸必以孫孫幼使人抱之無孫則取于同姓可也彼不言適是容無適而用庶此經男女別尸據虞祭而言至卒哭已後自禫已前喪中之祭皆男女別尸知者案司几筵云每敦一几鄭注云雖合葬及同時在殯皆異几體實不同祭於廟同几精氣合少牢吉祭云某妃配是男女共尸篇末云是月也吉祭猶未配注云是月是禫月也當四時之祭月則祭猶未以某妃配某氏哀未忘也則引少牢吉祭妃配之事爲證明禫月不當四時祭月則不云某妃配配則共尸可知無尸則禮及薦饌皆如初無尸謂無孫列可使者也殤亦是也禮謂衣服即位升降疏無尸至如初。注無尸至升降。釋曰自此盡詔降如初論喪祭無尸之事云無尸謂無孫列可使者知謂無孫列者禮記云無孫則取同姓之適則大夫士祭先取孫無孫取同姓之適是有孫列可使復無同姓之適是無孫列可使者也云殤亦是也者禮記曾子問云祭成喪者必有尸明殤死無尸可知曾子問又云宗子直有陰厭庶殤直有陽厭是無尸也云禮謂衣服即

士虞禮記　儀禮卷四十二

讖

豫言

秦人降妖

左昭廿六王子朝使告于諸侯丁定王六年秦人降妖曰周其有頿王亦克能脩其職諸侯服享二世共職王室其有間王位諸侯不圖而受其亂災至于靈王生而有頿王甚神聖無惡于諸侯靈王景王克終王室亢云云

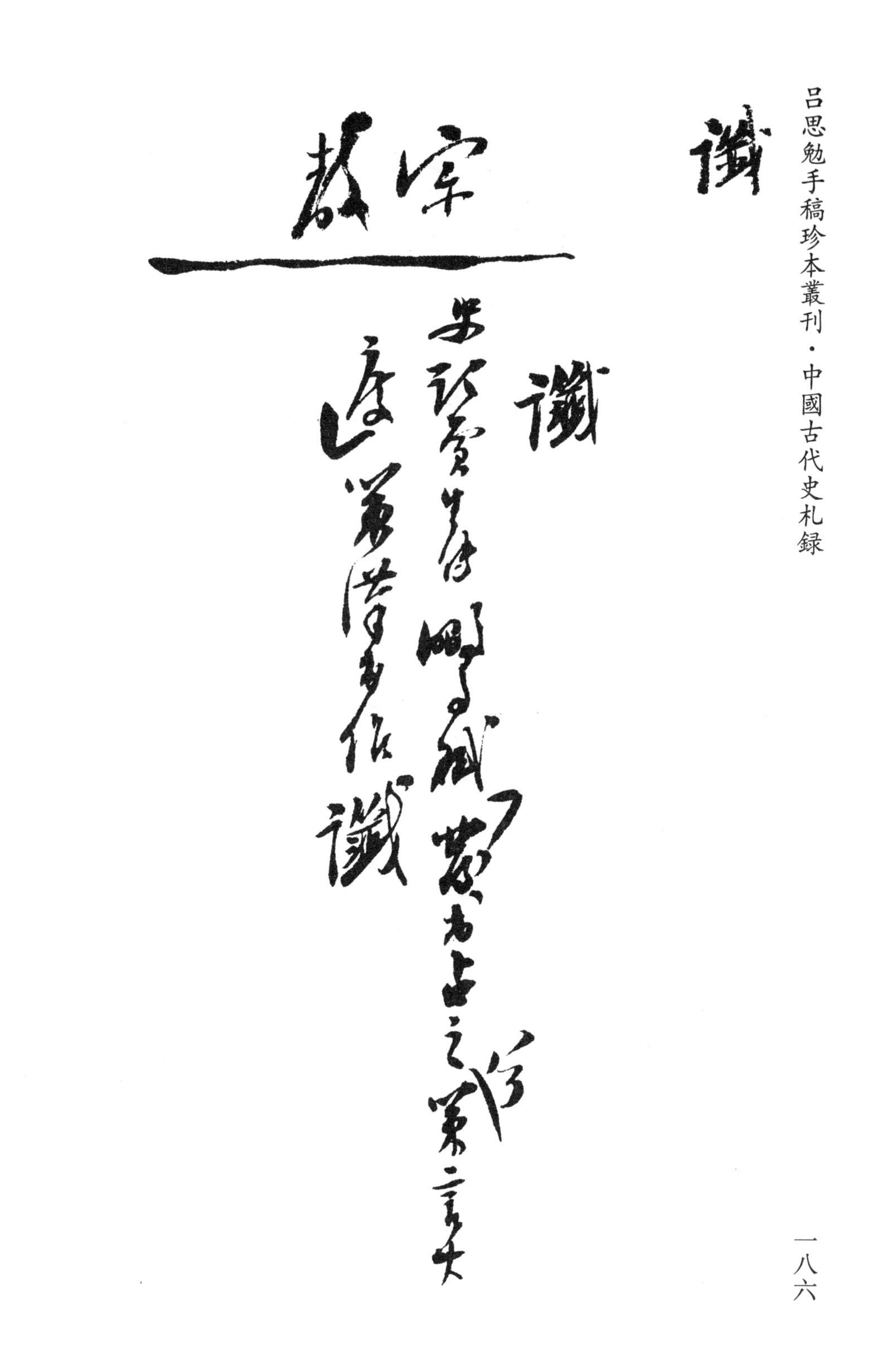

讖

攷字

讖

學[illegible]先生傳 [illegible]見古占之第二章 [illegible]

度近[illegible]書多作讖

宗教

當晉昭公時【索隱】案左氏簡子專國在定頃二公之時非當昭公之世且趙系家敘此事亦在定公之初諸大夫
彊而公族弱趙簡子爲大夫專國事簡子疾五日不知人【索隱】案韓子云十日不知人所記異也大夫皆懼於是召扁鵲扁鵲入視病出董安于
問扁鵲扁鵲曰血脈治也【正義】下云色廢脈亂故形靜如死狀也而何怪昔秦穆公嘗如此七日而寤寤之日告公孫支與子輿【索隱】案二子皆秦大夫公孫支
子桑也子輿未詳曰我之帝所甚樂吾所以久者適有所學也【索隱】適音釋言我適來有所受教命故云學也帝告我晉國且大亂五世不安其後將霸未老
而死霸者之子且令而國男女無別公孫支書而藏之秦策於是出夫獻公之亂文公之霸而襄公敗秦師於殽而歸縱淫此
子之所聞今主君之病與之同不出三日必閒閒必有言也居二日半簡子寤語諸大夫曰我之帝所甚樂與百神遊於鈞天
廣樂九奏萬舞不類三代之樂其聲動心有一熊欲援我帝命我射之中熊熊死有羆來我又射之中羆羆死帝甚喜賜我二
笥皆有副吾見兒在帝側帝屬我一翟犬曰及而子之壯也以賜之帝告我晉國且世衰七世而亡【正義】晉定公出公哀公幽公烈公孝公靜公爲七世
靜公二年爲三晉所滅世家簡子疾在定公之十一年嬴姓將大敗周人於范魁之西【索隱】范魁地名未詳【正義】嬴趙氏本姓也周人謂爲衛也晉十之後趙成侯三年伐衛取鄉邑七十三是也賈逵云川阜曰魁
也而亦不能有也董安于受言書而藏之以扁鵲言告簡子簡子賜扁鵲田四萬畝

秦越人事識の

宗教

凡六樂者文之以五聲播之以八音六者言其均皆待五聲八音乃成也播之言被也故書播爲藩杜子春云藩當爲播讀如后稷播百穀之播○被皮寄反疏注六者至之播○釋曰云六者言其均也謂若黃鐘爲宮自與已下徵商羽角等爲均其絲數五聲各異也或解以爲均謂樂器八音之等若然何得先云言其均始云皆待五聲八音乎明言其均者以爲六者各據其首與下四聲爲均故云皆待五聲八音乃成也云播之言被也者謂若光被四表是取被及之義也子春云播爲后稷播百穀之播者讀從詩云其始播百穀是后稷之事也○凡六樂者一變而致羽物及川澤之示再變而致贏物及山林之示三變而致鱗物及丘陵之示四變而致毛物及墳衍之示五變而致介物及土示六變而致象物及天神變猶更也樂成則更奏也此謂大蜡索鬼神而致百物六奏樂而禮畢東方之祭則用大蔟姑洗南方之祭則用蕤賓西方之祭則用夷則無射北方之祭則用黃鍾爲均焉每奏有所感致和以來之凡動物敏疾者地祇高下之甚者易致羽物既飛又走川澤有孔竅者蛤蟹走則遲墳衍孔竅則小矣是其所以舒疾之分土祇原隰及平地之神也象物有象在天所謂四靈者天地之神四靈之知非德至和則不至禮運曰何謂四靈麟鳳龜龍謂之四靈龍以爲畜故魚鮪不淰鳳以爲畜故鳥不獝麟以爲畜故獸不狘龜以爲畜故人情不失○介音界蜡士嫁反易以豉反竅苦弔反蛤古荅反分扶問反知音智畜許又反下同鮪于軌反淰音審獝休律反本又作矞亦作戫同狘休越反疏凡六至天神○釋曰此一變至六變不同者據難致易致前後而言案大司徒五地之物生動植俱有此俱言動物不言植物者據有情可感者而言也○注變猶至不失○釋曰云變猶更也者燕禮云終尚書云成此云變孔注尚書云九奏而致不同者凡樂曲成則終變更也終則更奏各據終始而言是以鄭云樂成則更奏也云此謂大蜡索鬼神而致百物者案郊特牲云蜡也者索也歲十二月合聚百物而索饗之也鄭云歲十二月周之正數謂建亥之月也

[illegible]

[illegible]

小子下士二人史一人徒八人小子主祭祀之小事

疏注小子至小事○釋曰在此者以其職有掌小祭祀羞羊肆釁衈器師田掌斬牲徇陳之事故屬此也

小子掌祭祀羞羊肆羊殽肉豆鄭司農云羞進也羊肆體薦全烝也羊殽體解節折也肉豆者切肉也玄謂肆讀爲鬄羊鬄者所謂豚解也○肆依注音鬄他歷反又音餘四反折之舌反

疏注鄭司至解也○釋曰先鄭云羊肆體薦全烝也者既不爲豚解則先鄭讀爲肆陳之肆又爲賜音也先鄭爲體薦全烝後鄭不從者以此經祭用羊是用大牢爲宗廟之祭非祭天按外傳云禘郊之事則有全烝王公立飫則有房俎是以知宗廟之祭不得全烝也是故禮運云腥其俎孰其殽注云腥其俎豚解而腥之孰其殽體解而爓之又云退而合亨體其犬豕牛羊是祭宗廟不得有全烝也是以後鄭讀肆從鬄羊鬄者所謂豚解也所謂者所謂士虞禮記云主人不視豚解豚解之法則士喪禮特豚四鬄去蹄謂四段解之殊肩髀如解豚故名豚解若然大夫士祭自饋孰始故正祭即體解爲二十一體喪事略則有豚解其天子諸侯之祭有腥有爓有孰故初朝踐有豚解而腥之饋獻則有體解而爓之薦尸乃有孰與大夫士不同也

而掌珥于社稷祈于五祀故書祀作禩鄭司農云禩讀爲祀書亦或爲祀珥社稷以牲頭祭也玄謂珥讀爲衈祈或爲刏刏衈者釁禮之事也用毛牲曰刏羽牲曰衈衈刏社稷五祀謂始成其宮兆時也春官肆師職祈或作幾秋官士師職曰凡刏衈則奉犬牲此刏衈正字與○珥依注音衈而志反後同一音仍祈音幾禩音祀刏音機字書云劃也一曰斷也或古愛反又公內反與音餘

疏注故書至字與○釋曰先鄭云珥以牲頭祭漢時祈禱有牲頭祭後鄭不從者按禮記雜記釁廟之禮云門夾室用雞其衈皆於屋下衈既爲釁禮此刏與衈連文則刏亦是釁禮非祭祀之法何得爲牲頭祭乎是以後鄭爲釁法解之玄謂珥讀爲衈祈或爲刏者以釁法無取於玉珥及祈禱之義故依士師刏衈爲正也鄭知刏衈爲釁禮之事約雜記而知也云用毛牲曰刏羽牲曰衈者此相對而言雜記廟用羊門用雞皆云衈散文通也知刏衈是社稷五祀始成其宮兆時也者凡物須釁者皆謂始成時是以雜記云廟成則釁之是也云春官肆師職祈或作幾者鄭欲見字有參差非一之義云秋官士師職曰凡刏衈則奉犬牲此刏衈正字與者刏從刀衈從血於義合故以此爲正字也

凡沈辜侯

侯禳—侯の時四方禳[illegible]

釁邦器及軍器

凡師田斬牲以徇—[illegible]

禳飾其牲鄭司農云沈謂祭川爾雅曰祭川曰浮沈辜謂磔牲以祭也月令曰九門磔禳以畢春氣侯禳者候四時惡氣禳去之也○侯禳如羊反磔陟格反疏注鄭司至之也○釋曰先鄭云沈謂祭川是以引爾雅爲證按爾雅曰祭山曰庪縣祭川曰浮沈此浮沈之祭當祭天之煙祭社之血亦當鼓神節先鄭引月令季春令者證辜是辜磔牲體之義鄭彼注九門者王之五門外有國門近郊門遠郊門關門爲九云侯禳者謂候四時惡氣禳除去之也

釁邦器及軍器邦器謂禮樂之器及祭器之屬雜記曰凡宗廟之器其名者成則釁之以豭豚○豭音家疏注邦器至豭豚○釋曰鄭以軍器別言即云邦器者是禮樂之器也鄭云禮器者即射器之等樂器即鐘鼓之等祭器即籩豆俎簋尊彝器皆是引雜記宗廟器成釁之以豭豚者證此等所釁亦用豭豚也

凡師田斬牲以左右徇陳示犯誓必殺之○徇辭俊反疏凡師至徇陳○釋曰此即上文誓衆之時斬牲以左右徇陳是此職也●

祭祀贊羞受徹焉疏祭祀至徹焉○釋曰贊羞謂若上文大司馬職云祭祀羞魚牲之等此官即贊之云受徹焉者謂祭畢諸宰君婦廢徹之時則此官受之

宗教

壺涿氏—除水蟲

教神

壺涿氏下士一人徒二人壺謂瓦鼓涿擊之也故書涿爲獨鄭司農云獨讀爲濁其源之濁音與涿相近書亦或爲濁○涿陟角反又音濁近附近之近疏壺涿至二人○釋曰在此者案其職云掌除水蟲亦是除惡之類故在此也○注壺謂至爲濁○釋曰壺乃盛酒之器非可涿之物故知是瓦鼓必知是瓦者雖無正文攷工記有陶人旊人造瓦器敺水蟲非六鼓故知瓦鼓也先鄭雖讀涿爲濁聲轉字誤故爲濁猶從涿爲義故後鄭引之在下濁其源大玄經文也

壺涿氏掌除水蟲以炮土之鼓敺之以焚石投之水蟲狐蜮之屬故書炮作泡杜子春讀炮爲苞有苦葉之苞玄謂燔之炮之○炮炮土之鼓瓦鼓也焚石投之使驚去○炮步交反注泡苞同蜮音或燔音煩疏注水蟲至驚去○釋曰云水蟲狐蜮之屬者蜮即短狐一物南方水中有之含沙射人則死者也言之屬者水蟲衆矣故云之屬以包之也子春讀從詩苞有苦葉之苞者取其聲同耳不取義也玄謂燔之炮之炮者亦讀從詩此取炮燒之義故云炮土之鼓瓦鼓也云焚石投之使驚去者石之燔燒得水作聲故驚去也若欲殺其神則以牡橭午貫象齒而沈之則其神死淵爲陵神謂水神龍罔象故書橭爲梓午爲五杜子春云梓當爲橭橭讀爲枯枯榆木名書或爲橭又云五貫當爲午貫○橭劉音沽杜讀爲枯劉亦音枯案如杜義則音枯山榆也梓音子本或作橭橭丑居反疏若欲至爲陵○釋曰云以牡橭午貫象齒而沈之者按儀禮大射云若丹若墨度尺而午彼物射者所履記安足之處卞字爲之今此亦然神謂水神龍罔象也橭讀爲枯枯榆木名以橭爲幹穿孔以象牙從橭貫之爲十字沈之水中則其神死淵爲陵所謂深谷爲陵是也

秋官

商殷　宗殷　辛書　殷

貢鳥獸也詩云彼都人士臺笠緇撮又曰其餉伊黍其笠伊糾皆言野人之服也○笠音立使使上音史下及下使者皆色吏反撮七活反又七括反餉始尚反糾居黝反 羅氏致鹿與女而詔客告也以戒諸侯曰好田好女者亡其國詔使者使歸以此告其君所以戒之○好呼報反下好女可好皆同 天子樹瓜華不斂藏之種也華果蓏也又詔以天子樹瓜蓏而已戒諸侯以蓄藏蘊財利也○蓏力果反蓄丑六反又許六反蘊於粉反○【疏】大羅至種也○正義曰此一節因上蜡祭廣釋歲終蜡時之事天子掌鳥獸之官謂大羅也謂爲大羅者鄭云能以羅捕鳥獸者也周禮羅氏掌羅烏鳥蜡則作羅襦鄭司農云襦細密之羅也解者云順秋冬殺物故羅氏用細密之羅網以捕禽鳥矣然周禮不云掌獸此云獸者以其受貢獸故也○諸侯貢屬焉者大羅氏既以羅爲名能張羅得鳥獸故四方諸侯有貢獻鳥獸於王者皆入屬大羅氏也○草笠而至者草笠以草爲笠也此諸侯所使貢獻鳥獸之使者著草笠而至王庭也○尊野服也者草笠是野人之服今歲終功成是由野人而得故重其事而尊其服○羅氏致鹿與女而詔客告也者詔亦告也客謂貢鳥獸之使者羅氏先受貢畢使者臨去羅氏又以鹿及女子致與使者而宣天子之詔於使者令使者反還其國以告戒其君故云詔客告也○以戒諸侯曰好田好女者亡其國者此宣詔所告之言也令使者還其國以如此告汝君曰不得好田獵及女色使國亡也言鹿是田獵所得之物女是亡國之女而王所以獲者也故與之鹿女明以此爲戒也一云豈每國輒與女與鹿邪正當羅氏以鹿與女示使者爾○天子樹瓜華不斂藏之種也者瓜今之瓜華果蓏也言天子唯樹瓜與果蓏所以唯樹植此瓜華者是供一時之食不是收斂久藏之種若其可久藏之物則不樹之不務畜藏與民爭利令使者歸告其君亦當如此不得畜藏與民爭利○注詩云至伊糾○正義曰彼都人士臺笠緇撮是小雅都人士篇也毛詩箋云臺夫須也都人以臺夫須爲笠緇布爲冠云又曰其餉伊黍其笠伊糾者此周頌良耜之篇也引此三詩者證笠是野人所著之服○注戒諸至利也○正義曰天子可畜聚斂藏之物既不種殖戒諸侯不可畜藏蘊積財利也○

八蜡以記四方四方方有祭也 四方年不順成八蜡不通以謹民財也其方穀不熟則不通於蜡焉使民謹於用財蜡有八者先嗇一也司嗇二也農三也郵表畷四也貓虎五也坊六也水庸七也昆蟲八也 順成之方其蜡乃通以移民也移之言羨也詩頌豐年曰爲酒爲醴烝畀祖妣以洽百禮此其羨之與○移以豉反注同羨才箭反又辭見反烝之承反畀必利反妣必履反與音餘○ 既蜡而收民息已故既蜡君子不興功收謂收斂積聚也息民與蜡異則黃衣黃冠而祭爲臘必矣○既蜡而收絕句積聚並如字徐上音茲賜反下方樹反○【疏】八蜡至興功○正義曰此一節論天子蜡祭四方不同豐荒有異兼論臘祭宗廟息民之事各依文解之○八蜡以記四方者言蜡祭八神因以明記四方之國記其有豐稔有凶荒之異也○四方年不順成八蜡不通者謂四方之內年穀不得和順成熟則當方八蜡之神不得與諸方通祭所以然者以謹慎民財欲使不熟之方萬民謹慎財物也○順成之方其蜡乃通者因四方之內有順成之方其蜡之八神乃與諸方通祭所以然者以蜡祭豐饒皆醉飽酒食使民歆羨也皇氏以此一節皆據諸侯之國而爲蜡祭以記其功當國不成則不爲蜡成則爲蜡義亦通也○注蜡有至八也○正義曰鄭數八神約上文也王肅分貓虎爲二無昆蟲鄭數昆蟲合貓虎者昆蟲不爲物害亦是其功貓虎俱是除田中之害不得分爲二不言與故合爲一也○注詩頌至百禮○正義曰所引詩者周頌豐年之篇烝進也畀與也言豐年多黍多稌故爲酒醴進與祖妣謂烝嘗於廟之祭也○注息民至必矣○正義曰上文雖云黃衣黃冠而祭不云臘之與蜡似爲一此文云既蜡而收民息已先蜡後息民是息民爲臘與蜡異也前黃衣黃冠在蜡祭之下故知是臘也是以云爲臘必矣故月令臘在祈天宗之下但不知臘與蜡祭相去幾日惟隋禮及今禮皆蜡之後日經云既蜡不興功者謂不興農功若其土功則左氏傳云龍見而畢務戒事也火見而致用水昏正而栽日至而畢土功建亥之月起日至而畢也○

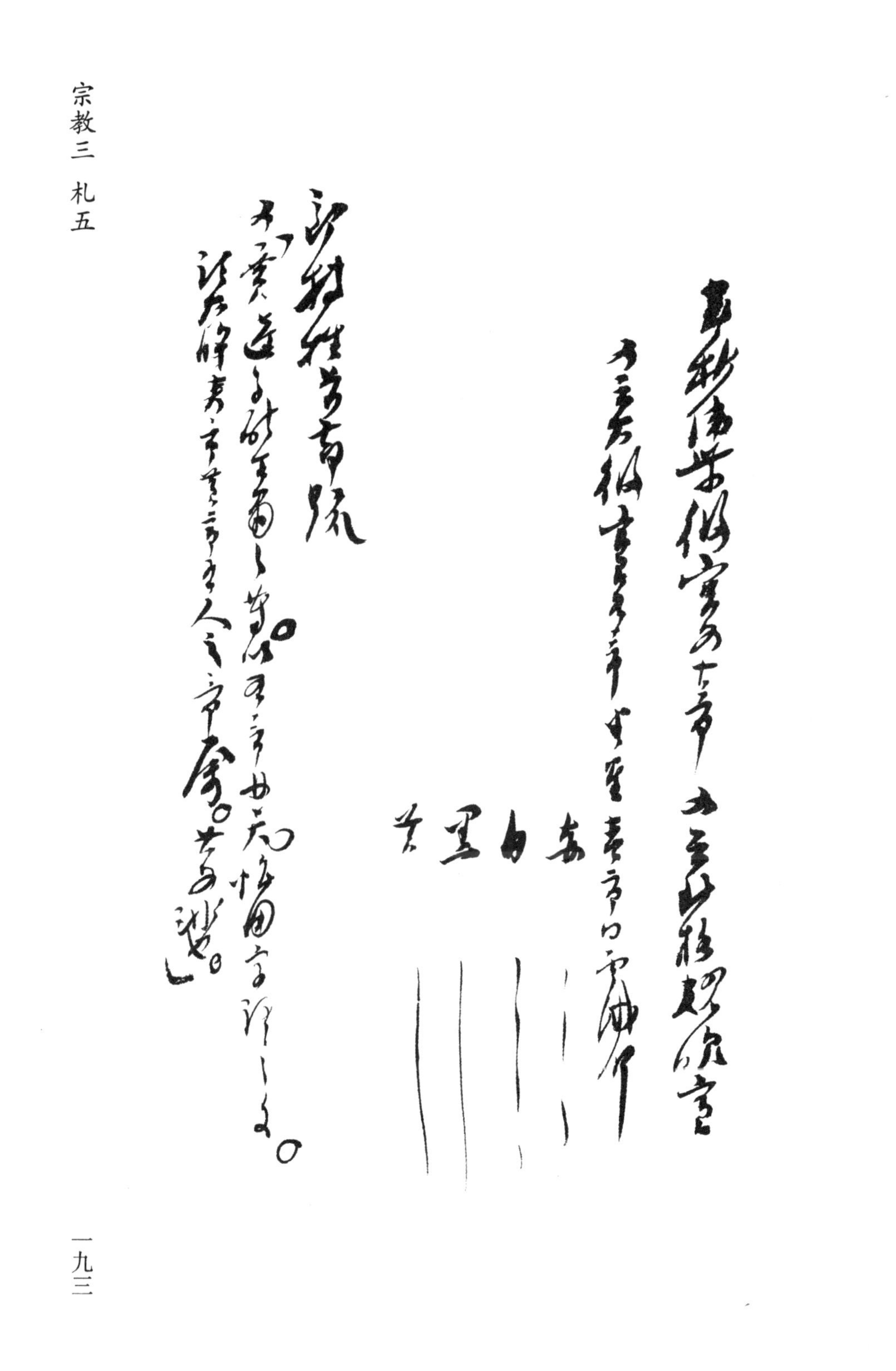

[illegible]

[illegible]

赤

白

黑

黃

[illegible]

[illegible]

[illegible]

探天

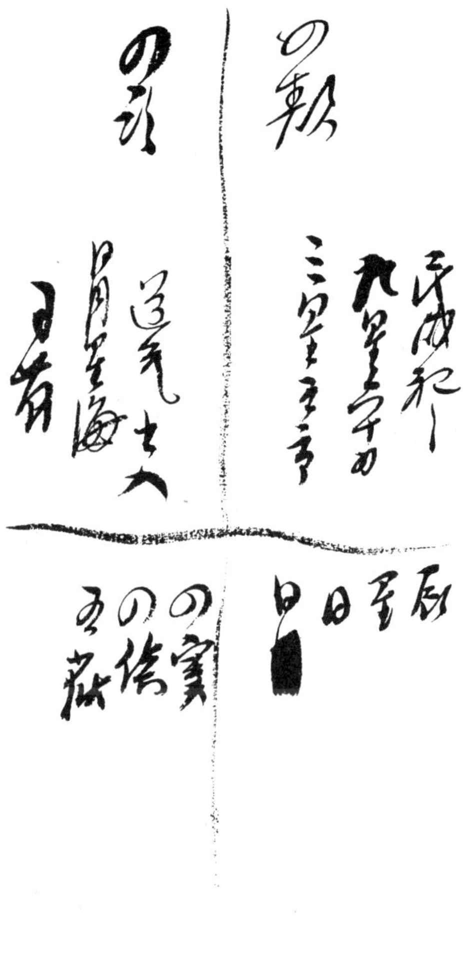

札記

業

蔣君歲首東遊許到予從宗業　樓文字之聚予手合

隨筆寫出祝好積業殷秘其為禱

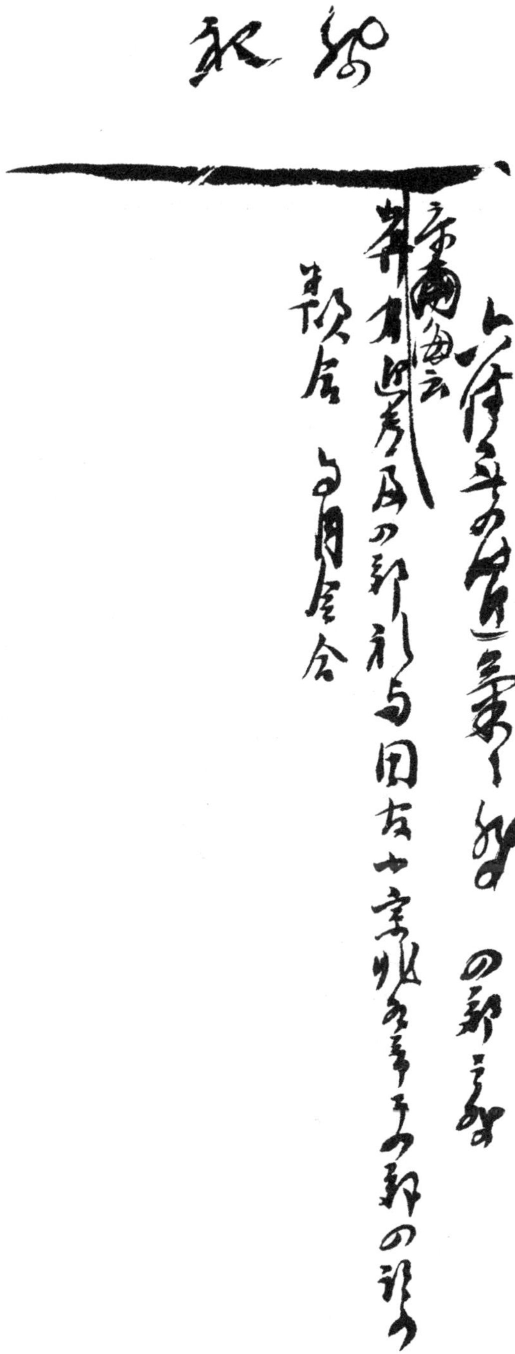

郊

郊義兩

郊無有出車

袁術屯郊

與師出郊

鄉南徙郊郊兩　郊郊兩

春秋之代晉吳多一族夫積郊四鄰于宮廟、、積時

之為郊因積於城之外、、無以庭自出車

宗

元史表摘付「圖上乃人於西洋郡乃人於圖書館
圖上洲郡識」「郡名而為之蕞爾明書而異之
義也但郡明書稱微之制識」「此郡乃人於
之稱以紀而遵此郡鄭重之說而但此郡識」

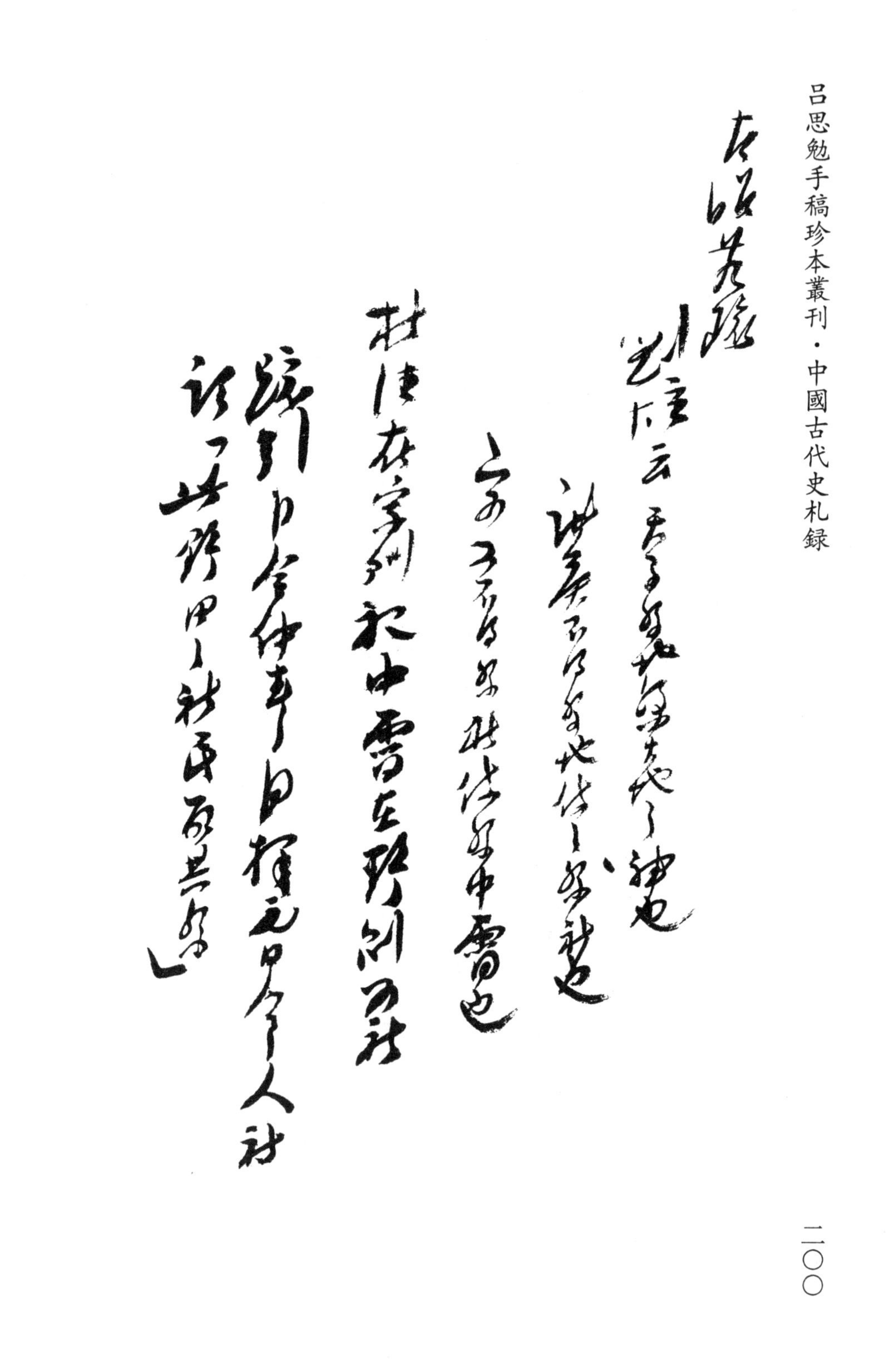

左昭廿九疏

「服注云　[illegible]土之神也

謂[illegible]之神也

言[illegible]中霤也

杜注　在家則祀中霤　在野則為社

疏引月令仲春擇元日命人社

謂[illegible]此野田之社民所共祭」

祭祀

上宣三

~~中華宗教則教義繁雜而不一~~

~~惟祭祀則一時褒揚其~~

郊社祭稷主者之以祖配　其他則爲分祀以報

如自内出於其正宗自有其域

身受不止

類諸如春祈秋報即孔子修禮於其言宗教者其形式也

祇上下交之於其間以微之也生子孫不可生　天下

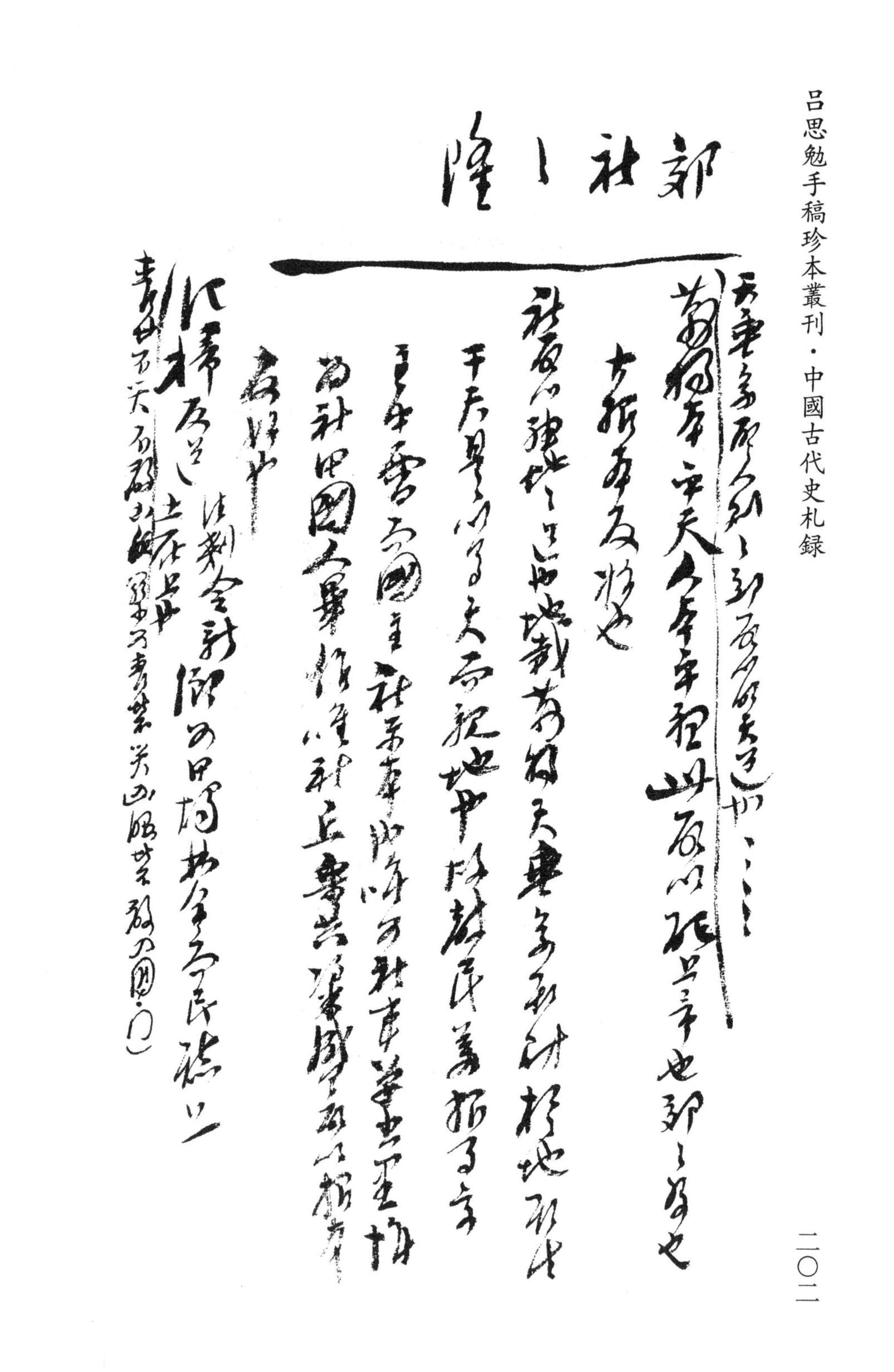

郊社之隆

天垂象聖人則之郊所以明天道也、、、
萬物本乎天人本乎祖此所以配上帝也郊之祭也
大報本反始也
社所以神地之道也地載萬物天垂象取財於地取法
于天是以尊天而親地也故教民美報焉
家主中霤而國主社示本也唯為社事單出里唯
為社田國人畢作唯社丘乘共粢盛所以報本
反始也
[illegible]

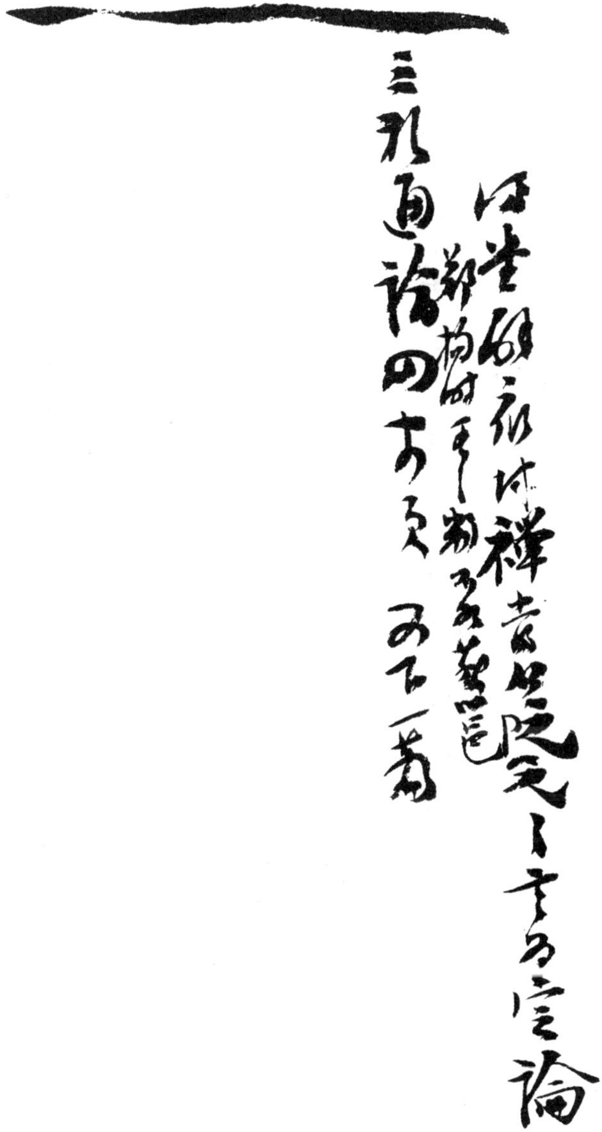

凡祭日月之禮崔氏云一歲有四迎氣之時祭日於東祭月於西故小宗伯云兆五帝於四郊四望四類亦如之是其一也春分朝日秋分夕月是其二也此等二祭日之與月各祭於一處日之與月皆爲壇而祭所謂王宮祭日夜明祭月皆爲燔柴也夏正郊天之時而主日配以月祭義云大報天而主日配以月是其三也孟冬大蜡之時又祭日月故月令孟冬祈來年于天宗是其四也此二祭并祭日月共在一處則祭日於壇祭月於坎壇則實柴坎則瘞埋也其牲皆用犢故小司徒云凡小祭祀奉牛牲鄭云小祭祀王玄冕所祭是也若所祈禱則用少牢祭法云埋少牢於泰昭祭時及日月等鄭注云凡以此下皆祭用少牢是也皇氏云以爲日月合祭之時用犢分祭之時用少牢其義非也。

郊特牲大報天而主日也配以月

祭義祭日於壇祭月於坎以別幽明以制上下

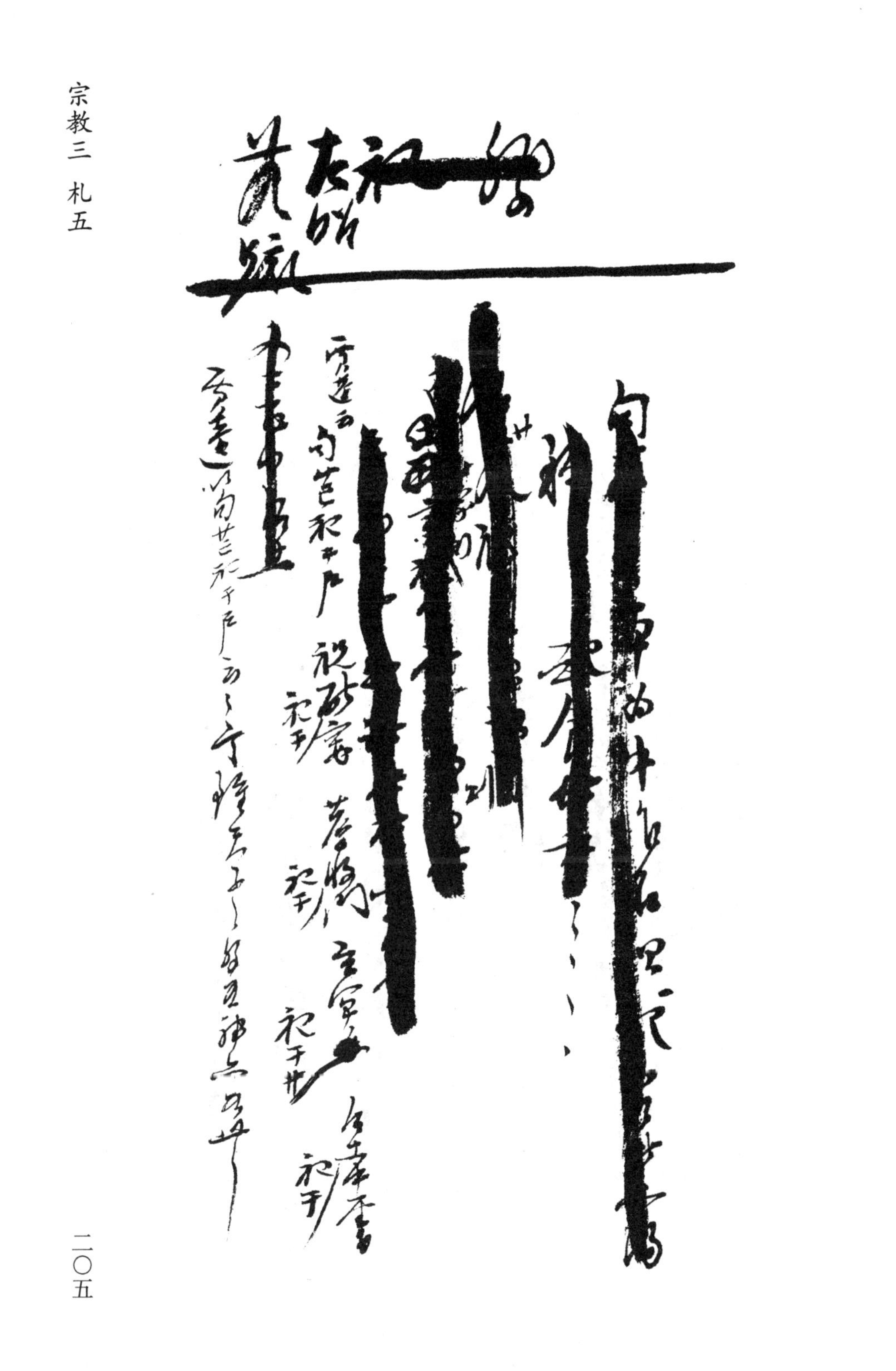

[illegible]

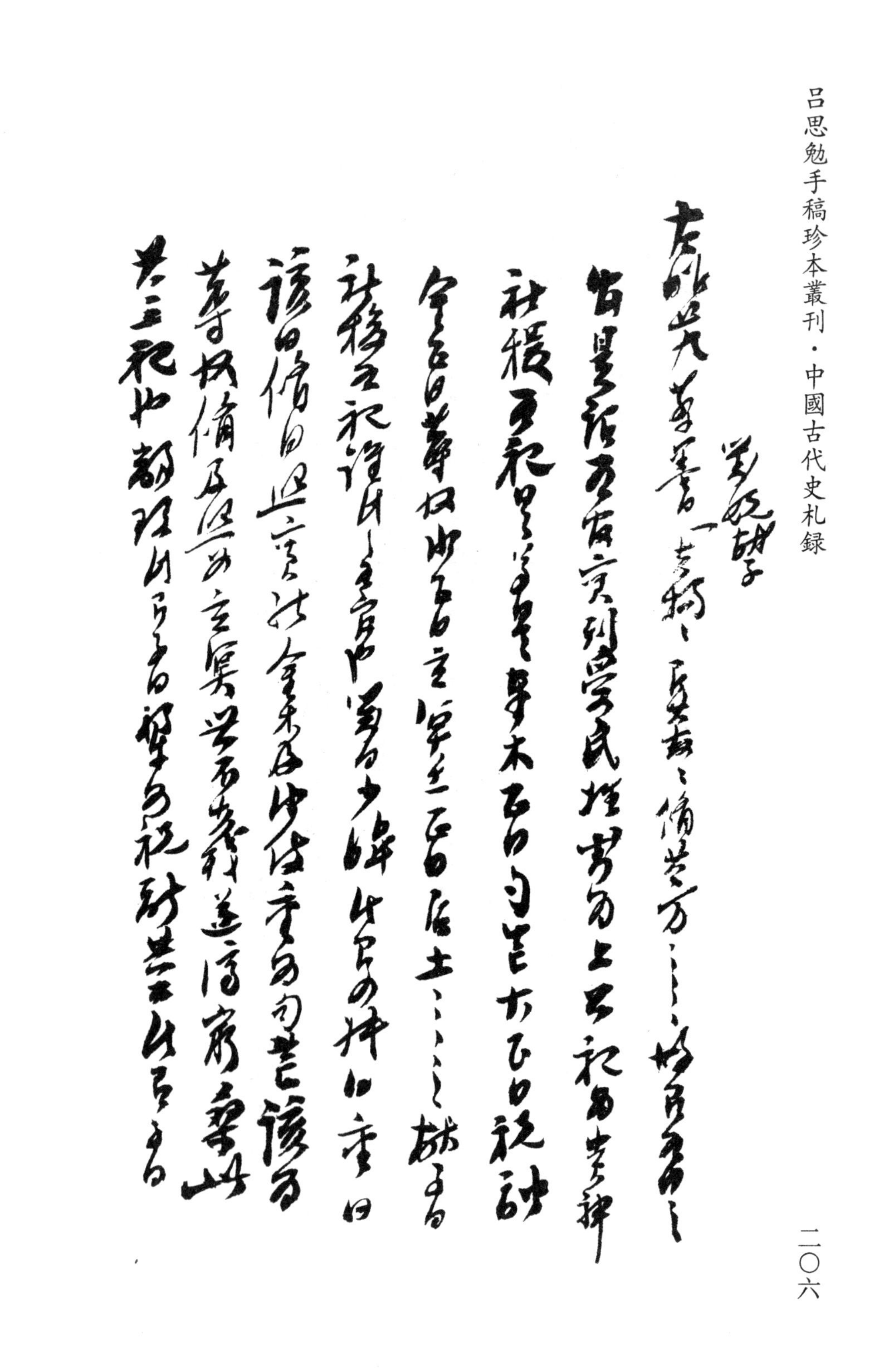

[illegible]

白狀乃居士世某之和也各書刹羅因在也罢到家民
之之書桂日釋自居如上和之周壽司釋自書以
來和之之
蟾王母家不至念中神而以無人神泥之之
妙寺在無邊之之安隱甚難口之之之菩提人而白毛度
瓜杖劍則麻何之之之皆是無為蕉上之蜀而然又之言則
華宮之之之之鏡之而菩了此心甘露之說

后無祭天之事

見郊特牲首節疏

圜丘無上文書在國南

郊特牲首節疏

「禘無於祭天人共之」

鄭志見詩雝疏序 又見長發序疏

秦蔡此禘嚳圖上

大傳禘其祖之所自出感生 又兩三

年一祫五年一禘之禘

魯郊

明堂位曰是以魯君孟春乘大路載弧韣旂

十有二旒日月之章祀帝于郊配以后稷

天子之禮也　注孟春建子之月　疏禘之

孟獻子曰正月日至可以有事於上帝

魯郊祭蒼帝靈威仰昊天上帝

魯不祭

穀僖卅一注

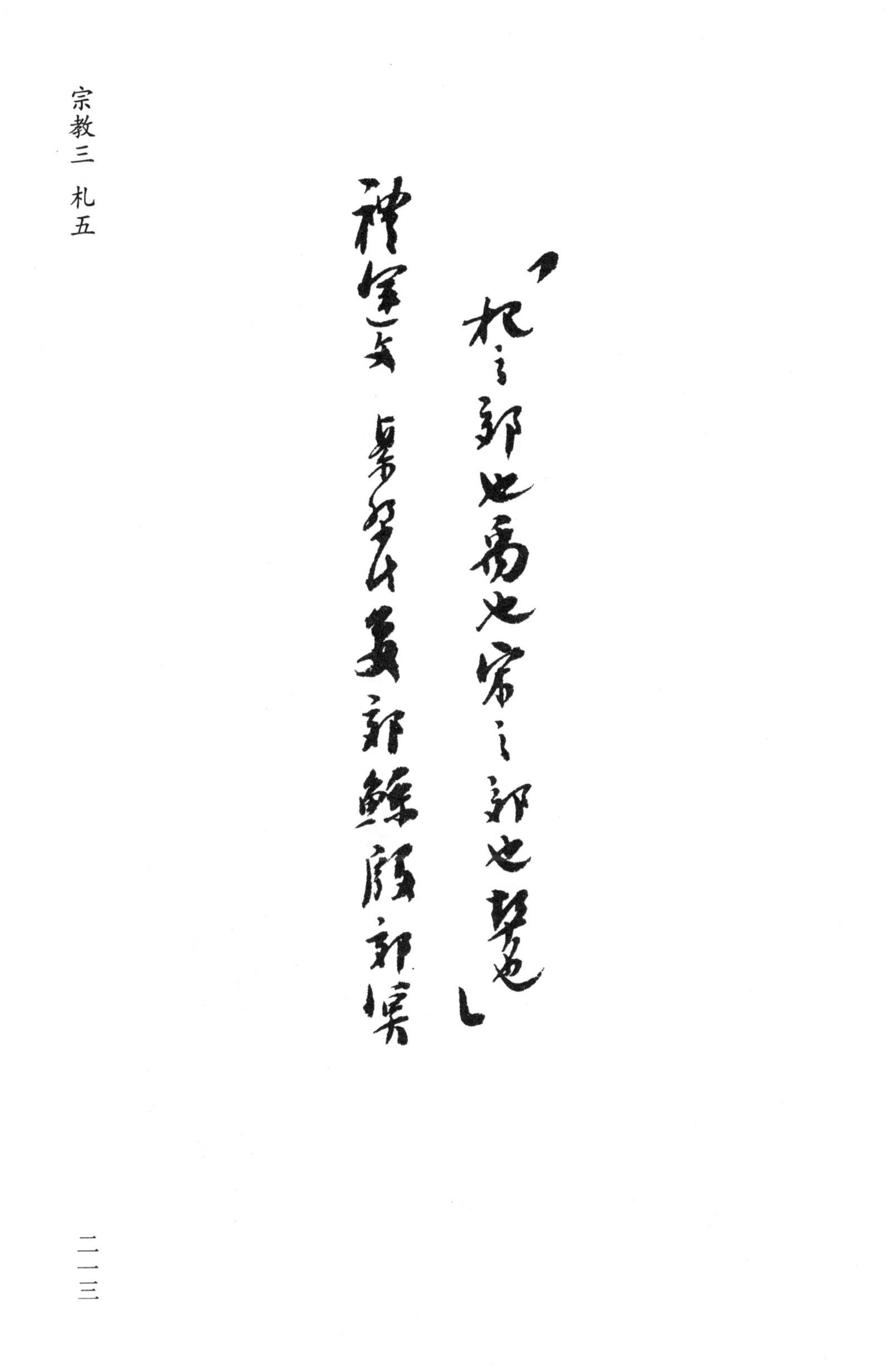

「杞之郊也禹也宋之郊也契也」

禮運文　鼻祖即是黃郊鯀嚳郊冥

「天有六祭之一歲有九」

曲禮天子祭天地疏

郊特牲疏皇氏以爲

高禖亦祭不入

數崔氏以雩爲常

祭凡九

見大宗伯注

「昊天上帝冬至祭之一也……耀魄寶……以帝嚳配之

蒼帝靈威仰立春之日祭之于東郊二也

赤帝赤熛怒立夏之日祭之于南郊三也

黃帝含樞紐季夏六月土王之日亦祭之於南郊四也

白帝白招拒立秋之日祭之于西郊五也

黑帝汁光紀立冬之日祭之于北郊六也

若當方人帝配之雩祭亦然

王者各稟五帝之精氣而王天下於夏正之月祭於南郊七也周以后稷配

四月龍星見而雩總祭五帝於南郊八也以五人帝

月令季秋大饗帝

季秋大饗五帝於明堂九也以武王配 以文王配之 孝經說后稷爲天地之主文王爲五帝之宗 或五天帝五人帝爲祖宗

鄭 王

禘 祭昊天於圜丘 宗廟五年祭

郊 祭上帝於南郊 郊丘是一 肅言天一而已何以有六

祖宗 祭五帝（大昊炎帝黃帝少昊顓頊）五神（句芒祝融后土蓐收玄冥）于明堂 祖有功宗有德廟不毀

以融引董仲舒劉向馬融皆以圜丘即郊

探南郊與圜丘同（祭法）

祭祀

季冬畢山川之祀及帝之大臣天之神祇之祠
之前來于冬至月神祭大宗孟冬祭大佐之勉
是天子之神祇則祇亦數文通謂之解矣

乃畢山川之祀及帝之大臣

十三經注疏　禮記十七　月令　三十四

天之神祇四時之功成於冬孟月祭其宗至此可以祭其佐也帝之大臣句芒之屬天之神祇司中司命風師雨師。祇音祁疏注四時至雨師。正義曰按上孟冬祈來年于天宗大割祠於公社臘先祖五祀是謂蜡祭則百神皆祭則一變而致羽物山林之祇再變而致鱗物川澤之祇是蜡祭並祭山川也是嶽瀆及衆山川也孟冬不見者文不具孟冬祭嶽瀆因及衆山川至此又更祭衆山川山川少於嶽瀆是孟月祭其宗此月祭其佐前孟冬是祭先嗇神農并祭五帝但孟月其文不具則五帝爲宗大臣句芒等爲佐是孟月祭其宗此月祭其佐也孟冬祭司中等是孟月祭宗此月祭佐則天神人鬼山川等皆有宗有佐也故鄭先云孟月祭宗至此祭佐後解帝之大臣天神地祇若然山川卑於帝之大臣在先言故以爲尊卑之序無義例也熊氏云孟冬祭宗至此祭佐唯天恐非也

司中　司叢之林之謂也

司命　文昌宮星

飆師　箕

雨師　畢

主語文昌五五五 皆非沐

の宗我日中村上村郎

此月為風伯雨郎

無說 非此郎

貝周雲古宗伯

郊祭鄭王異説

郊特牲郊之祭也迎長日之至也 鄭以爲周郊用夏正 建寅月 郊之[redacted]（周辛）也周之始郊日以至（鄭本作而日長 此云迎長日之至下）

鄭云魯無冬至圜丘之祭以建子之月郊天（肅以周之始郊日以至與圜丘同配以后稷）

王肅用董仲舒劉向以爲周郊在建子月 聖證論（天體無上）郊上是之一（見郊特牲）

（首十許頁）

24

魯郊唯一至南冬至郊建寅月又郊以祈穀

月令孟春乃以元日祈穀于上帝鄭注謂以上辛郊祭天也顧郊特牲不言祈穀以禮不言郊郊特牲第三十是一

杜預不信讖緯而鄭多繫於感生帝信讖緯不取以穀魯唯有建寅郊天

及龍見而雩

崔氏魯氏以魯冬至郊天建寅又郊

法融圖上是之宗天五帝祈穀龍見而雩是

五帝

王肅馬昭之徒，或以燔天用冬至之日，或以用冬至之月。據周禮何是冬至之月，據郊特牲曰用辛，則是冬至之月。以上據郊特牲疏

賈逵、馬融、王肅皆用家語，以帝為五人帝。案鄭玄異義，詳見郊特牲首節疏。

天與帝異之據：周官司服，王祀昊天上帝則大裘而冕，祀五帝亦如之。又小宗伯兆五帝於四郊。又禮運升中于天，饗帝于郊。何者當據？

周官大宗伯以禋祀祀昊天上帝　司農云昊天ゝ也

上帝玄天也　疏云ゝゝゝ其異名同實ゝゝゝ先鄭ゝ

王肅之學因十天也　似無六天之義也

異義天號尚書歐陽說曰欽若昊天春曰~~蒼~~昊天

夏曰蒼天秋曰旻天冬曰上天摠稱皇天（爾雅亦然）與周大宗

何疏引

之望 司叢云日月星海又云道氣出入

言祀五嶽之鎮之寶

之數 司叢三星五帝九宮六十之民

言祀日月星辰 東辰二十八星

古三帝伯

雜記孟獻子曰正月日至可以有事

於上帝

魏書左襄七孟獻子曰啟蟄而郊則

其禮迎長日之至自有權而用

正月

右據王叔云

伯贊兩郎

〻〻〻天神曰六地祇曰二〻〻〻〻先儒素不然〻〻〻晉

郊帝王國之社稷也秦始〻〻初定南北郊祭

一地一天有五帝之義杜預〻〻〻〻〻尊道之說

石栢丙跡

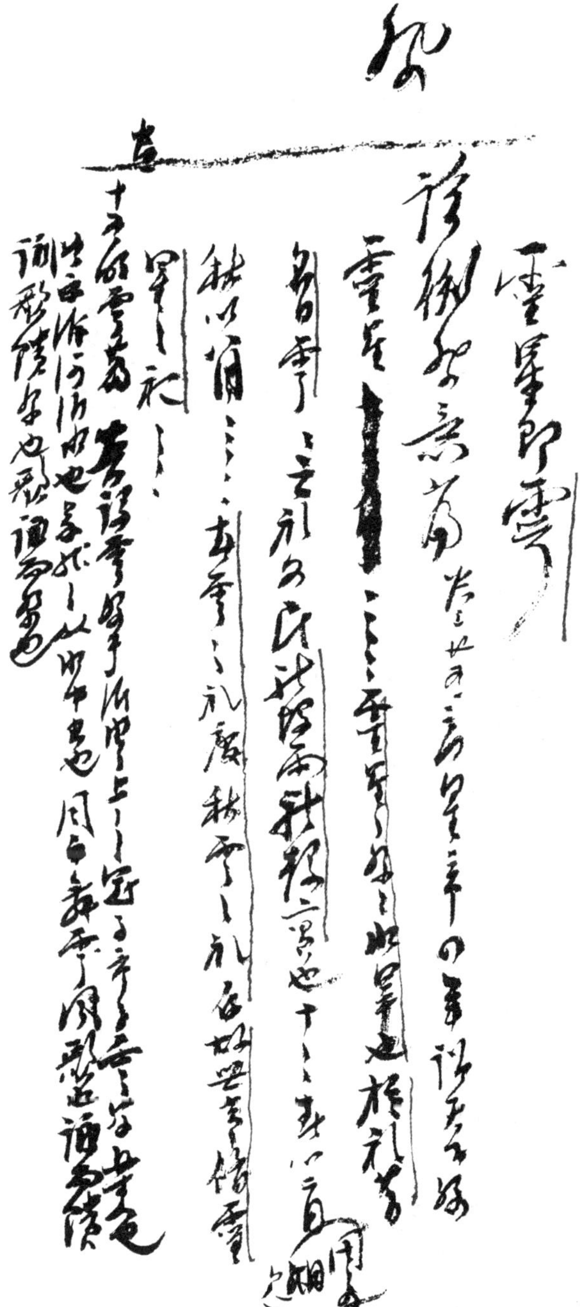

雩
盛樂
百縣—諸侯
百源
天人帝配以天帝—
春秋書雩旱也穀異篇

經祀（樂）

○命有司為民

祈祀山川百源大雩帝用盛樂乃命百縣雩祀百辟卿士有益於民者以祈穀實陽氣盛而常旱山川百源能興雲雨者也衆水始所出為百源必先祭其本乃雩雩吁嗟求雨之祭也雩帝謂為壇南郊之旁雩五精之帝配以先帝也自鞀鞞至柷敔皆作曰盛樂凡他雩用歌舞而已百辟卿士古者上公若句龍后稷之類也春秋傳曰龍見而雩雩之正當以四月凡周之秋三月之中而旱亦脩雩禮以求雨因著正雩此月失之矣天子雩上帝諸侯以下雩上公周冬及春夏雖旱禮有禱無雩○辟必亦反注同句古侯同見賢遍反下御見同

疏命有至穀實○正義曰正以將

秦天文星月也
今世所傳祀

月五

龍見兩峯

〻〻宣在建巳之〻月兩月令記於仲夏之季節

言云一峯之〻當以何月之〻五月之〻〻星宿峯

祀而求之因著之一峯於此月若之〻無枝葉以此月

今春得之〻頻于菩薩龍見即是五月也

又蹏　石埭

靈星

詩絲衣繹賓尸也高子曰靈星之尸也

疏靈星者不知何星漢書郊祀志云高祖詔御史令天下立靈星祠張晏曰龍星左角曰天田則農祥也晨見而祭之案後之說靈星爲后稷者未知高子所言是此以否

六宮以來多事詔下自責

皇極五頒誥　躬禱詩侍文

春秋說者異辭之時雨後禱祀之舉

雖四月龍見始自常雩　會禱請

宸之二霖見穀成之號　貴見穀實之元

陛

五祀

周官大宗伯以血祭祭社稷五祀五嶽　鄭司農云五祀五色之帝於王者宮中（案言謂四時迎氣）

疏先鄭意此五祀即掌次祀五帝

迎氣莫餘于人前至大神

鄭宗伯注

六方

義州僞民人 文化ノ類 分上下の方とも名く 學二九六

東白 南赤 西青 北黃 下黑 王一 上表色皆具

爲地自若 南稱 出師 上叙 下龜竄 爲守基地

東狛 南獾 西熊

狩林計篇

感應

大戴禮盛德　凡人民疾六畜疫五穀災者生於天天道不順生於明堂不飾故有天災則飭明堂也

史記周本紀　幽王二年西周三川皆震伯陽父曰周將亡矣夫天地之氣不失其序若過其序民亂之也

漢書匡衡傳　上疏曰臣聞天人之際精祲有以相盪善惡有以相推事作乎下者象動乎上陰陽之理各應其感陰變則靜者動陽蔽則明者晻

卜筮

龜人

攻治也治龜骨以春是時乾解不發傷也○解音蟹一音佳買反 疏 注六龜至傷也○釋曰云各以其物入于龜室龜有六室物色也六龜各入於一室以其蓍龜歲易秋取春攻訖即欲易去前龜也

上春釁龜

祭祀先卜 釁者殺牲以血之神之也鄭司農云祭祀先卜者卜其日與其牲玄謂先卜始用卜筮者言祭言祀尊焉天地之也世本作曰巫咸作筮卜未聞其人也是上春者夏正建寅之月月令孟冬云釁祠龜策相互矣秦以十月建亥爲歲首則月令秦世之書亦或欲以歲首釁龜耳○釁許靳反 疏 注釁者至龜耳○釋曰云釁者殺牲以血之神之也者謂若禮記雜記云廟成則釁之廟用羊門夾室用雞之類皆是神之故血之也先鄭云祭祀先卜者卜其日與其牲後鄭不從者以其此官不主卜事故不從也故解先卜始用卜筮者云言祭言祀尊焉天地之也者按大宗伯天稱禋祀地稱血祭是天地稱祭祀今此先卜是人鬼曰享而云祭祀與天地同稱故云尊焉天地之也云世本作曰巫咸作筮卜未聞其人也者曲禮云卜筮者先聖王之所以信時日其易所作即伏犧爲之矣但未有揲蓍之法至巫咸乃教人爲之故巫咸得作筮之名未聞其源世本又不言其人故云未聞其人也云是上春者夏正建寅之月月令孟

十三經注疏　周禮二十四　春官宗伯下　十二

冬云釁祠龜策相互矣者然周與秦各二時釁龜策月令孟冬釁則周孟冬亦釁之周以建寅上春釁秦亦建寅上春釁之故云相互也云秦以十月建亥爲歲首則月令秦世之書亦或欲以歲首釁龜耳若據此注則周秦各一時釁此鄭兩解按月令注云周禮龜人上春釁龜謂建寅之月秦以其歲首使大史釁龜策與周異矣○彼注與此後注義同也

若有祭祀則奉龜以往 奉猶送也送之所當於卜 疏 若有至以往○釋曰此云祭事不辨外內則外內俱當卜皆奉龜以往所當卜處

旅亦如之喪亦如之 疏 旅亦至如之○釋曰旅謂祈禱天地及山川喪謂卜葬宅及日皆亦奉龜往卜處也

占人掌占龜以八簭占八頌以八卦占簭之八故以眡吉凶占人亦占筮言掌占龜者筮短龜長主於長者以八筮占八頌謂將卜八事先以筮筮之言頌者同於龜占也以八卦占筮之八故謂八事不卜而徒筮之也其非八事則用九筮占人亦占焉。簭音筮長如字下同疏占人至吉凶○釋曰云占人亦占筮言掌占龜者筮短龜長主於長者占筮即此經云以八筮占八頌又云以八卦占筮之八故並是占筮故首云掌占龜不云占筮故云主於長者也鄭知筮短龜長者按左氏傳四年傳云初晉獻公欲以驪姬爲夫人卜之不吉筮之吉公從筮卜人曰筮短龜長不如從長是龜長筮短之事龜長者以其龜知一二三四五天地之生數知本易知七八九六之成數知末是以僖十五年傳韓簡云龜象也筮數也物生而後有象象而後有滋滋而後有數故象長如易歷三聖而窮理盡生云短者以其易雖窮理盡性仍六經並列龜之繇辭醫若讖緯圖書不見不可測量故爲長短馬融曰云筮史短龜史長者非鄭義也云以八筮占八頌謂將卜八事先以筮筮之者凡大事皆先筮而後卜此八還是上文大事之八也凡筮之卦自用易之爻占之龜之兆用頌辭占之今言八筮占八頌者鄭云同於龜占也以其吉凶是同故占筮之辭亦名頌故云同於龜占龜占則繇辭是也云以八卦占筮之八故謂八事不卜而徒筮之也者此出人君之意此八事即大卜大事之八故令先筮後卜今人君欲得徒筮吉凶占則行之不假更卜故云占筮之八故云非八事則用九筮占人亦占焉者此云九筮即下筮人所云九筮是也知占人亦占焉者以其占人於此占筮明下九筮亦占可知也凡卜簭君占體大夫占色史占墨卜人占坼體兆象也色兆氣也墨兆廣也坼兆釁也體有吉凶色有善惡墨有大小坼有微明尊者視兆象而已卑者以次詳其餘也周公卜武王占之曰體王其無害凡卜象吉色善墨大坼明則逢

占人掌龜筮

不卜徒筮

筮短龜長 馬鄭異義

君占体大夫占色史占墨卜人占坼

卜亦有占

象兆如今之兆

掌三易之灋一曰連山二曰歸藏三曰周易易者揲蓍變易之數可占者也名曰連山似山出內氣變也歸藏者萬物莫不歸而藏於其中杜子春云連山宓戲歸藏黃帝。揲時設反劉音舌宓音伏戲本又作虧音羲

疏注易者至黃帝。釋曰云易者揲蓍變易之數可占者也者按易繫辭云分而爲二以象兩掛一以象三揲之以四以象四時歸奇於扐以象閏此是揲蓍變易之數可占者也就易文卦畫七八爻稱九六用四十九蓍三多爲交錢六爲老陰也三少爲重錢九爲老陽也兩多一少爲單錢七爲少陽也兩少一多八爲少陰也夏殷易以七八不變爲占周易以九六變者爲占按襄九年左傳云穆姜薨於東宮始往而筮之遇艮之八注云爻在初六九三六四六五上九惟六二不變連山歸藏之占以不變者爲正但周易占九六而云遇艮之八是據夏殷不變爲占之事云名曰連山似山出內氣也者出連山易其卦以純艮爲首艮爲山山上山下是名連山雲氣出內於山故名易爲連山歸藏者萬物莫不歸而藏於其中者此歸藏易以純坤爲首坤爲地故萬物莫不歸而藏於中故名爲歸藏也鄭雖不解周易其名周易者連山歸藏皆不言地號以義名易則周非地號以周易以純乾爲首乾爲天天能周帀於四時故名易爲周也必以三者爲首者取三正三統之義故律歷志云黃鍾爲天統黃鍾子爲天正林鍾爲地統未之衝丑故爲地正大簇爲人統寅爲人正周以十一月爲正天統故以乾爲天首殷以十二月爲正地統故以坤爲首夏以十三月爲正人統人無爲卦首之理艮漸正月故以艮爲首也杜子春云連山宓戲歸藏黃帝者鄭志答趙商云非無明文改之無據且從子春近師皆以爲夏殷也

其經卦

三易：連山——似山出氣——首艮——子春伏羲——亦存疑
　　　歸藏——万物歸藏——首坤——黃帝——亦存疑
　　　周易

伏羲：羲又作犧，音羲

夏殷易以七八爲占

周——九六

重卦誰作の？

三兆
玉兆——子春云顓頊——近作夏
瓦兆——帝堯——殷
原兆——周——周

子春以爲夏爲黃帝，易而有帝堯及殷王之事，非也。

疏——繇

大卜掌三兆之灋一曰玉兆二曰瓦兆三曰原兆兆者灼龜發於火其形可占者其象似玉瓦原之璺罅是用名之焉上古以來作其法可用者有三原原田也杜子春云玉兆帝顓頊之兆瓦兆帝堯之兆原兆有周之兆○兆亦作𠧞音兆璺許靳反沈依聶氏音問云依字作璺璺玉之坼也龜兆文似之占人注同

疏大卜至原兆○釋曰大卜所掌先三兆後三易次三夢者筮短龜長夢以

卜筮故以先後爲次。○注兆者至之兆。○釋曰云兆者灼龜發於火者此依下文菙氏云凡卜以明火爇燋遂吹其焌契是以火灼龜其兆發於火也云其形可占者則占人云君占體大夫占色之等彼不云占玉瓦原體色中含之是其形可占也云象似玉瓦原之璺罅謂破而不相離也謂似玉瓦原之破裂或解以爲玉瓦原之色云是用名之焉者謂用是似玉瓦原名之爲玉兆瓦兆原兆也云上古以來其作法可用者有三者但卜筮是先聖王之所作蓋伏犧時已有其時未有此玉瓦原之名至顓頊以來始有此名故云然也云原原田也者謂若左氏僖二十八年傳云原田每每以其原與原田字同故爲此傳解也子春云玉兆帝顓頊之兆瓦兆帝堯之兆原兆有周之兆者趙商問此并問下文子春云連山宓戲歸藏黃帝今當從此說以不敢問杜子春何由知之鄭荅云此數者非無明文改之無據故著子春說而已近師皆以爲夏殷周鄭旣爲此說故易贊云夏曰連山殷曰歸藏又注禮運云其書存者有歸藏如是玉兆爲夏瓦兆爲殷可知是皆從近師之說也按今歸藏坤開筮帝堯降二女以舜妃又見節卦云殷王其國常毋谷若然依子春之說歸藏黃帝得有帝堯及殷王之事者蓋子春之意宓戲黃帝造其名夏殷因其名以作易故鄭云改之無據是以皇甫謐記亦云夏人因炎帝曰連山殷人因黃帝曰歸藏雖炎帝與子春黃帝不同是亦相因之義也

皆古之

其經兆之體皆百有二十其頌皆千有二百頌謂繇也三法體繇之數同其名占

呂諭

一事呂氏不同而俱有驗

襄廿八春無冰梓慎曰條

裨竈曰今茲周王條

注

但諸歲星之說梓慎得之宋鄭似裨

竈得同梓慎說付好備覽以示呂

十八

頓首

[illegible]

天下作史者甚多 古以廢疾人爲史祝

黄帝之史倉頡古書 杜陵張敞僂毛[illegible]

郭注[illegible]下知其古義僞巫[illegible]

瞽瞍書 陳楚謂瞽爲巫也 古者以

瘖聾之人其以爲巫祝之事

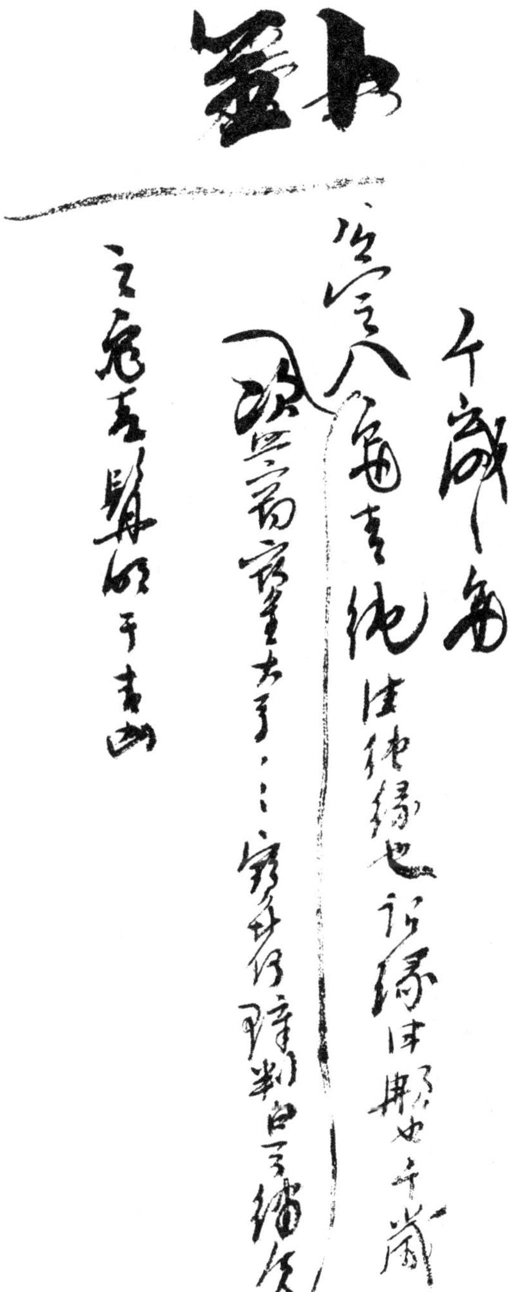

卜筮

卜筮必用龜蓍者案劉向云蓍之言耆龜之言久龜千歲而靈蓍百年而神以其長久故能辯吉凶也說文云蓍蒿屬也生千歲三百莖易以爲數天子九尺諸侯七尺大夫五尺士三尺陸機草木疏云似藾蕭青色科生洪範五行傳曰蓍生百年一本生百莖論衡云七十年生一莖七百年十莖神靈之物故生遲也史記曰滿百莖者其下必有神龜守之其上常有雲氣覆之淮南子云上有蔈蓍下有伏龜

此禮記疏

用蓍龜之故處亦皆由兩者物性之間有千歲靈者

其說蓋久矣

此兩子說相似

卜筮一

龜生三百歲大如錢游於蓮葉之上三千歲
青邊緣巨尺二寸蓍生七十歲生一莖七百
歲生十莖……

論衡十四狀留篇

昭十二

枚卜 筮

易占可以占險

卜筮

南蒯枚筮之不指其事汎卜吉凶。枚武回反汎芳劍反疏南蒯枚筮之。正義曰禮有銜枚所銜之木大如箸也今人數物云一枚兩枚是籌之名也尚書大禹謨舜禪禹禹讓不受請帝枚卜功臣惟吉之從孔安國云枚謂歷卜之而從其吉彼謂人下一籌使歷卜之也此則不告筮者以所筮之事空下一籌而使之筮故杜云不指其事汎卜吉凶也或以爲杜云汎卜吉凶謂枚雷枚卜曲禮云無雷同是總衆之辭也今俗諺云枚雷則其義理或然也遇坤☷☷坤上坤下坤。坤苦門反之比☵☷坤下坎上比坤六五爻變。比毗志反注同曰黃裳元吉坤六五爻辭以爲大吉也示子服惠伯曰即欲有事何如惠伯曰吾嘗學此矣忠信之事則可不然必敗外彊內溫忠也坎險故彊坤順故溫彊而能溫所以爲忠疏以爲大吉。正義曰筮遇此爻而辭云黃裳元吉南蒯自以爲所謀之事必大吉。注坎險至爲忠。正義曰坎象云習坎重險是坎爲險也說卦云坤順也六五爻變則上體爲坎坎有險難故爲剛彊也坤道和順故爲溫柔也剛彊以禦難柔順以事主故外彊而能內溫所以爲忠也和以率貞信也水和而土安正和正信之本也故曰黃裳元吉黃中之色也裳下之飾也元善之長也中不忠不得其色言非黃。長丁丈反疏注水和至本也。正義曰坎爲水水性和柔坤爲土土性安正率循也貞正也用和柔之性以循安正道既和且正信之本故爲信也。故曰黃裳元吉。正義曰天下之事雖則萬端揔之諸法大歸忠信而已能忠能信無施不可以有忠信故曰黃裳元吉解此爻辭之意。下不共不得其飾不爲裳事不善不得其極失中德疏注失中德。正義曰極訓爲中不得其忠言其失中德也此文以上二句類之當云善不極不得爲長文不然者惠伯之語雖反覆相疊不可字字相對隨便而言故與上不類外內倡和爲忠不相違也。倡昌亮反和戶臥反率事以信爲共率循行也疏注率猶爲也。正義曰率訓循循而行故率猶行也供養三德爲善三德謂正直剛克柔克也。供九用反養餘亮反疏注三德至克也。正義曰洪範三德一曰正直二曰剛克三曰柔克孔安國云正直者能正人之曲直剛克者剛能立事柔克者和柔能治三者皆人之性也剛則失之於彊柔則失之於弱故貴其能剛能柔謂剛不苛酷柔不滯溺也供養三德爲善者剛則抑之柔則進之以志意供給長養之使合於中道各成其德乃爲善也董遇注本爲共養解云盡共所以養成三德也○**非此三者弗當**非忠信善不當此卦○當如字注同或下浪反疏黃中至弗當○正義曰既言爻爲此辭之意又解此辭所言之義也五方則爲五色黃是中央之色也衣裳所以飾身裳是在下之飾也元者始也首也於物爲初始於人爲頭首元是諸善之長也五方之中猶人之心中心中不忠則不得其黃之色也身體之下猶名位之下爲下不共則不得其裳之飾也舉事不善則不得其善之中言爲事不中則非善之長也更覆言忠共善三者之義外內倡和爲忠言君在內臣在外君倡臣和不相乘違是名爲忠也行事以信無有虛詐是名爲共也人之爲德有正直剛柔供養此三者之德使其德無愆乃名爲善也非此三者忠也共也善也則於此卦不當也不當此卦雖吉不可○**且夫易不可以占險將何事也且可飾乎**夫易猶此易謂黃裳元吉之卦問其何事欲令從下之飾○夫音扶注同令力呈反疏且夫至未也○正義曰且夫易謂此黃裳元吉之易也唯可以占忠信之事不可以占危險之事也問南蒯今將欲爲何事也且可飾乎言此易所占唯且可爲在下之飾乎不可爲餘事也中美能黃忠則黃也上美爲元善則元也下美則裳共則裳也忠善共三者皆成可如此筮之言吉也三者猶有所闕筮雖吉未可用也○注夫易至之飾○正義曰惠伯指論此卦而言夫易非是漫言易故知夫易猶言此易謂此黃裳元吉之易卦也險謂危險言此卦不可以占危險之事必疑南蒯事險故問將何事也且可爲下之飾也欲令南蒯從下之飾爲共**中美能黃上美爲元下美則裳參成可筮**參美盡備吉可如筮○參七南反又音三**猶有闕也筮雖吉未也**有闕謂不參成

卜筮

連山歸藏皆以七八爲占　周易占變爻　一爻變占變爻　二爻以上彖

之聘也宣子聘在八年○穆姜薨於東宮太子宮也穆姜淫僑如欲廢成公故徙居東宮事在成十六年始往而筮之遇艮之八☶☶艮下艮上周禮大卜掌三易然則雜用連山歸藏周易二易皆以七八爲占故言遇艮之八○艮古根反疏注艮下至之八○正義曰周禮大卜掌三易之法一曰連山二曰歸藏三曰周易鄭玄云易者揲蓍變易之數可占者也名曰連山似山之出內雲氣也歸藏者萬物莫不歸而藏於其中也洪範言卜筮之法三人占則從二人之言孔安國云夏殷周卜筮各異三法並卜從二人之言是言筮用三易之事也大卜周官而職掌三易然則周世之卜雜用連山歸藏周易也周易之爻唯有九六此筮乃言遇艮之八二易皆以七八爲占故此筮遇八謂艮之第二爻不變者是八也揲蓍求爻繫辭有法其揲所得有七八九六說者謂七爲少陽八爲少陰其爻不變也九爲老陽六爲老陰其爻皆變也周易以變爲占占九六之爻傳之諸筮皆是占變爻也其連山歸藏以不變爲占占七八之爻二易並亡不知實然以否世有歸藏易者僞妄之書非殷易也假令二易俱占七八亦不知此筮爲用連山爲用歸藏所云遇艮之八不知意何所道以爲先代之易其言亦無所據賈鄭先儒相傳云耳先儒爲此意者此言遇艮之八下文穆姜云是於周易晉語公子重耳筮得貞屯悔豫皆八其下司空季子云是在周易並於遇八之下別言周易知此遇八非周易也史曰是謂艮之隨☳☱震下兌上隨史疑古易遇八爲不利故更以周易占變爻得隨卦而論之疏注震下至論之○正義曰震爲雷兌爲澤象曰澤中有雷隨鄭玄云震動也兌說也內動之以德外說之以言則天下之民慕其行而隨從之故謂之隨也史疑古易遇八者爲不利故更以周易占變變其爻乃得隨卦而論之所以說姜意也隨其出也史謂隨非閉固之卦君必速出姜曰亡亡猶無也○亡如字讀者或音無是於周易曰隨元亨利貞无咎易筮皆以變者占遇一爻變義異則論彖故姜亦以彖爲占也史據周易故指言周易以折之○亨許庚反下同彖吐亂反折之設反疏注易筮至折之○正義曰易筮皆以變者爲占傳之諸筮皆是也若一爻獨變則得指論此爻遇一爻變以上或二爻三爻皆變則每爻義異不知所從則當總論彖辭故姜亦以彖爲占此元亨利貞无咎是隨卦之彖辭也史言是謂艮之隨者據周易而言故姜亦指言周易以折之也周易卦下之辭謂之爲彖彖者統論一卦之體明其所由之主隨彖云元亨利貞无咎者元長也長亦大也亨通也貞正也隨卦震下兌上以剛下柔動而適說故物皆隨之而不能大通於事逆於時也相隨而不爲利正共適邪淫則災之道也必有此元亨利貞四德乃得无咎過耳無此四德則不免於咎元體之長也亨嘉之會也利義之和也貞事之幹也體仁足以長人嘉德足以合禮利物足以和義貞固足以幹事然故不可誣也是以雖隨无咎言不誣四德乃遇隨无咎明無四德者則爲淫而相隨非吉事○長丁丈反下同嘉德易作嘉會疏注言不至吉事○正義曰不誣四德者四德實有於身不可誣罔以無爲有也如是乃遇隨卦可得身无咎耳明其無此四德而遇隨卦者乃是淫而相隨非是善事故得隨必有咎也穆姜自以身無四德遇隨爲惡其意謂隨爲惡卦故云雖隨无咎

襄九

卜筮

卜筮正事可
私意則否

○不貳問當正己之心以問吉凶於蓍龜不得於正凶則卜筮其權也○蓍音

○問卜筮曰義與志與義則可問志則否大卜問來卜筮者也義正事也志私意也○與音餘下同大音泰○疏不貳至則否○正義曰此一節明卜筮之法○不貳問者凡卜筮之法當正己心志而來問於蓍龜則得吉兆不得二心不正若二心不正必凶則卜筮權時妄告○問卜筮曰義與志與者謂大卜問來卜筮者爲是道理合義與爲是私意志與○義則可問志則否者若卜筮者是公義則可爲卜筮若所問是私心志意則不爲之卜筮

少儀

卜筮宮室

曰晏平仲善與人交久而敬之周曰齊大夫晏姓平謚名嬰疏子曰晏平仲善與人交久而敬之。正義曰此章言齊大夫晏平仲之德凡人輕交易絶平仲則久而愈敬所以爲善。注周曰至名嬰。正義曰云齊大夫晏姓平謚名嬰者案左傳文知之是晏桓子之子也謚法治而清省曰平子曰臧文仲居蔡包曰臧文仲魯大夫臧孫辰文謚也蔡國君之守龜出蔡地因以爲名焉長尺有二寸居蔡僭也山節藻棁包曰節者栭也刻鏤爲山棁者梁上楹畫爲藻文言其奢侈何如其知也孔曰非時人謂之爲知。疏子曰至知也。正義曰此章明臧文仲不知也子曰臧文仲居蔡者蔡國君之守龜名也而魯大夫臧文仲居守之言其僭也山節者節栭也刻鏤爲山形故云山節也藻棁者藻水草有文者也棁梁上短柱也畫爲藻文故云藻棁此言其奢侈也何如其知也者言僭奢若此是不知也所以非時人謂之爲知。注包曰至僭也。正義曰云臧文仲魯大夫臧孫辰者案世本孝公生僖伯彄彄生哀伯達達生伯氏缾缾生文仲辰則辰是公子彄曾孫也彄字子臧公孫之子以王父字爲氏故姓曰臧也云文謚也者謚法云道德博厚曰文云蔡國君之守龜出蔡地因以爲名焉長尺有二寸居蔡僭也者漢書食貨志云元龜爲蔡家語稱漆彫平對孔子云臧氏有守龜其名曰蔡文仲三年而爲一兆武仲三年而爲二兆是大蔡爲大龜蔡是龜之名耳鄭玄包咸皆云出蔡地因

以爲名未知孰是食貨志云龜不盈尺不得爲寶故知此龜長尺二寸此國君之守龜臧氏爲大夫而居之故云僭也。注包曰至奢侈。正義曰云節者栭也者釋宮文云刻鏤爲山棁者梁上楹畫爲藻文者釋宮云梲謂之㮰其上楹謂之棁栭謂之楶郭璞曰棁侏儒柱也楶即櫨也此言山節者謂刻鏤柱頭爲斗拱形如山也藻棁者謂畫梁上短柱藻文也此是天子廟飾而文仲僭爲之故言其奢侈文二年左傳仲尼謂之作虛器言有其器而無其位故

公冶長

卜筮

衛侯將如五氏齊侯在五氏將往助之卜過之龜焦衛至五氏道過中牟畏晉故卜衛龜焦兆不成不可以行事也衛侯曰可也衛車當其半寡人當其半敵矣衛侯怒晉甚不復顧卜欲以身當五百乘○復扶又反乃過中牟中牟人欲伐之衛褚師圃亡在中牟曰衛雖小其君在焉未可勝也齊師克城而驕其帥又賤城謂夷儀也帥謂東

卜筮

衰絰成服。衰七雷反絰田結反告於門哭而入遂居之。秋八月齊人輸范氏粟鄭子姚子般送之子姚罕達子般駟弘士吉射逆之趙鞅禦之遇於戚陽虎曰吾車少以兵車之旆與罕駟兵車先陳旆先驅車也以先驅車益以兵車以示衆。陳直覲反下注同罕駟自後隨而從之彼見吾貌必有懼心晉人先陳鄭人隨之不知其虛實見車多必懼於是乎會之會合戰必大敗之從之卜戰龜焦兆不成樂丁曰詩曰爰始爰謀爰契我龜樂丁晉大夫詩大雅言先人事後卜筮。契苦計反又苦結反疏詩曰至我龜。正義曰詩大雅緜之篇美太王遷岐之事爰於也既見周原之地肥美可居於是始集幽人從已者於是與謀議人謀既從於是契灼我龜而卜之言先人謀後卜筮也謀協以故兆詢可也詢謀詢也故兆始納衞大子卜得吉兆言今可不須更卜。謀協以故兆絕句

哀二

卜筮

○夏趙鞅帥師伐齊經書侵以侵告大夫請卜之趙孟

哀十

曰吾卜於此起兵謂往歲卜伐宋不吉利以伐姜故令○興兵事不再令再令瀆也卜不襲吉襲重也○重直龍反又直用反行也於是乎取犂及轅犂一名隰濟南有隰陰縣祝阿縣西有轅城○犂力兮反又力之反轅音袁一音于眷反隰音習本或作隰音同疏注犂一名隰○正義曰犂即犂丘也二十三年傳稱齊晉戰于犂丘知伯親禽顏庚庚即涿聚也二十七年○陳成子召顏涿聚之子晉曰隰之役而父死焉是犂一名隰毀高唐之郭侵及賴而還

卜筮源流

然案此時持以卜得天下之徵，不必盡關所知也

以見使爲勤勞他年芋尹申亥以王柩告乃改葬之初靈王卜曰余尚得天下尚庶幾。柩其久反疏尚得天下。正義曰謂得爲天子也不吉投龜詬天而呼曰是區區者而不余畀區區小天下。詬本又作詬呼豆反徐許豆反呼火故反畀必利反徐甫至反與也余必自取之民患王之無厭也故從亂如歸

昭十三

卜筮

215

死於高粱之虛。惠公死之明年文公入殺懷公于高粱高粱晉地在平陽楊氏縣西南凡筮者用周易則其象可推非此而往則臨時占者或取於象或取於氣或取於時日王相以成其占若盡附會以爻象則構虛而不經故略言其歸趣他皆放此○虛去魚反王于況反相息亮反構本又作講各依字讀疏注惠公至放此○正義曰圉以二十二年歸二十三年惠公死二十四年二月殺懷公于高粱是爲惠公死之明年也此筮之意言六年逋明年死則是逃歸之明年而云惠公死之明年者以二月卽死據夏正言之猶是逃歸之明年也但周正已改故以惠公證之耳春秋筮事既多此占最少其象故杜因而明之云用周易則其象可推非周易則不可得知本意所取不在周易若盡皆附會爻象以求其事則象非其類事非其實令構虛而不經故略言歸趣而已不能盡得其象也陰陽書以爲春則爲木王火相土死金囚水休時日王相謂此也及惠公在秦曰先君若從

史蘇之占吾不及此夫韓簡侍曰龜象也筮數也物生而後有象象而後有滋滋而後有數先君之敗德及可數乎史蘇是占勿從何益言龜以象示筮以數告象數相因而生然後有占占所以知吉凶不能變吉凶故先君敗德非筮數所生雖復不從史蘇不能益禍○夫音扶先君之敗德及絕句可數乎一讀及可數乎數色主反復扶又反疏韓簡至何益○正義曰卜之用龜灼以出兆是龜以金木水火土之象而告人筮之用蓍揲以爲卦是筮以陰陽蓍策之數而告人也凡是動植飛走之物物既生訖而後有其形象既爲形象而後滋多滋多而後始有頭數其意言龜以象而示人筮以數而告人惠公之意以先君若從史蘇之占不嫁伯姬於秦己便不及此禍尤先君不從卜筮也韓簡之意以爲惠公及禍自由先君敗德立庶之敗德不由卜筮故云先君之敗德既定致公今及此禍可由筮數始生之乎敗德有其象數龜筮從後而知因嫁女於秦見於筮兆故云史蘇是占縱使當時不從何能加益此禍明禍敗既定龜筮知之從之不能損不從不能益也○注言龜至益禍○正義曰謂象生而後有數是數因象而生也若易之卦象則因數而生故先揲蓍而後得卦是象從數生也上云龜象筮數下直言數不言象者上總論卜筮故龜筮並言當時唯筮伯姬故下直舉數耳詩曰下民之孽匪降自天僔沓背憎職競由人詩小雅言民之有邪惡非天所降僔沓面語背相憎疾皆人競所主作因以諷諫惠公有以名此禍也○孽魚列反僔尊本反沓徒合反邪似嗟反諷方鳳反疏詩曰至由人○正義曰詩小雅十月之交篇也下民之有邪惡妖孽非是下自上天今小人僔僔沓沓相對譚語背則相憎主於競逐爲惡者由人耳因以諷諫惠公言善惡由公

傳十六

耳

筮者或用象、氣、時日、旺相

龜以象，筮以數。〡勉本杜注筮短龜長以爲非也說

卜筮

卜以決疑不疑何卜

莫敖曰卜之對曰卜以決疑不疑何卜遂敗鄖師於蒲騷卒盟而還卒盟貳軫○鄭昭公之敗北戎也在六年齊人將妻之昭公辭祭仲曰必取之君多內寵子無大援將不立三公子皆君也子突子亹子儀之母皆有寵○妻七計反下注同援於眷反亹亡匪反本或作亹弗從○夏鄭莊公卒初祭封人仲足有寵

左桓十一

卜筮

貨筮史

圍許十月十五日有日無月晉侯有疾曹伯之豎侯獳貨筮史豎掌通內外者史晉史使曰以曹爲解以滅曹爲解故○解戶賣反注同又古買反齊桓公爲會而封異姓封邢衛今君爲會而滅同姓曹叔振鐸文之昭也叔振鐸曹始封君文王之子○鐸待洛反先君唐叔武之穆也且合諸侯而滅兄弟非禮也與衛偕命私許復曹衛而不與偕復非信也同罪異罰非刑也衛已復故禮以行義信以守禮刑以正邪舍此三者君將若之何公說復曹伯遂會諸侯于許

傳廿八

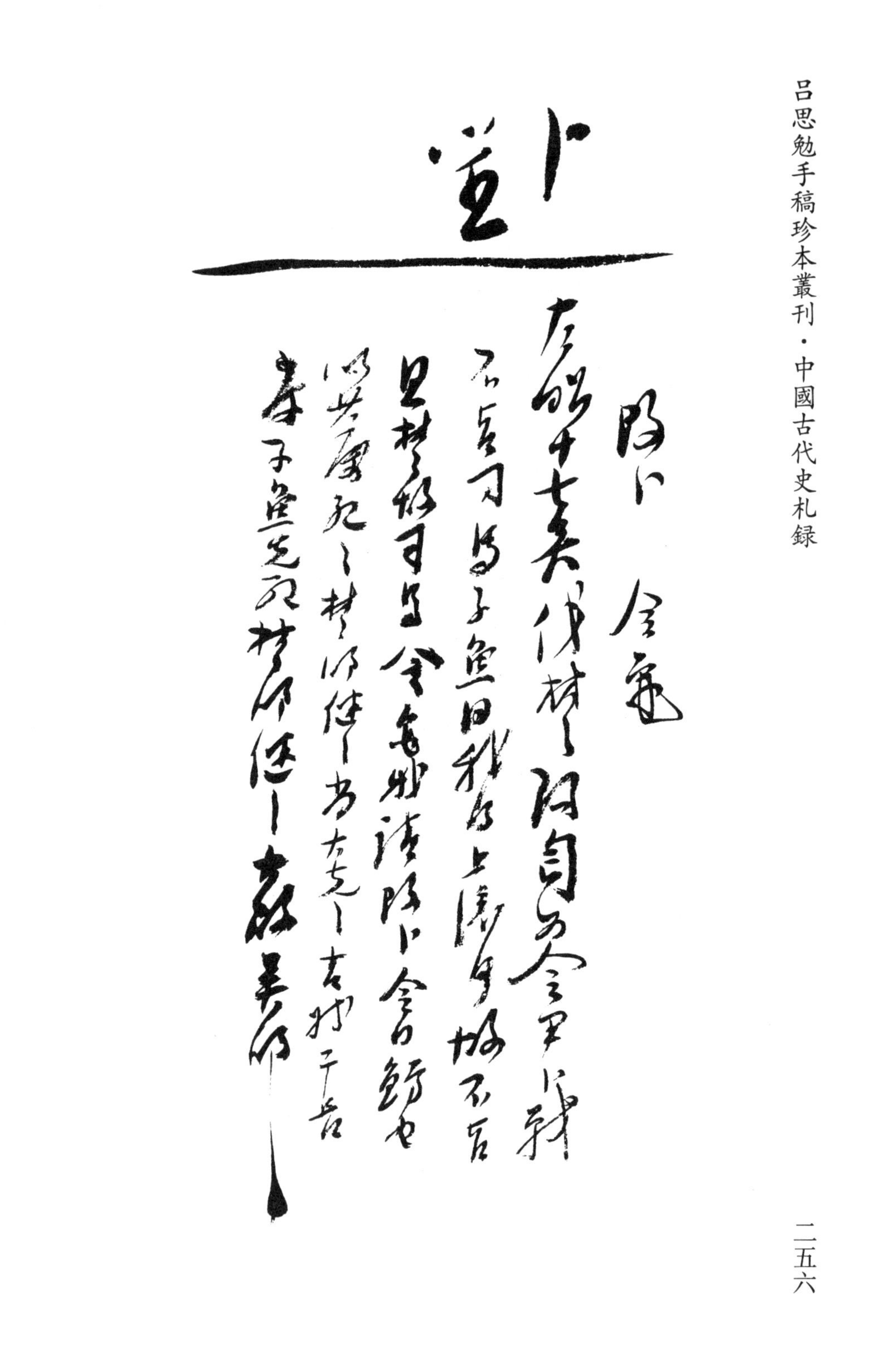

[illegible]

上覆

龜陰以好其教，[illegible]何著同好收集精奇

上心要二字之義　六子注疏

方集先賢卜次事推以示學也宋無卜啓豈

此未大事卜書豈

世稱疏釋本以開四節

了

龜笑戲別罷之

世稱文

鼂錯乃見古家之法非不明也

上覆

記文古用不當池今用錢

口三分五重鋪鋪則今也三分五厘鋪鋪則六

也兩分一分五單鋪鋪則七分兩分一分

五折折錢錢則苗也

士奇禮頓

龜筴自有一靈物，曰鬼神

士冠禮「士冠禮。筮于廟門」注「不於堂者，嫌蓍之靈由廟神」疏引「天府職注云：『問歲之美惡，謂問於龜。凡卜筮實問於鬼神，龜筮能出其卦兆之占耳』」案此實自相矛盾，疏曲爲調停之辭

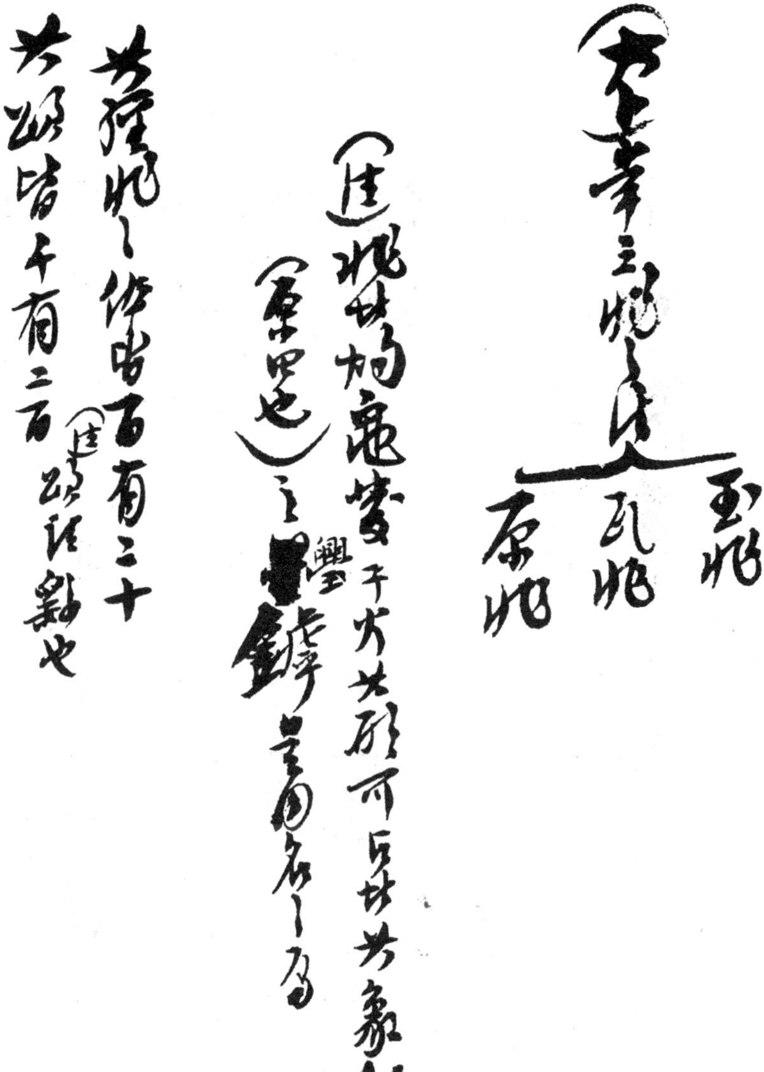

（春官上卜師）開龜之四兆
- 方兆
- 功兆
- 義兆
- 弓兆

（注）開出其占書也經兆百二十體

今言四兆者分之爲四部若易

之二篇耳

（疏）方功義弓之名未聞

（又）揚火以作龜致其墨

（注）揚[redacted]猶熾也

致其墨者孰灼之明其兆

菩薩

華氏掌共燋契（杜）子春云爇灼龜之木契謂契龜之鑿也

（玄）謂士喪禮[redacted]楚焞[redacted]〻〻〻即契所用灼龜也

疏證別有楚焞用之焞宅向北

凡卜以明火爇燋遂龡其焌契以授卜師

[redacted]陽燧取火於日　秋官司烜氏

（玄）焌讀如戈鐏之鐏　言前銳頭以灼龜也

詩大疋斛撅以楚燎之木燒之於燋炬之火
況猶執之以焰竈」

（占人）凡卜簭君占體（兆象也）　體占書　象書

大夫占色（兆氣也）　色占書　氣書

紀年之書

史占墨（兆廣也）　墨占書大　墨大

卜人占坼（兆璺也）　坼占徼　坼坼

吉

疏 凡卜至占坼○釋曰此君體已下皆據卜而言而兼云簭者凡卜皆先簭故連言之云體兆象也者謂金木水火土五種之兆言體言象者謂兆之璺縱橫其形體象似金木水火土也凡卜欲作龜之時灼龜之四足依四時而灼之其兆直上向背者爲木兆直下向足者爲水兆邪向背者爲火兆邪向下者爲金兆橫者爲土兆是兆象也云色兆氣也者就兆中視其色氣似有雨及雨止之等是兆色也墨兆廣也者據兆之正釁處爲兆廣坼兆釁者就正墨旁有奇釁罅者爲兆釁也

蕭王度以人字爲史字異及字傳

七稽疑擇建立卜筮人 龜曰卜蓍曰筮考正疑事當選擇知卜筮人而建立之○蓍音尸 乃命卜筮 建立其人命以其職 曰雨曰霽 鄭兆形有似雨者有似雨止者○霽子細反 曰蒙 蒙陰闇○蒙武工反徐亡鉤反 曰驛 氣洛驛不連屬○驛音亦注同屬音燭 曰克 兆相交錯五者卜兆之常法 曰貞曰悔 內卦曰貞外卦曰悔 凡七 卜筮之數

○正義曰此上五者灼龜爲兆其璺拆形狀有五種是卜兆之常法也說文云霽雨止也霽似雨止則雨似雨下鄭玄曰霽如雨止者雲在上也雺聲近蒙詩云零雨其濛則濛是闇之義故以雺爲兆蒙是陰闇也圛即驛也故以爲兆氣落驛不連屬落驛希疏之意也雨霽既相對則蒙驛亦相對故驛爲落驛氣不連屬則雺爲氣連蒙闇也王肅云圛霍驛消滅如雲陰雺天氣下地不應闇冥也其意如孔言鄭玄以圛爲明言色澤光明也雺者氣澤鬱鬱冥冥也自以明闇相對異於孔也克謂兆相交錯王肅云兆相侵入蓋兆爲二拆其拆相交也鄭玄云克者如雨氣色相侵入卜筮之事體用難明故先儒各以意說未知孰得其本今之用龜其兆横者爲土立者爲木斜向徑者爲金背徑者爲火因兆而細曲者爲水不知與此五者同異如何

太卜其經兆之體皆百有二十其頌皆千有二百　注頌謂繇也三法體繇之數同其名占異耳百二十每體十繇體有五色又重之以墨坼也五色者洪範所謂曰雨曰濟曰圛曰蟊曰剋

○云洪範所謂曰雨曰濟曰圛曰蟊曰剋者彼鄭注云曰雨者兆之體氣如雨氣然曰濟者兆之光明如雨止曰蟊者氣不澤鬱鬱冥冥也曰圛者色澤者曰剋者氣色相犯入此鄭義若孔注則云有似雨者有似雨止者蟊謂陰闇圛氣落圛不連屬剋兆相交錯與鄭異也

丹房[illegible]

（[illegible]）以邦事作龜之八命

	同音	言訓
征	征伐人	亦云行巡守也
象	災變云物	謂其所造立也 易曰以制器者尚其象
與	予人物	謂所與共事也
謀	謀議	
果	事成與不	謂以勇決為之
至	至不	
雨	雨不	
瘳	疾瘳不	

又見周禮大卜下、主三兆下、方兆則眡高作龜

本旨

（古人）筮占龜

以八之簭占八卦（注）謂將八卦先以筮之之言，所謂前于龜也（先筮之存其名號）

蹤迹罕占大事之八

以八卦占之簭之之八故（注）謂八卦不卜而後筮之也。即大事之八八之八乃作之之往筮

其非八卦別國九筮下四筮人所云九筮

以賭吉凶

九筮之名

注：皆當讀爲筮

一曰巫更——注：以筮遷都邑
二曰巫咸——注：筮衆心歡不也
三曰巫式——注：謂制作法式也
四曰巫目——注：謂事衆，筮其要所當也。疑目之讀同首，鄭之郢……疏曰：事有要目之事，筮謂……與其要
五曰巫易——注：謂民衆不說，筮所改易也
六曰巫比——注：謂筮與民和比也
七曰巫祠——注：謂筮牲與日也
八曰巫參——注：謂筮御與右也
九曰巫環——注：謂筮可致師不也

凡國之大事先筮而後卜

大卜凡國大貞卜立君卜大封則眡高作龜

注　視高以龜背高者可灼處示宗伯也

鄭司農云作龜謂鑿龜令可爇也

玄謂以火灼之以作其兆也

春　後左

夏灼前左

秋　前右

冬　後右

表

天子氣 天子氣[illegible]如中[illegible]

諸侯氣字[illegible]

天子遊以氣 遊下水中則[illegible]

（卜師）凡卜辨龜之上下左右陰陽以授命龜者而詔相之

（龜人）[illegible]

天龜曰靈屬 [illegible] 俯 [illegible] 龜俯者靈

地龜曰繹屬 [illegible] 仰 [illegible] 仰者繹 [illegible]

東龜曰果屬 [illegible] 前弇 [illegible] 前弇諸果 [illegible]

爾雅
釋魚
物

二龜曰靈龜 白 [redacted]左傳 左傳不類
三龜曰攝龜 書 洪範 洪範攝
六龜曰筮龜 墨 左傳 左傳不著

亦以其序之說與其傳證

又 凡取龜用秋時 攻龜用春時 亦冥物乎春宜（注語注也）

上春釁龜[redacted]

上春作龜

疏 按爾雅有十龜一曰神龜龜之最神明者二曰靈龜涪陵郡出大龜甲可以卜緣中文似瑇瑁俗呼爲靈龜即今大蠵蠵龜也一曰靈蠵能鳴也三曰攝龜小龜也腹甲曲折解能自張閉好食蛇江東呼爲陵龜也四曰寶龜大寶龜也五曰文龜甲有文采者也河圖曰靈龜負書丹甲青文六曰筮龜常在蓍叢下也七曰山龜八曰澤龜九曰水龜十曰火龜山澤水火皆說生出之處所也火龜猶火鼠也

東山氏作及解是其及注

曲禮疏

卜筮實問於神龜筮能傳神命以告人故金縢告大王王季文王云爾之許我乃卜三龜一習吉是能傳神命也又鄭注天府云卜筮實問於鬼神龜筮能出其卦兆之占耳案白虎通稱禮三正記天子龜一尺二寸諸侯一尺大夫八寸士六寸龜陰也故其數偶筮者案少牢大夫立筮鄭云大夫蓍長五尺推此而言天子九尺諸侯七尺士三尺蓍陽也故其數奇

生蓍

蓍蒿屬生千歲三百莖 艸木類[illegible]以[illegible]謂[illegible]蓍[illegible]方[illegible]以[illegible]蓍[illegible]百年

一本生 易以為數天子蓍九尺諸侯七尺大夫五尺士三之 [illegible]

百莖 [illegible]史記三代記[illegible][illegible]以[illegible]蓍[illegible]

乃人[illegible]宗[illegible]筮蓍[illegible]筮[illegible]蓍[illegible]

[illegible]人[illegible]蓍[illegible]蓍[illegible]

[illegible]

耳目[illegible]筮蓍人生耳相筮蓍 生 [illegible]證[illegible]蓍也蓍

年歲了[illegible]者 [illegible]

「卿大夫壽長天人」少字傳曰禮注 疏云大戴禮

三正皆正文 疏同此 注疏壽考天子者

大人

士冠禮統宗三正記 大夫壽考大夫始冠之禮 士之壽

三人言守道

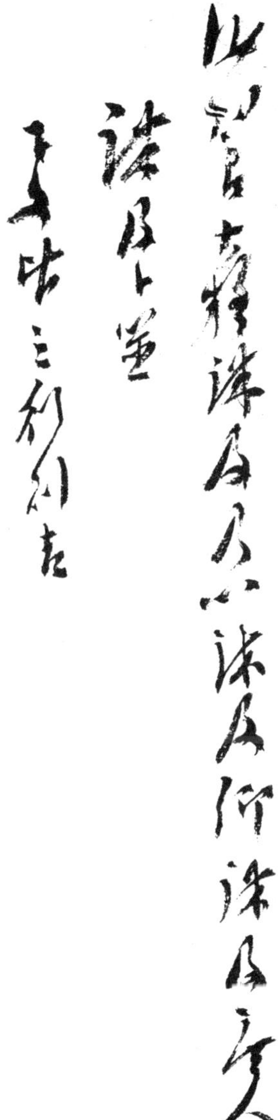

（時）

（表記）不犯日月不違卜筮

（又）大事有時日（注謂冬至夏至大祭）小事無時日有筮（卜筮不相襲）

（又）外事用剛日內事用柔日不違龜筮

（又）子曰……以不廢日月不違龜筮以發事

共夏書

大卜　三兆　三易　三夢

卜師

卜人

龜人　工は取龜攻龜

菙氏

占人

簭人

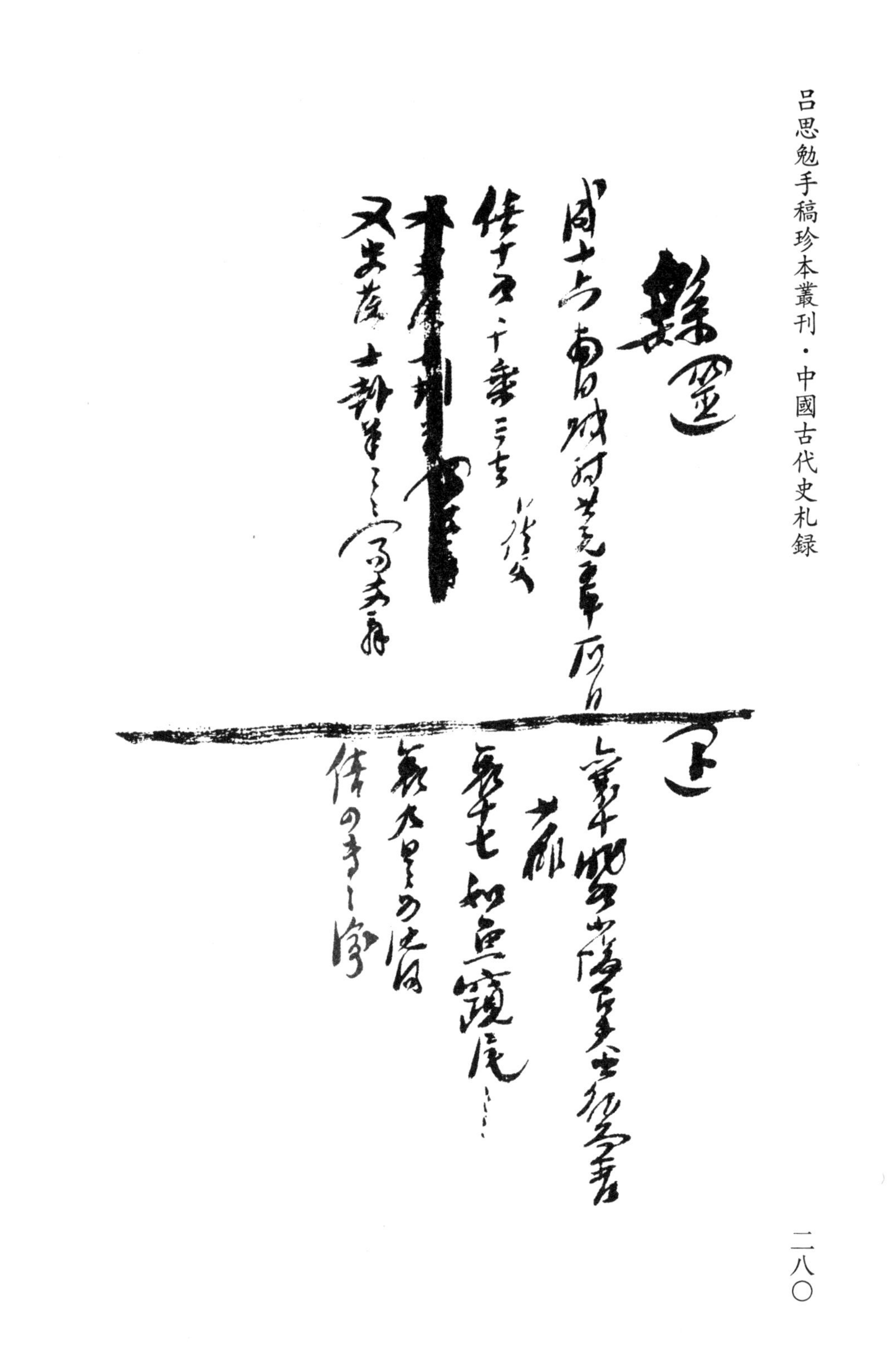

録鹽

[illegible]

[illegible]

下

[illegible]

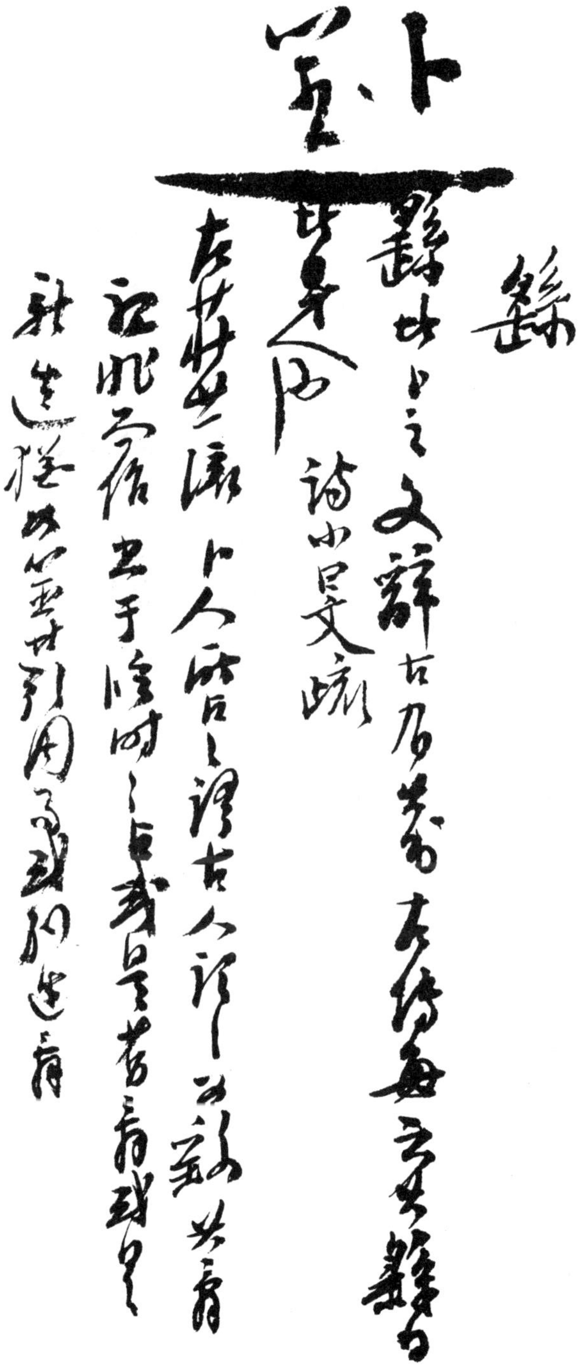

（太卜掌三易之法

一曰連山
二曰歸藏
三曰周易

其經卦皆八其別皆六十有四

簭人掌三易以辨九簭之名一曰連山二曰歸藏三曰周易

蜀檮杌高帝紀：高祖父李氏曰太一，斷其首以爲宫ミミ若一爲天蓬，以對冀州之野，二爲天芮，以對荊州之野，三爲天衝，其虚主青宫，爲天輔，其后主鐵，五爲天禽，其虚主隱，六爲天心，七爲天柱，八爲天任，九爲天英，其虚主病，其象主積主亮ミミ

唐書玄宗紀：天寶三載十二月癸丑，祠九宫貴神于東郊

舊唐禮志：天寶三載十二月，術士蘇嘉慶上言，請于京城東置九宫壇，壇三成，其上依位置小壇，東南曰招搖，正東曰軒轅，東北曰

太階之南曰太一中央曰天符五曰太一西南曰攝提正南
曰咸池西北曰青龍正北曰戴太陰一居三右七二四為上
六八為下符于遁甲以四金星一星以月辰隨時于數等矣
按黃帝九宮經尊者名曰太帝一宮其神太一星天蓬卦坎
水方白二宮其神攝提星天芮卦坤行土方黑三宮其神軒轅
星天衝卦震行木方碧四宮其神招搖星天輔卦巽行木方綠五
宮其神天符星天禽卦離行土方黃六宮其神青龍星天心卦
乾行金方白七宮其神咸池星天柱卦兌行金方赤八宮其神

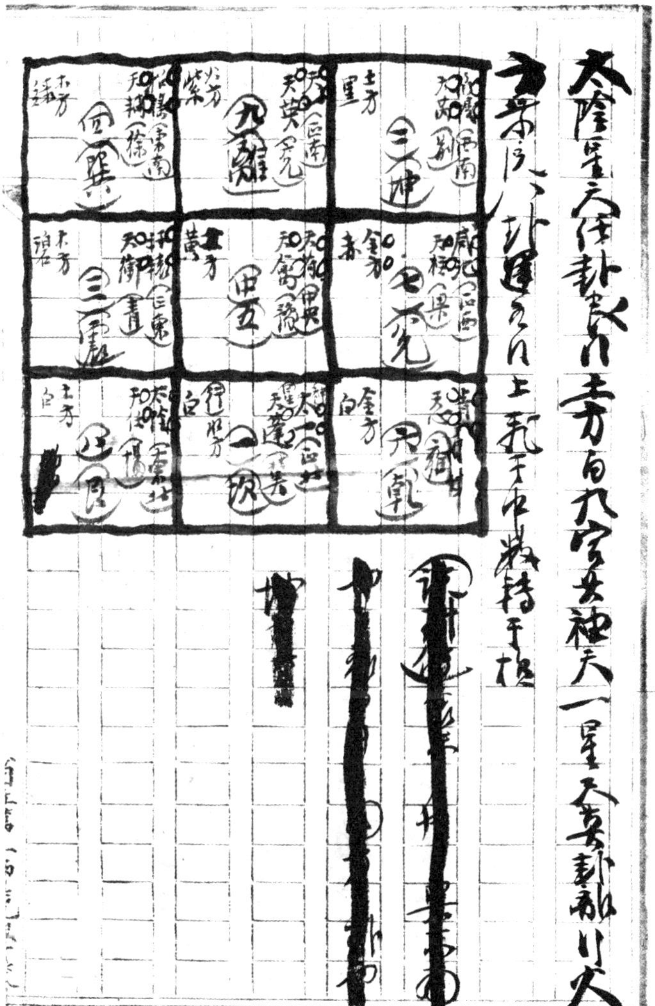

南　劉渠雍　充豫冀山　徐青　東楊

術家取九宮之數配以八卦而名之曰九宮隋書志有九宮紀陰制有書言九宮經卷九宮行棋經三卷並鄭元注又九宮八卦式圖一卷唐志有太一九宮雜占一卷遁甲九宮八門圖一卷其所言九宮者以數成于錄前而取李之對亦創問言亦以術言之也

否者時東方之卦不可以作西方，東方之卦不可以作北方也。

一、洛書當反以東為合，而一之東以八卦方位配以東之九宮。

可矣。後漢而圖讖緯稱帝後，書以年上為下河圖洛書。

[redacted]在九宮

（五）不當稱河圖。上者列宿平正之度。

（六）鄭注引乾鑿度河圖，八卦當從而為一，其西為七，七之其西為

九，九之其東三卦乃後為而為一。經本引于後注云太極

一而生於兩，其實則為七者，其為九，則又以七之其兩而進為

於其先數伯爲之窒也月乾南坤時方有明滿復爲平三之閒其以導卯酉卯未經閒未是其說也

老陽之主進行至進八進而七進而九初

然自下上之閒也

（一）曰乾一曰兌二曰離三曰木四曰金五曰土屬以爲引以注

大衍

（二）五行生成 生其數記明引易以說 又曰河圖洛書相爲

律呂八卦九宮相爲表裏

王應麟代宗年 相子目錄

[redacted] 管子五追稽其可五五五五八 八得八宮 五五極 一 二宿

三統七宿十二紀十五

復請乃術傳　其涉文者，風傳周道，甲道方交，此存之府，雜說也　寅亦六甲与斗相逢之所　七政日

至採之政之象閣闍所用之，亦善　東有太極為之象　六日七下逢占　雄人所周著　□占之

捷書□折，得笑所寄書函，拆蘆郎

竹卜□之成之

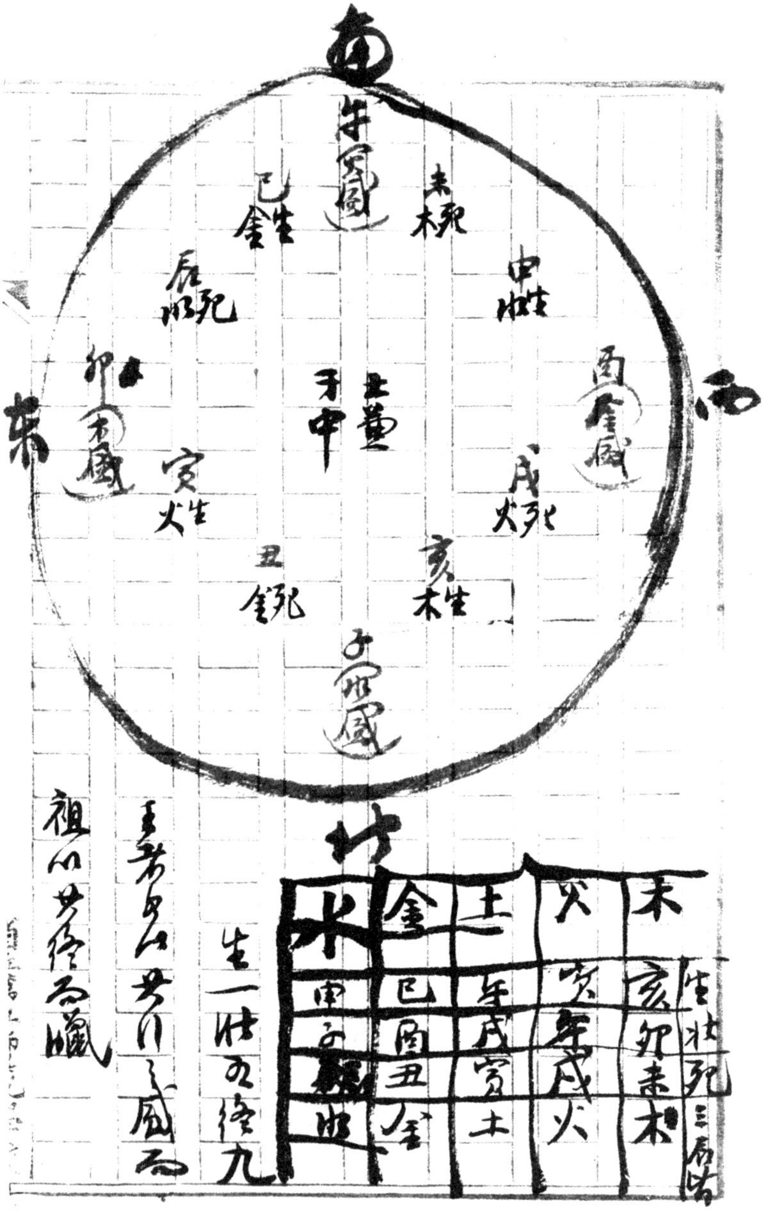

北

水	金	土	火	木	
申	巳	午	寅	亥	生
子	酉	戌	午	卯	壯
辰	丑	寅	戌	未	死
水	金	土	火	木	三辰皆

生一壯五終九

王者各以其行之盛而

祖以其終爲臘

陽陰格闋

☰☰ ䷀ ☰☰

廢	休	沒	胎	死	囚	相	王	
乾	坎	離	巽	坤	兌	震	艮	立春
艮	震	兌	坤	乾	坎	離	巽	立夏
巽	離	坎	乾	艮	震	兌	坤	立秋
坤	兌	震	艮	巽	離	坎	乾	立冬
廢死胎王	休囚沒相	沒相休囚	胎王廢死	死胎王廢	囚沒相休	相休囚沒	王廢死胎	

二八氣

乾屬金　壬戌土　壬申金　壬午火　甲辰土　甲寅木　甲子水　内子爲始　外午爲終

坤屬土　癸酉金　癸亥水　癸丑土　乙卯水　乙巳火　乙未土

震屬木　庚戌土　庚申金　庚午火　庚辰土　庚寅木　庚子水　甲對庚　壬子午同乾

巽屬木　辛卯木　辛巳火　辛未土　辛酉金　辛亥水　辛丑土　乙對辛　癸丑未同坤

坎屬水　戊子水　戊戌土　戊申金　戊午火　戊辰土　戊寅木

離屬火　己巳火　己未土　己酉金　己亥水　己丑土　己卯木

艮屬土　丙寅木　丙子水　丙戌土　丙申金　丙午火　丙辰土　壬對丙

兌屬金　丁未土　丁酉金　丁亥水　丁丑土　丁卯木　丁巳火　癸對丁

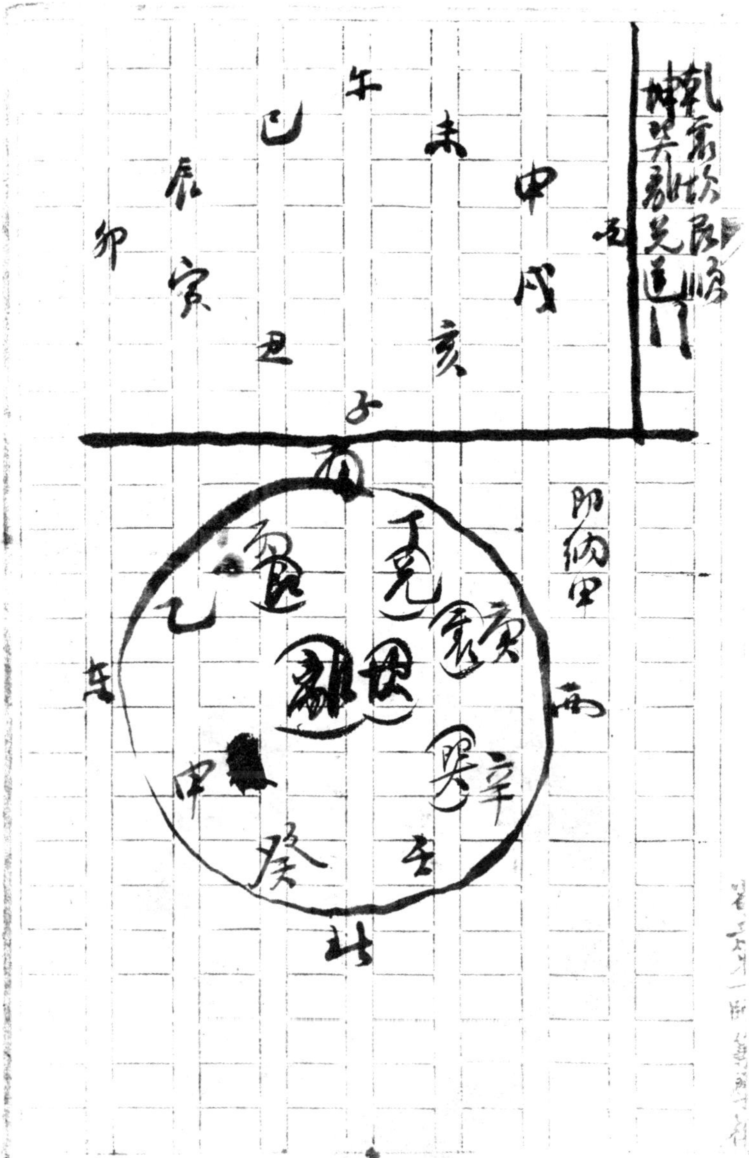
午
巳
未
辰
申
卯
寅
戌
丑
亥
子
乙
丁
庚
辛
壬
癸
甲
丙
北

札記引易林所納甲法

子午　庚　震主庚子午

丑未　辛　巽　辛丑未

寅申　戊　坎　戊寅申

卯酉　己　離　己卯酉

辰戌　丙　艮　丙辰戌

巳亥　丁　兑　丁巳亥

陽卦納陽干陽支　陰卦納陰干陰支　乾納二陽　坤納二陰　包括首尾

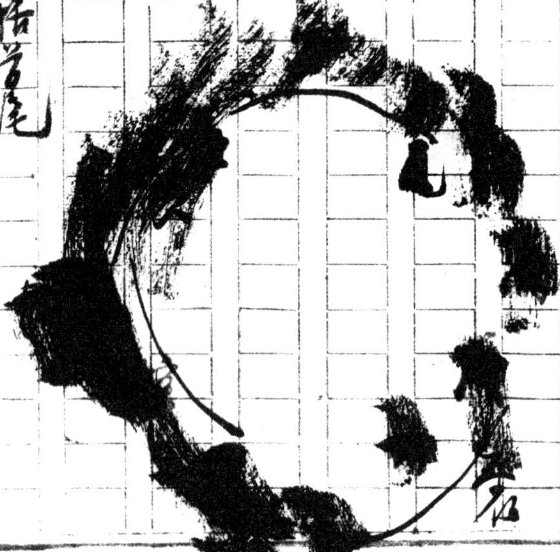

郑代十二月交局

癸酉 南 先

押 申 戌 亥六二

子 初九

丑 八

寅 九二

卯 六四

巳

無路修行

除路同修修退一郎修神妙法

与十二律相合

論衡

寅木　虎　　申　猴

卯　兔　　酉　雞

辰　　戌土　犬

巳火　蛇　水勝火故豕食蛇，蛇為豕所食　　亥水　豕

午火　馬　火為水所害故馬食鼠屎而腹脹　　子水　鼠

未土　羊　木勝土故犬牛羊為虎所服　　丑土　牛　[illegible]土牛

[redacted]靈寶經

寶日（上生下）甲午　乙巳

義日（下生上）壬申　癸酉

制日（上克下）戊子　己亥

伐日（下克上）甲申　乙酉

專日（上下同）

[redacted]淮南子

保（母生子）

義（子生母）

制（母勝子）

困（子勝母）

專（子母相得）

[redacted]京氏易

福德為寶爻

天地為義爻

財為制爻

鬼為繫爻

同氣為專爻

參同契以土為鬼

今占法以土為官以火為妻

干寶以六三乙卯坤之鬼卯木以陰乘戚土

如京房九五以四陰作財卦體木於四辛未財土乃制之故為財

隨初九官有渝以文　世陰爻　震爻子（庚子）　得土之（乙未）　位故曰官鬼　此者爲吉　官則吉

（乾）　水子孫金生　木財金克　土父母金生　火官鬼克金

金同位　某生我者為父母我所生者為子孫克我者為官鬼我克之者

財

閏辰亾星

仲朔日亾星亾位也三甲子之旬辰丙星於戊丙日卯巳丙日入

未信

陸儀　乾坤十二辰

仲朔　乾三更坤三更

甲子　東中字艾處字星於陸山

丙寅　丁卯　星乃甲子旬

戊辰　己巳　東亾田孤星位也紫網

庚午　辛未　旧甲子旬子辰戌亥三

壬申　癸酉　二丙孤辰巳丙星……

甲乙為日 合為月 子丑為辰 兩為六位 六位作淮南子語 六府

聯為乾坤二用 乾位上 坤位下 一歲之消息 十二辟卦

子午當時之系 以乾坤消息 乎六位消息之中 而消息歸乎

二卦為始 六十四卦文字定屋

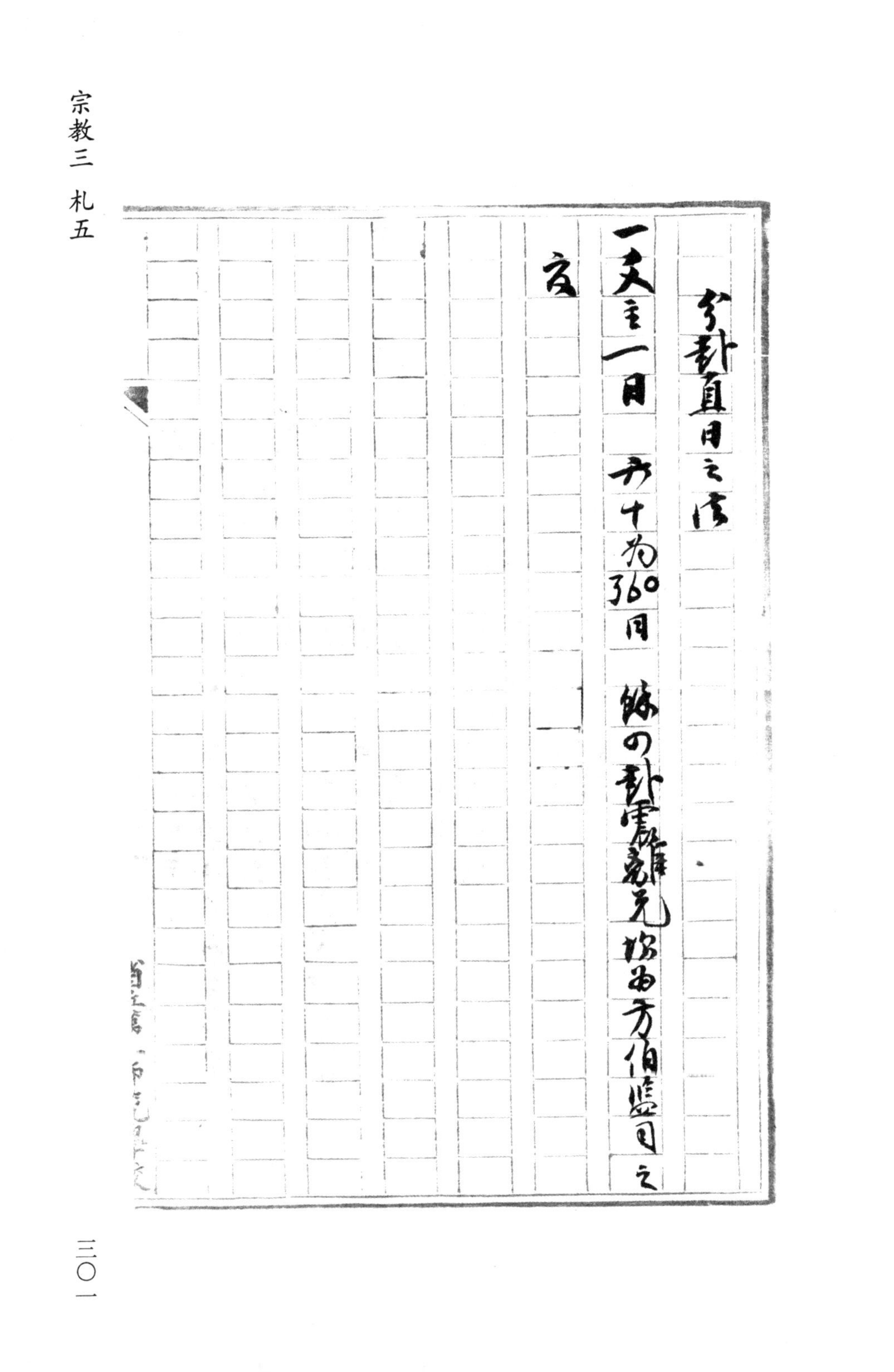

分卦直日之法

一爻主一日　六十卦为360日　余四卦震离兑坎为方伯监司之爻

十二月辰

春	泰	䷊	諏訾	載角亢平
	大壯	䷡	降婁	極訴龍角大辰（古房室）
	夬	䷪	大梁	井胃履文
夏	乾	䷀	實沈	
	姤	䷫	鶉首	再天漏長履堂知另旅
	遯	䷠	鶉火	日角連理
秋	否	䷋	鶉尾	始文
	觀	䷓	壽星	出準差
	剝	䷖	大火	香驪明歷之
冬	坤	䷁	析木	
	復	䷗	星紀	咸角
	臨	䷒	玄枵	龍顏

（表）（皆）[illegible]

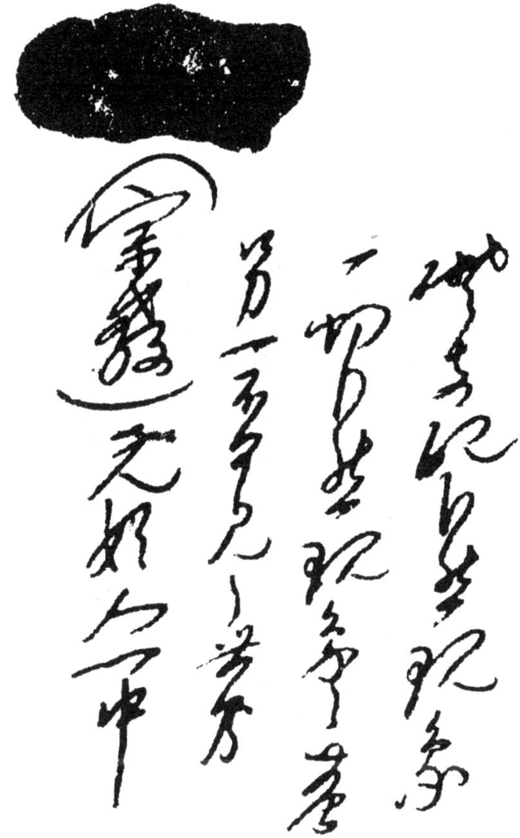

宗教—佛

各州建立寺塔之制

中日交通史上196頁至201頁

唐代佛教

又206至210頁

普通院

又216頁

禪寺之始

下冊頁102 333

宗教—佛

日本之黄蘗宗

中日交通史下冊頁381 382

黄蘗出於臨濟

又383頁

宇泰一佛

一寧

元大德二年奉使日本，日本為之感化，日本功德最大。其親傳虎關師鍊述其事云：「師孫出一橘，不須通譯，對到達來出入無間。」勉案：即此一端，便非今之所謂名僧一所能及。

中日交通史下卷五章（元僧）

「宗教」佛

百丈清規

當叢林所守禮法見中日交通史下卷五章

（頁121）

五山十刹

中國放印度五精舍十塔　日本放法中國　見六章

惟中國定日時段

日本無國設寺塔於中國

頁171 172

見頁172 173 174

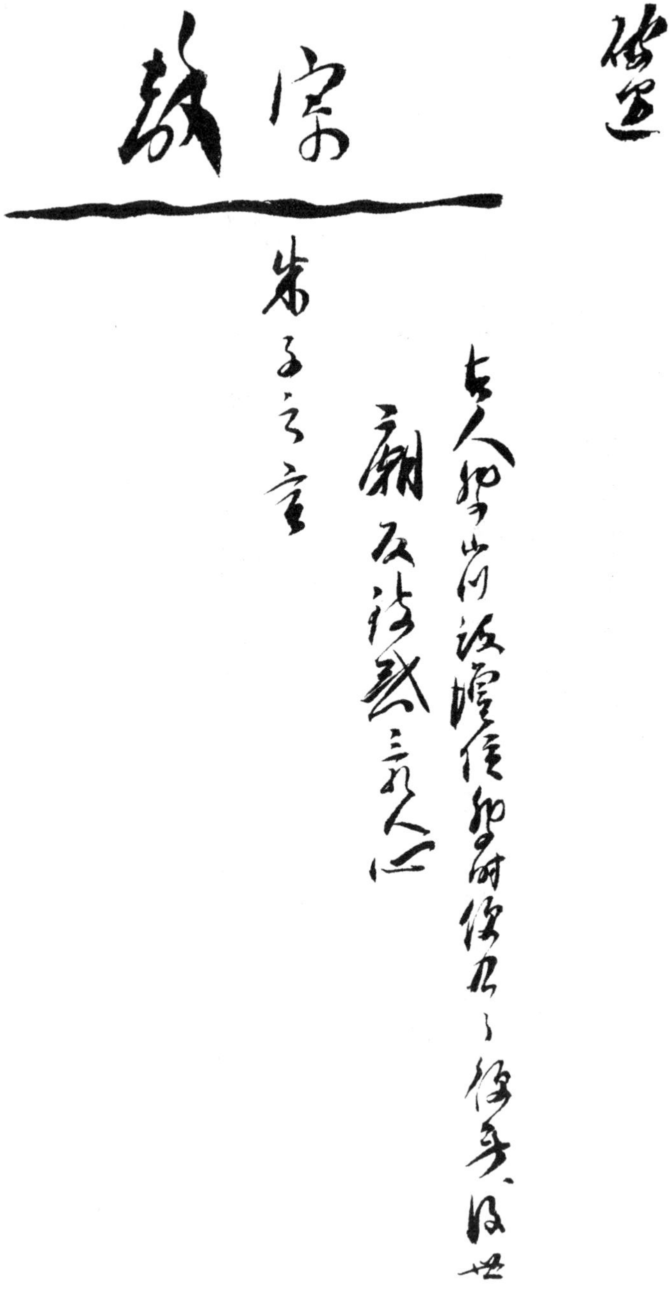
敬宗
朱子之言

宗教經籍

大藏經彫版

始開寶勅版　自開寶四至太平興國八凡十二年

乃成　見佛祖統紀卷四十三　參看中日交通史下册

頁37 38 39

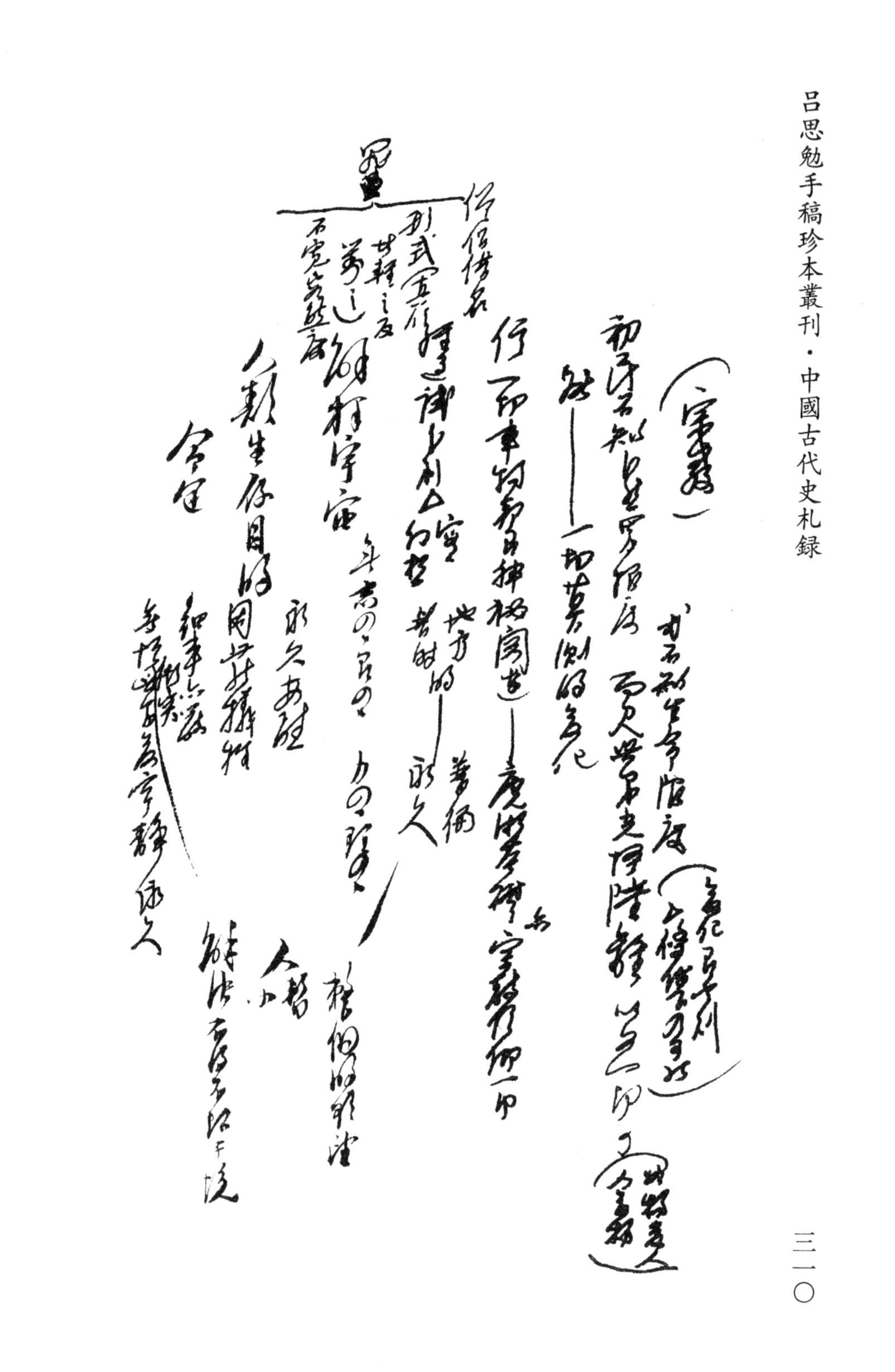

（宗教）

[illegible]

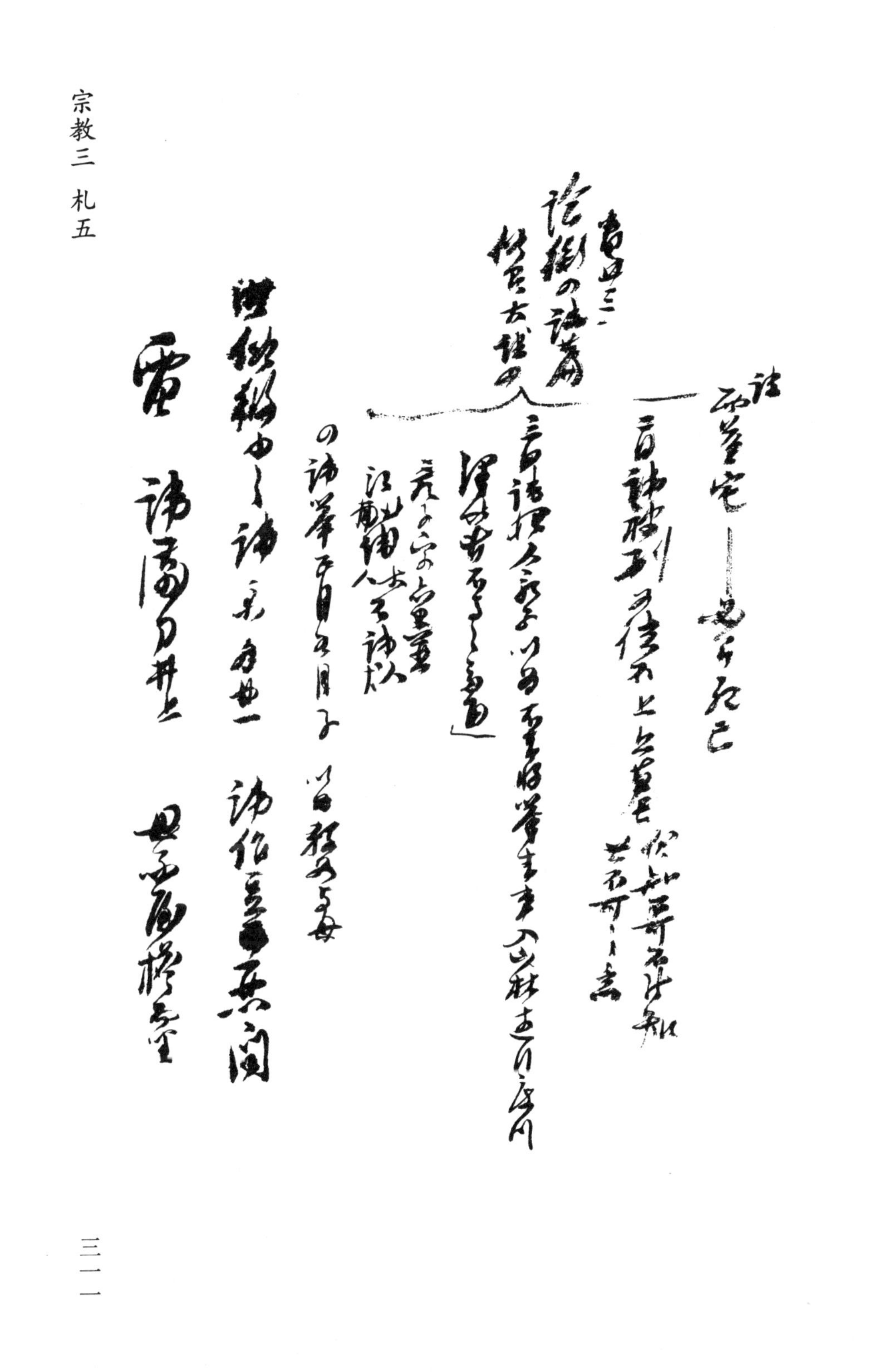

毋爲盟與夷狄　毋征戎　毋以妾爲妻　毋

相代掃

（謂遂）以祖禰之與爲歲月合爲之之宗

畏之死禁　只合之家[illegible]戮[illegible]時

（謂月遂）以祖及從歲旬而又從日[illegible]

寒之[illegible]謂之[illegible]歲月[illegible]謂之[illegible]遂日禁

歲月之[illegible][illegible]

之[illegible][illegible]

之[illegible][illegible]

[illegible]

（祥書意）菩薩方稱業以為今之癡病九已成交集

羅睺羅釋尊薩埵皆正覺也妙功德積聚無量

菩門作乃於諸歷不擇吉日不避歲月歸依佛陀

祖師所示者——世人年齡過百者今之

於衣治疊降佈內不敢抵犯——域

今者與東土佛道閒今之佛陀之福德開拓

於彼其田此而生靈吏生之意作知根利那文極也

三 睢淮南傳贊〻〻〻僅為平諸驗更生書

修行動搖於禍名日敗殆

（群經義證）素在不方繼律此〻義工傳〻說讀可稱〻論

翁從日經林木崩多芳而亦占

（詁經精舍）同宅皆宅亦稱

宅亦有書根君邪

宅在當其積〻〻宅於廟則應病丸已在取道禍

（五音）〻字用口調對有及字用推字其有國名也

其〻〻日且注翁識稱〻亦和而以字五音

又梓之宅門呂房鄉　俗言俗字宗室西北向俗當北　大方州

解除道　若行聖祀請聖祀為呂[illegible]且[illegible]除

請解除意青者　解除初祀先請聖祀已能

以丹杖

宅中童稚兒子　二子書　畫拜以後到十五位

世間隱淪宅舍。帮他整理。功用作舉。明謂之神。
在日朝土。為士得人。以像鬼形。神薦血
無形。出入無間。故謂之神。今作形像
神不能遠。出于神之突也

祭鬼神道

其作祭祀以為祭祀其為之所存
祭祀其為之稱曰崇以為作下崇之所修祀

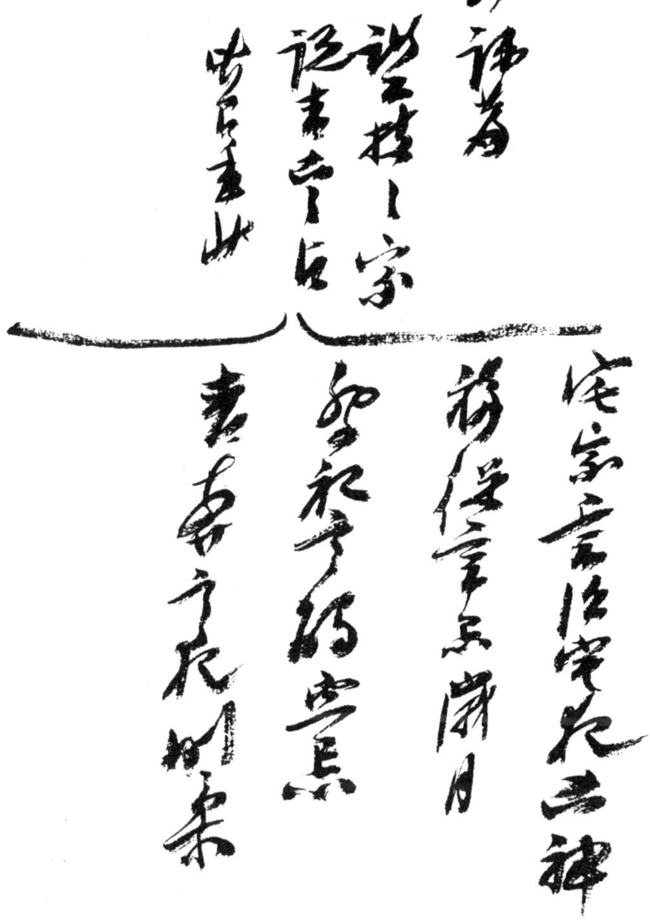

附

以書行改

每部四字依文作 朝鮮文與朝鮮文字順逐三字為之以此

依本年十二月頁

又

依三禮考引 見何人考獻

見引書事

春秋以前諸國十七傳

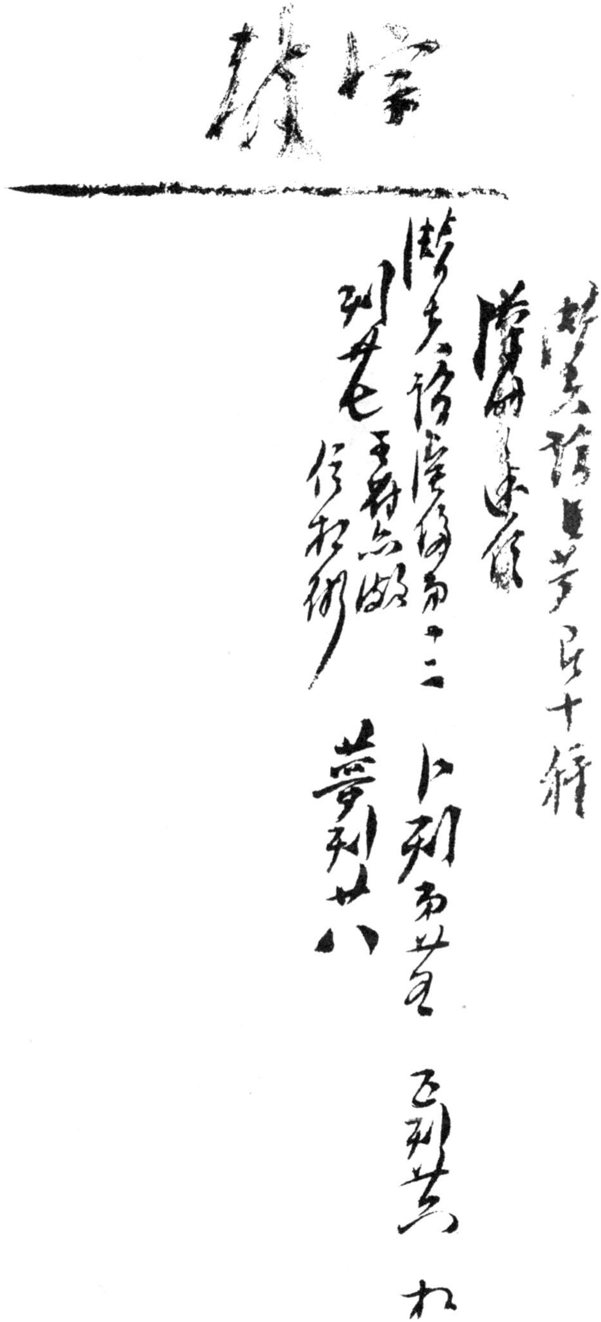

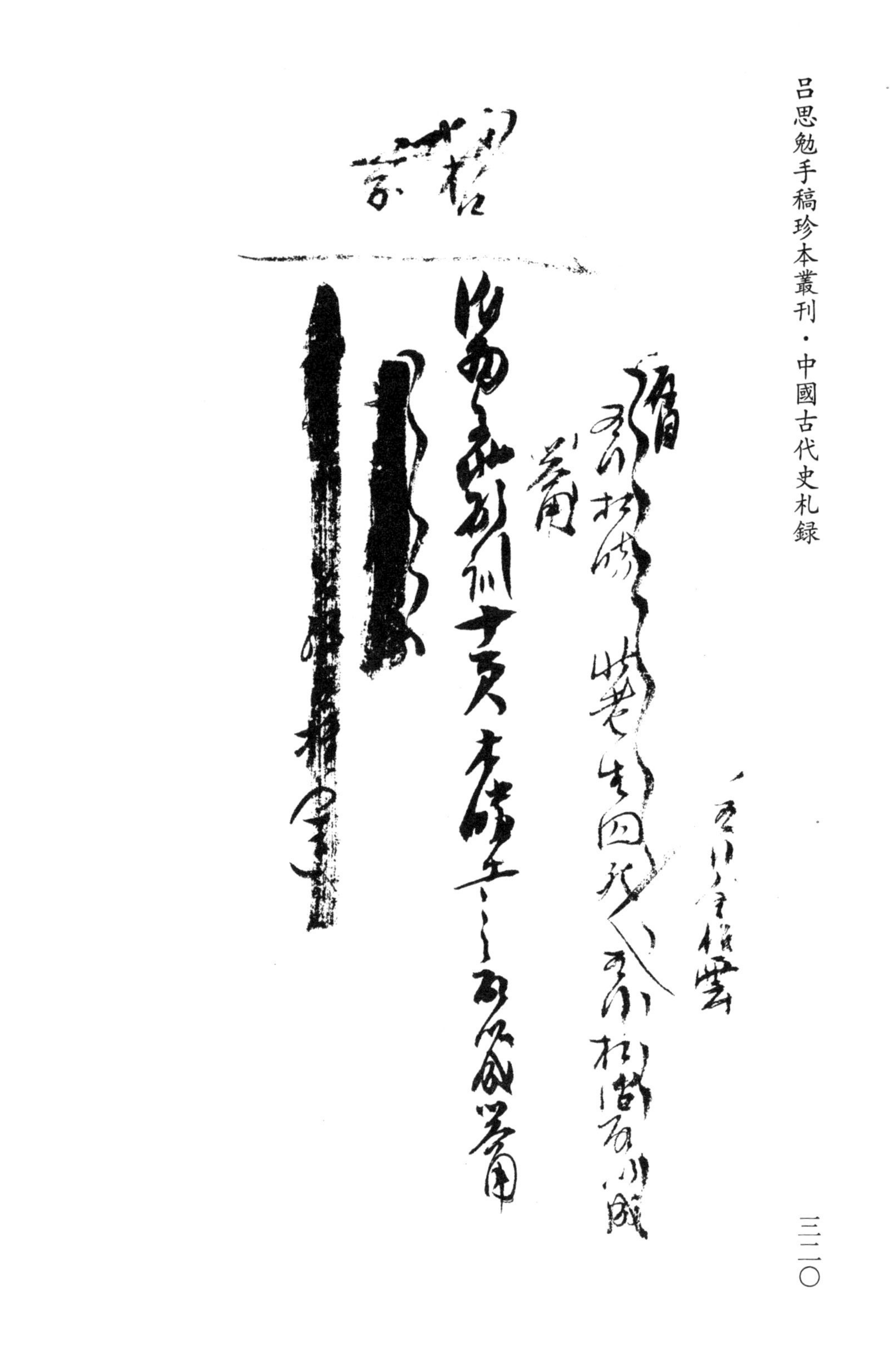

[illegible]

[redacted]

[illegible]

哲学

論衡

五行生物論定所以用，今之所為本之石　之和附

附因皆不錯，今之石固然　金之土相勝

論衡　三物相為

假相悉選量相生之的首元素

陳人生

土　木　火　金　水

甘　酸　辛　苦　鹹

西門出五音友所生九

高皇帝四年詔天下祭靈星（星）七年始天

下祭社稷靈星〻祭〻以歲平也模孔寔以

舊日靈星 論衡祭意篇

（在此）

〻〻〻春求實於〻〻〻秋雩〻〻祀

高稷雩〻〻祀秋收也春修靈星〻〻

祀配合而民〻〻〻世存其禮不知靈

星以祀〻〻靈故高皇帝時保祠星

〻靈星説曰龍星

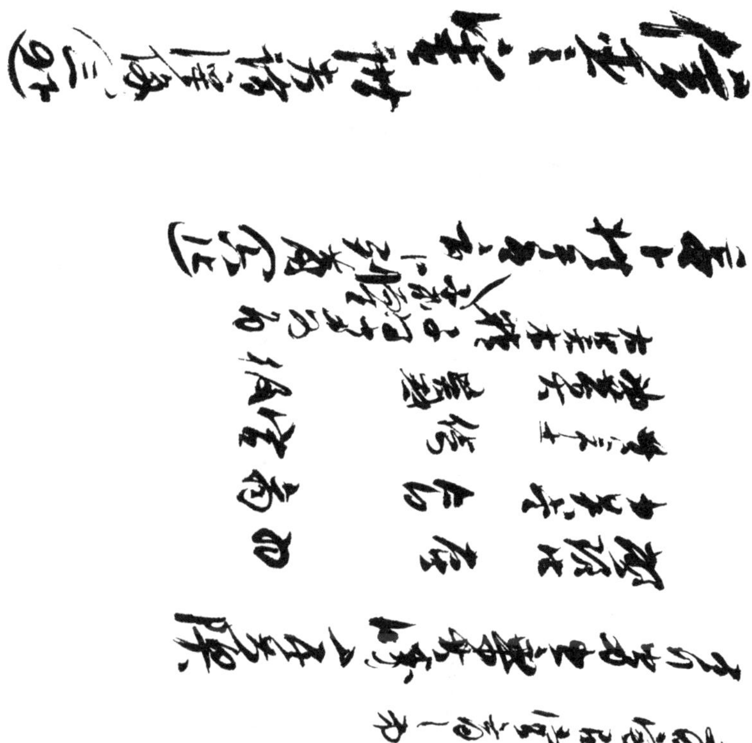

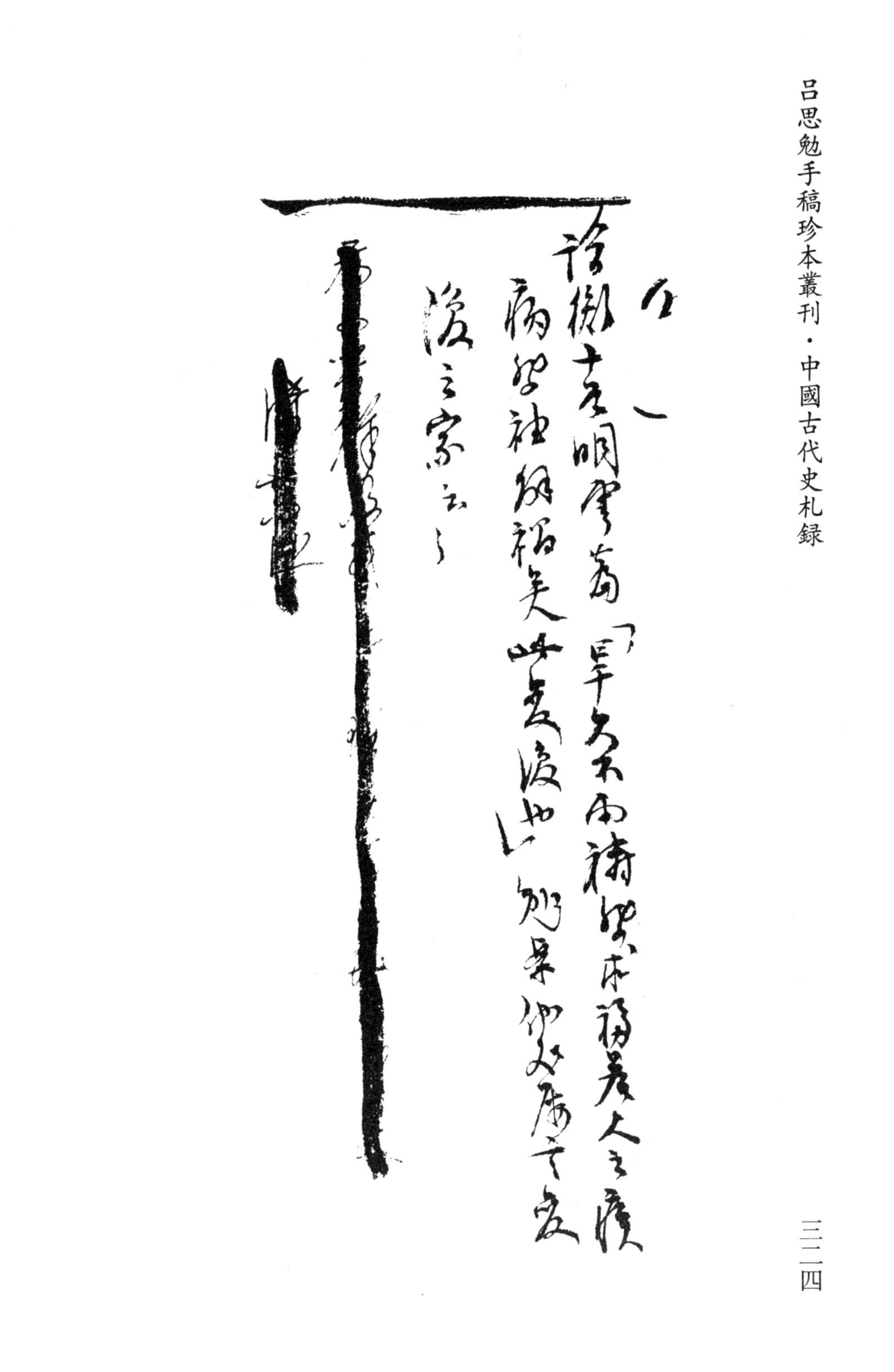

（上）

諸御士者明雩篇「旱久不雨禱祭求福若人之疾病祭神解禍矣此變復也」勉案御女巫乃變復之家云云

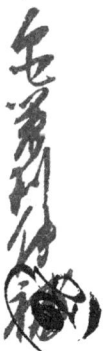

其前驅呼辟蒙人止之後爲狂也司馬彪云呼辟使人避道蒙人以桓侯名辟而前驅呼辟故爲狂也辟公三年卒子剔成立【集解】駰案年表云剔成君【索隱】王劭按紀年云宋剔成肝廢其君璧而自立剔成四十一年剔成弟偃攻襲剔成剔成敗犇齊偃自立爲宋君君偃十一年自立爲王【索隱】戰國策呂氏春秋皆以偃謚康王東敗齊取五城南敗楚取地三百里西敗魏軍乃與齊魏爲敵國盛血以韋囊縣而射之命曰射天淫於酒婦人羣臣諫者輒射之於是諸侯皆曰桀宋【索隱】晉太康地記言其似桀也宋其復爲紂所爲不可不誅告齊伐宋王偃立四十七年齊湣王與魏楚伐宋殺王偃遂滅宋而三分其地【集解】駰案年表云偃立四十三年

彊也固以爲常桀爲瓦室【集解】駰案世本曰昆吾作陶張華博物記亦云桀作瓦蓋是昆吾爲桀作也紂爲象郎徵絲灼之務以費民【索隱】灼謂燔也燒絲以當薪務費人也賦斂無度殺戮無方殺人六畜以韋爲囊囊盛其血與人懸而射之與天帝爭彊逆亂四時先百鬼嘗諫者輒死諛者在傍聖人伏匿百姓莫行天數枯旱國多妖祥螟蟲歲生五穀不成民不安其處鬼神不享飄風日起正晝晦冥日月並蝕滅息無光列星奔亂皆絕紀綱以是觀之安得久長雖無湯武時固當亡故湯伐桀武王剋紂其時使然乃爲天子子孫續世終身無咎後世稱之至今不已是皆當時而行見事而彊乃能成其帝王今龜大寶也爲聖人使傳之賢士不用手足雷電將之風雨送之流水行之侯王有德乃得當之今王有德而當此寶恐不敢受王若遣之宋必有咎後雖悔之亦無及已元王大悅而喜於是元王

（周書）

一 家叔那魚了無年安之那傳之無

柢了

來瞽令臯

舞臯讀爲卒嗥呼之嗥來嗥者皆謂呼之入○臯音嗥戶高反劉戶報反卒子忽反呼火故反疏注臯讀至之入○釋曰臯讀爲卒嗥呼之嗥者依俗讀云來嗥者皆謂呼之入者經云瞽人擬升堂歌舞謂學子舞人瞽人言

來亦呼之乃入臯舞令呼亦來入故鄭云來嗥皆謂呼之人也相尸禮延其出入詔其坐作○相息亮反下同疏注延其至坐作○釋曰凡言相尸者諸事皆相故以出入坐作解之尸出入者謂祭初延之入二灌訖退

出坐于堂上南面朝踐饋獻訖又延之入室言詔其坐作者郊特牲云詔祝於室坐尸于堂饋獻訖又入室坐言作者凡坐皆有作及與主人荅拜皆有坐作之事故云詔其坐作也既祭令徹疏既祭令徹釋曰祭訖

尸謖之後大祝命徹祭器即詩云諸宰君婦廢徹不遲是也大喪始崩以肆鬯渳尸相飯贊斂徹奠肆鬯所爲陳尸設鬯也鄭司農云渳尸以鬯浴尸○渳彌爾反飯扶

晚反斂力驗反疏大喪至徹奠○釋曰此經皆是大祝之事云始崩以肆鬯渳尸者肆陳也渳浴也王喪始崩陳尸以鬯浴尸取其香美云相飯者浴訖即飯含故言相飯也不言相含者大宰云大喪贊贈玉含玉此故不言云贊斂者

小斂十九稱在戶內大斂百二十稱在阼階冬官主斂事大祝贊之徹者小祝注云奠奠爵也謂正祭時此文承大喪之下故奠爲始死之奠小斂大斂奠並大祝徹之言甸人讀禱付練祥掌國

事鄭司農云甸人主設復䄖大祝主言問其具䄖物玄謂言猶語也禱六辭之屬禱也甸人喪事代王受眚災大祝爲禱辭語之使以禱於藉田之神也付當爲祔祭於先王以祔後死者掌國事辨護之○付音附䄖他兮反語魚據反

下同疏言甸至國事○釋曰既殯之後大祝爲禱辭與甸人言猶語也故言語甸人讀禱辭代王受眚災云祔練祥掌國事者祔謂虞卒哭後祔祭於祖廟練謂十三月小祥練祭祥謂二十五月大祥除衰杖此三者皆以國事大祝掌

十三經注疏　周禮二十五　春官宗伯下　十六

之故云掌國事也○注鄭司至護之○釋曰先鄭云甸人主設復䄖大祝主言問其具䄖物者此文承贊斂之下則是既殯之事始云設復䄖者故後鄭不從玄謂禱六辭之屬禱也者此經讀禱則云辭之中五曰禱故云六辭之禱也云甸人

喪事代王受眚災者按甸人職云喪事代王受眚災按彼注云粢盛者祭祀之主也今國遭大喪若云此黍稷不馨使鬼神不遑於王既殯大祝作禱辭授甸人使以禱藉田之神受眚災弭後殃彼注與此意同言弭後殃者今王已崩雖無救

爲後王而謝過故云弭後殃鄭知既殯後者此文承贊斂之下斂訖則殯故知此讀禱在既殯之後也云付當爲祔祭於先王以祔後死者按喪服小記以孫祔於祖以其昭穆同先王即祖也故云祭於先王祔後死者云掌國事辨護之者辨

護之中候文按中候握河紀云堯受河圖時伯禹進迎舜契陪位稷辨護注云進迎接神也稷官名謂棄辨護者供時用相禮儀引之以證掌國事則此大祝於祔練祥之時共其祭用之物及相其禮儀也

（大祝）

圖書

宗教

洪範與緯書

洪範天乃錫禹洪範九疇彝倫攸敘 傳天與禹洛出書神

龜負文而出列於背有數至于九禹遂因而第之以成九類

常道所以次敘

傳天與至次敘○正義曰易繫辭云河出圖洛出書聖人則之九類各有文字即是書也而云天乃錫禹知此天與禹者即是洛書也漢書五行志劉歆以爲伏羲繼天而王河出圖則而畫之八卦是也禹治洪水錫洛書法而陳之洪範是也先達共爲此說龜負洛書經無其事中候及諸緯多說黃帝堯舜禹湯文武受圖書之事皆云龍負圖龜負書緯候之書不知誰作通人討覈謂僞起哀平雖復前漢之末始有此書以前學者必相傳此說故孔以九類是神龜負文而出列於背有數從一而至於九禹見其文遂因而第之以成此九類法也此九類陳而行之常道所以得次敘也言禹第之者以天神言語必當簡要不應曲有次第丁寧若此故以爲禹次第之禹既第之當有成法可傳應人盡知之而武王獨問箕子者五行志云聖人行其道而寶其真降及於殷箕子在父師之位而典之周既克殷以箕子歸周武王親虛己而問焉言箕子典其事故武王特問之其義或當然也若然大禹既得九類常道始有次敘未有洛書之前常道所以不亂者世有澆淳教有疏密三皇已前無文亦治何止無洛書也但既得九類以後聖王法而行之從之則治違之則亂故此說常道攸敘攸斁由洛書耳

勉案偽孔所用諸緯爲說正義所引皆漢人說也

孔子所無

初一曰五行（九類類一章以五行爲始）次二曰敬用五事（五事在身用之必敬乃善）次三曰農用八政（農厚也厚用之政乃成○農馬云食爲八政之首故以農名之）次四曰協用五紀（協和也和天時使得正用五紀）次五曰建用皇極（皇大極中也凡立事當用大中之道）次六曰乂用三德（治民必用剛柔正直之三德）次七曰明用稽疑（明用卜筮考疑之事）次八曰念用庶徵次九曰嚮用五福威用六極（言天所以嚮勸人用五福所以威沮人用六極此已上禹所第敘○嚮許亮反又許兩反

沮在汝反此已上時掌反禹所第敘或云從五行已下至六極洛書文也漢書五行志以初一已下皆洛書文也）

【疏】初一至六極○正義曰天所賜禹大法九類者初一曰五行氣性流行次二曰敬用在身五種之行事次三曰厚用接物八品之政教次四曰和用天象五物之綱紀次五曰立治用大爲中正之道次六曰治民用三等之德次七曰明用卜筮以考疑事次八曰念用天時衆氣之應驗次九曰嚮勸人用五福威沮人用六極此九類之事也○傳農厚至乃成○正義曰鄭玄云農讀爲醲則農是醲意故爲厚也政施於民善不厭深故厚用之政乃成也張晏王肅皆言農食之本也食爲八政之首故以農言之然則農用止爲一食不兼八事非上下之例故傳不然八政三德揔是治民但政是被物之名德是在已之稱故分爲二疇也○傳協和至五紀○正義曰協和釋詁文天是積氣其狀無形列宿四方爲天之限天左行晝夜一周日月右行日遲月疾周天三百六十五度有餘日則日行一度月則日行十三度有餘日月行於星辰乃爲天之麻數和此天時合不差錯使行得正用五紀也日月逆天道而行其行又有遲疾故須調和之○皇大至之道○正義曰皇大釋詁文極之爲中常訓也凡所立事王者所行皆是無得過與不及常用大中之道也詩云莫匪爾極周禮以爲民極論語允執其中皆謂用大中也○傳信人至第敘○正義曰貧弱等六者皆謂窮極惡事故目之六極也福者人之所慕皆嚮望之極者人之所惡皆畏懼之勸勉也勉之爲善沮止也止其爲惡福極皆上天爲之言天所以嚮望勸勉人用五福所以畏懼沮止人用六極自初一曰已下至此六極已上皆是禹所次第而敘之下文更將此九類而演說之知此九者皆禹所第也禹爲此次者蓋以五行世所行用是諸事之本故五行爲初也發見於人則爲五事故五事爲二也正身而後及人施人乃名爲政故八政爲三也施人之政用天之道故五紀爲四也順天布政則得大中故皇極爲五也欲求大中隨德是任故三德爲六也政雖在德事必有疑故稽疑爲七也行事在於政得失應於天故庶徵爲八也天監在下善惡必報休咎驗於時氣禍福加於人身故五福六極爲九也皇極居中者揔包上下故皇極傳云大中之道大立其有中謂行九疇之義是也福極處末者顧氏云前八事俱得五福歸之前八事俱失六極臻之故福極處末也發首言初一其末不言終九者數必以一爲始其九非數之終故從上言次而不言終也五行不言用者五行萬物之本天地百物莫不用之不嫌非用也傳於五福六極言天用者以前並是人君所用五福六極受之於天故言天用傳言此禹所第敘不知洛書本有幾字五行志悉載此一章乃云凡此六十五字皆洛書本文計天言簡要必無次第之數上傳云禹因而第之則孔以第是禹之所爲初一曰等二十七字必是禹加之也其敬用農用等一十八字大劉及顧氏以爲龜背

先有揔三十八字小劉以爲敬用等亦禹所第敘其龜文惟有二十字並無明據未知孰是故兩存焉皇極不言數者以揔該九疇理兼萬事非局數能盡故也稽疑不言數者以卜五筮二共成爲七若舉卜不得兼筮舉筮不得兼卜且疑事既衆不可以數揔之故也庶徵不言數者以庶徵得爲五休失爲五咎若舉休不兼咎舉咎不兼休若休咎並言便爲十事本是五物不可言十也然五福六極所以善惡皆言者以沮勸在下故丁寧明言善惡也且庶徵雖有休咎皆以念慮包之福極獨感相反不可一言爲目故別爲文焉知五福六極非各分爲疇所以共爲一者蓋以龜文福極相近一處故禹第之揔爲一疇等行五事所以福五而極六者大劉以爲皇極若得則分散揔爲五福若失則不能爲五事之主與五事並列其咎弱故爲六也猶詩平王以後與諸侯並列同爲國風焉咎徵有五而極有六者五行傳云皇之不極厥罰常陰即與咎徵常雨相類故以常雨包之爲五也

勉案：孫星衍作廿一字，傳〻〻[illegible]以下[illegible]
而陳壽祺同一字[illegible]

[illegible]

子曰鳳鳥不至河不出圖吾

已矣夫孔曰聖人受命則鳳鳥至河出圖今天無此瑞吾已矣夫者傷不得見也河圖八卦是也疏子曰鳳鳥不至河不出圖吾已矣夫○正義曰此章言孔子傷時无明君也聖人受命則鳳鳥至河出圖今天无此瑞則時無聖人也故歎曰吾已矣夫傷不得見也○注孔曰至是也○正義曰聖人受命則鳳鳥至河出圖者禮器云升中於天而鳳皇降援神契云德至鳥獸則鳳皇來天老曰鳳象麟前鹿後蛇頸魚尾龍文龜背燕含雞喙五色備舉出於東方君子之國翱翔四海之外過崐崘飲砥柱濯羽弱水莫宿丹穴見則天下大安寧鄭玄以為河圖洛書龜龍銜負而出如中候所說龍馬銜甲赤文綠色甲似龜背袤廣九尺上有列宿斗正之度帝王錄紀興亡之數是也孔安國以為河圖即八卦是也

子罕

河圖洛書

是故天生神物聖人則之

天地變化聖人效之天垂象見吉凶聖人象之河出圖洛出書聖人則之疏正義曰是故天生神物聖人則之者謂天生蓍龜聖人法則之以爲卜筮也天地變化聖人效之者行四時生殺賞以春夏刑以秋冬是聖人效之天垂象見吉凶聖人象之者若璿璣玉衡以齊七政是聖人象之也河出圖洛出書聖人則之者如鄭康成之義則春秋緯云河以通乾出天苞洛以流坤吐地符河龍圖發洛龜書感河圖有九篇洛書有六篇孔安國以爲河圖則八卦是也洛書則九疇是也輔嗣之義未知何從

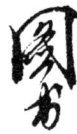

[redacted]

前漢書卷二十七上

漢　　蘭　　臺　　令　　史　　班　固撰

唐正議大夫行秘書少監琅邪縣開國子顏師古注

五行志第七上

易曰天垂象見吉凶聖人象之河出圖雒出書聖人則之師古曰上繫之辭也則效也劉歆以為虙羲氏繼天而王師古曰虙讀與伏同受河圖則而
畫之八卦是也師古曰放效河圖而畫八卦也禹治洪水賜雒書法而陳之洪範是也師古曰取法雒書而陳洪範也聖人行其道而寶其眞降及于殷箕子
在父師位而典之師古曰父師即太師殷之三公也箕子紂之諸父而為太師故曰父師周既克殷以箕子歸武王親虛己而問焉故經曰惟十有三祀王訪于
箕子師古曰祀年也商曰祀自以下皆周書洪範之文王迺言曰烏嘑箕子惟天陰騭下民相協厥居我不知其彝倫逌叙服虔曰騭音陟應劭曰陰騭也騭升也相助也協和
也倫理也攸所也言天覆下民王者當順天居我不知居天常理所次序也師古曰騭音質騭定也協和也天不言而默定下人助合其居也箕子迺言曰我聞在昔鯀陻洪水汨陳其五行應劭曰陻塞也
汨亂也水性流行而鯀障塞之失其本性其餘所陳列皆亂故曰亂陳五行也師古曰汨音骨帝乃震怒弗畀洪範九疇彝倫逌斁師古曰帝謂上帝即天也震動也畀與也疇類也九類即九章也斁敗也音丁故反
鯀則殛死禹迺嗣興師古曰殛誅也殛誅而死殛音居力反天迺錫禹洪範九疇彝倫逌敘此武王問雒書於箕子箕子對禹得雒書之意也初
一曰五行師古曰謂之行者言順天行氣次二曰羞用五事師古曰羞進也次三曰農用八政張晏曰農食之本食為八政首故以農為名也師古曰此說非也農厚也羞用義例皆同非田農之義也次
四曰叶用五紀應劭曰叶合也合成五行謂之條紀也師古曰叶讀曰叶和也次五曰建用皇極應劭曰皇大極中也次六曰艾用三德應劭曰艾治也治大中之道用三德也師古曰艾讀曰乂次
七曰明用稽疑應劭曰疑事考之於蓍龜次八曰念用庶徵師古曰念思也庶衆也徵應也次九曰嚮用五福畏用六極應劭曰天所以嚮樂人用五福所以畏懼人用六極凡此
六十五字皆雒書本文所謂天迺錫禹大法九章常事所次者也以為河圖雒書相為經緯八卦九章相為表裏昔殷道弛文
王演周易師古曰演廣也更廣其文也演音弋善反周道敞孔子述春秋則乾坤之陰陽效洪範之咎徵天人之道粲然著矣

宗教

翟方進傳・莽大誥

坤序德師古曰言元帝既有威德太后又兆符應則是天地乾坤夫妻之義相配合也判之言片也太皇太后臨政有龜龍麟鳳之應五德嘉符相因而備河圖雒書遠自

昆侖出於重壄師古曰昆侖河所出重壄洛所出皆有圖書故本言之壄古野字古讖著言肆今享實師古曰肆故也言有其讖故今當其實此迺皇天上帝所以安我帝室俾

我成就洪烈也師古曰洪大也烈業也烏虖天明威輔漢始而大大矣師古曰言因此難更以强大爾有惟舊人泉陵侯之言爾不克遠省爾豈知太

皇太后若此勤哉師古曰言爾當思久舊之人泉陵侯所言爾不能遠省識古事豈知太后之勤乎天毖勞我成功所孟康曰天慎勞我國家成功之所在予不敢不極卒安皇帝之所

圖事師古曰卒終也言我不敢不終祖宗之業安帝室所謀之事肆予告我諸侯王公列侯卿大夫元士御事師古曰肆陳也陳其理而告之天輔誠辭師古曰言有至誠之辭則爲天所輔

天其累我以民予害敢不於祖宗安人圖功所終師古曰累託也言天以百姓託我我曷敢不謀終祖宗安人之功也累音力瑞反害讀曰曷下皆類此天亦惟勞我民若有疾

予害敢不於祖宗所受休輔師古曰言天欲撫勞我衆衆若有疾苦我曷敢不順祖宗之意休息而輔助之勞音來到反予聞孝子善繼人之意忠臣善成人之事予思若

考作室厥子堂而構之師古曰父有作室之意則子當築堂而構椽以成之厥父菑厥子播而穫之師古曰父菑耕其田子當播種而收穫之反士爲菑一曰田一歲曰菑予害敢不於

宗教

敘傳 [illegible]

反○宋祁曰據篇當作攣蔓爲當作蔓焉昒昕寤而仰思兮心蒙蒙猶未察孟康曰昒昕早旦也覺寤思念未知其吉凶也師古曰昒音忽昕音欣○蕭該音義曰鄧展昒音昧該案字書昒尚冥也音勿諸銓方昧

反○劉奉世曰但以察合韻音察則協韻矣黃神邈而靡質兮儀遺讖以臆對應劭曰黃帝善占夢久遠無從得問準其讖書以意求其象也賈誼曰讖言其度應劭曰臆智臆也師古曰對合韻音丁忽反○蕭該音

義曰蒼頡篇曰讖書河洛書也該案讖詮音楚鴆反曰乘高而遌神兮道遐通而不迷師古曰登山見神故曰乘高也遌遇也音五故反又音五各反葛緜緜於樛木兮詠南風以爲綏

應劭曰周南國風其詩曰南有樛木葛藟纍之樂只君子福履綏之師古曰樛木下垂之木也綏安也樛音居虯反纍音力追反○蕭該音義曰樛亦作朻韋昭曰朻下曲也居虯反蓋惴惴之臨深兮乃二雅之所祇

師古曰詩小雅小宛之篇曰惴惴小心如臨于谷惴惴恐懼之貌也小旻篇曰戰戰兢兢如臨深淵如履薄冰言恐墜陷也故云二雅之所祇惴音之瑞反既誶爾以吉象兮又申之以烱戒師古曰誶告也烱明也誶

音碎烱音公迥反○宋祁曰告當作吉蕭該音義曰說文曰誶讓也息悴反盍孟晉以迨羣兮辰倏忽其不再服虔曰盍何不也孟勉也晉進也迨及也何不早進仕以及羣也師古曰辰時也倏忽疾也言時疾過不

再來也倏音式六反○宋祁曰晉或作晉亦作晉承靈訓其虛徐兮竚盤桓而且俟孟康曰虛徐狐疑也張晏曰佇久也俟待也惟天墜之無窮兮鱻生民之晦在晉灼曰鱻古鮮

字也應劭曰晦無幾也師古曰墜古地字也鱻少也言天地長久而人壽短促也鱻音先踐反○蕭該音義曰晦韋昭音謀鬼反又音梅字林曰晦微視美目貌紛屯亶與蹇連兮何艱多而智寡孟康曰世艱難多智

宗教

河圖

俞琰（元人）據顧命天球河圖在東序，謂河圖與天球並列，應亦是玉。昆侖產玉，河出昆侖，當是玉有文具八卦之象耳。趙汸非之，云非玉石而有文，乃摹其文於玉。見陔餘叢考卷一

宗教

河閒獻王

宋書廿七卷一至四頁　卅八卷六頁下

魏書卷廿一頁上

山車

宋書符瑞志下　山車者山藏之精也不藏金玉山澤以時通山陵之饒以給天下則山成其車

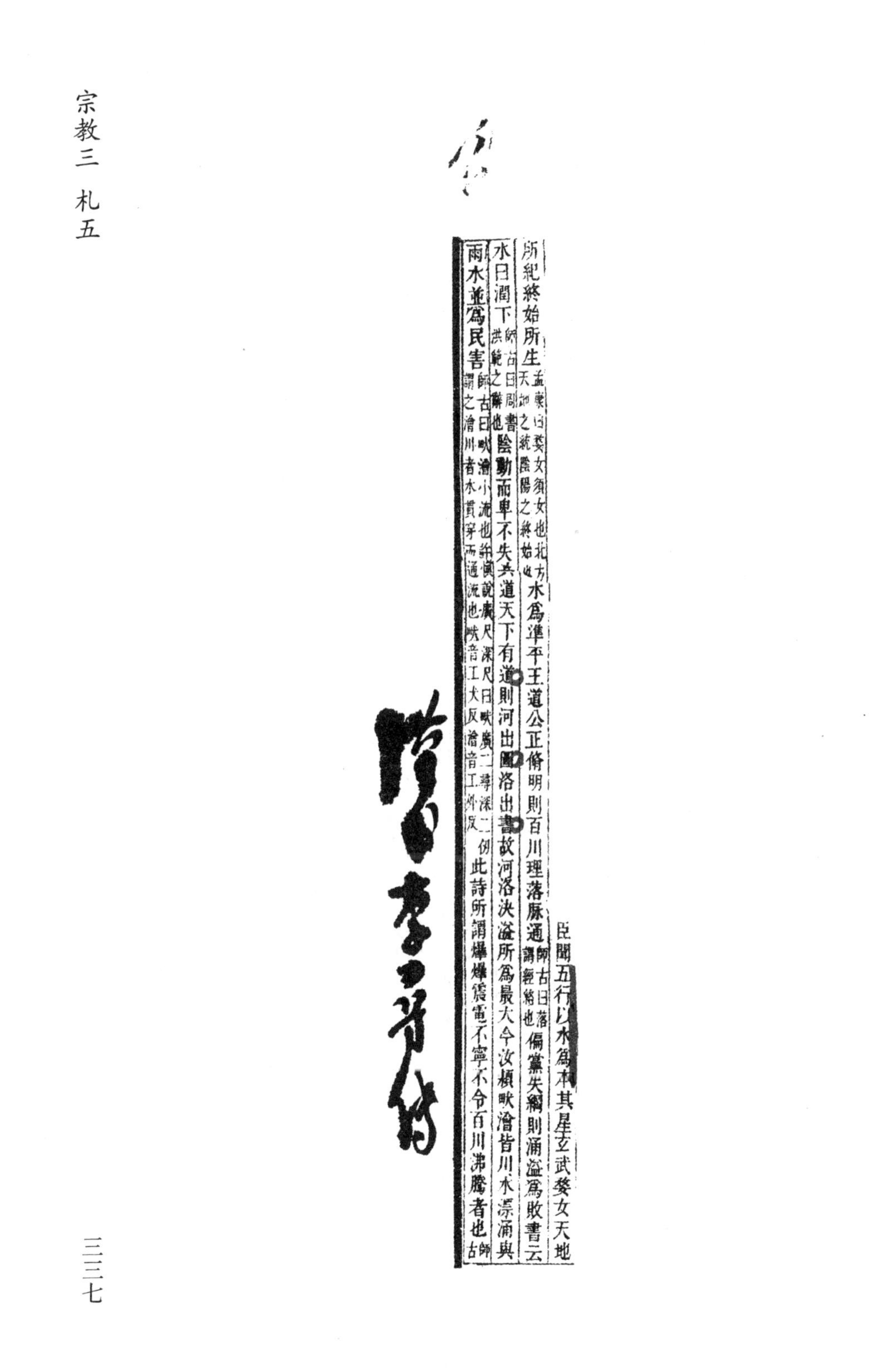

臣聞五行以水爲本其星玄武婺女天地所紀終始所生孟康曰婺女須女也北方天地之紀陰陽之終始也水爲準平王道公正脩明則百川理落脈通師古曰落謂經絡也偏黨失綱則涌溢爲敗書云水曰潤下師古曰周書洪範之辭也陰動而卑不失其道天下有道則河出圖洛出書故河洛決溢所爲最大今汝潁畎澮皆川水漂涌與雨水並爲民害師古曰畎澮小流也爾雅說廣尺深尺曰畎廣二尋深二仞謂之澮川者水貫穿而通流也畎音工犬反澮音工外反此詩所謂爗爗震電不寧不令百川沸騰者也師古

宗教

頌一時何足趨明威數乎趨急也讀曰促對曰昔仲尼暫相誅齊之侏儒首足異門而出故能威震強國反其侵地侏儒短人能爲俳優也穀梁傳曰魯定公與齊侯會于頰谷兩君就壇兩相相揖齊人鼓譟而起欲以執魯君孔子歷階而上不盡一等曰兩君合好夷狄之人何爲來爲齊侯逡巡而謝曰寡人之過也罷會齊人使優施舞於魯君之幕下孔子曰笑君者罪當死使司馬行法焉首足異門而出齊人乃歸魯鄆讙龜陰之田君子仕不爲己職思其憂詩唐風曰無以太康職思其憂職主也君子之居位當思盡忠不爲己身豈以久近而異其度哉遇黨錮去官後竟見殺年四十九著賦誄頌碑書凡六十篇

趙壹傳

趙壹字元叔漢陽西縣人也體貌魁梧魁梧壯大之貌身長九尺美須豪眉望之甚偉而恃才倨傲爲鄉黨所擯乃作解擯擯斥也後屢抵罪幾至死友人救得免壹乃貽書謝恩曰昔原大夫贖桑下絕氣傳稱其仁原大夫謂趙衰之子宣孟盾謚曰宣呂氏春秋曰趙宣孟將之絳見骫桑之下有臥餓人宣孟與脯二朐拜受之不敢食問其故曰臣有母將以遺之宣孟更賜之脯二束遂去贖即續也骫古委字也秦越人還虢太子結脈世著其神扁鵲姓秦名越人過虢虢太子死扁鵲曰臣能生之若太子病所謂尸蹷也乃使弟子子陽厲鍼砥石以取三陽五會有間太子蘇見史記設曩之二人不遭仁遇神則結絕之氣竭矣然而精脯出乎車軨說文軨車轖間橫木鍼石運乎手爪古者以砭石爲鍼凡鍼之法右手象天左手法地彈而怒之搔而下之此運手爪也砭音必廉反今所賴者非直車軨之精脯手爪之鍼石也乃收之於斗極還之於司命禮記曰祭司命鄭玄注云司命文昌宮星使乾皮復含血枯骨復被肉允所謂遭仁遇神眞所宜傳而著之余畏禁不敢班班顯言班班明貌竊爲窮鳥賦一篇其辭曰有一窮鳥戢翼原野畢網加上機穽在下禮記曰羅網畢翳鄭玄注云小而柄長謂之畢機捕獸機檻也穽穿地陷獸前見蒼隼後見驅者繳彈張右繳以縷係矰而射也羿子彀左羿子謂羿也淮南子曰堯時十日並出命羿仰射十日中其九烏皆死墮其羽翼彀引弓也飛丸激矢交集于我思飛不得欲鳴不可舉頭畏觸搖足恐墮內獨怖急乍冰乍火幸賴大賢我矜我憐昔濟我南今振我西西協韻音先鳥也雖頑猶識密恩內以書心外用告天天乎祚賢歸賢永年且公且侯子子孫孫又作刺世疾邪賦以舒其怨憤曰伊五帝之不同禮三王亦又不同樂數極自然變化非是故相反駮禮記曰五帝殊時不相沿樂三王異代不相襲禮樂極則憂禮粗則偏矣德政不能救世溷亂賞罰豈足懲時清濁春秋時禍敗之始戰國愈復增其荼毒尚書曰罹其凶害不忍荼毒孔注云荼毒苦也秦漢無以相踰越乃更加其怨酷寧計生民之命唯利己而自足于茲迄今情偽萬方佞諂日熾剛克消亡舐痔結駟正色徒行莊子曰宋有曹商者爲宋王使秦秦王悅之益車百乘見莊子莊子曰秦王有病召醫破癰潰痤者得車一乘舐痔者得車五乘子豈舐痔邪何得車之多乎嫗㛕名埶撫拍豪強嫗㛕猶傴僂也嫗音衣字反㛕音丘矩反撫拍相親狎也偃蹇反俗立致咎殃偃蹇驕傲也捷懾逐物日富月昌捷疾也懾懼也急逐物則致富昌渾然同惑孰溫孰涼邪夫顯進直士幽藏原斯瘼之攸興寔執政之匪賢女謁掩其視聽兮近習秉其威權所好則鑽皮出其毛羽所惡則洗垢求其瘢痕雖欲竭誠而盡忠路絕嶮而靡緣九重既不可啓又羣吠之狺狺楚辭曰豈不思夫君兮君之門以九重猛犬狺狺以迎吠關梁閉而不通狺音銀安危亡於旦夕肆嗜慾於目前奚異涉海之失柂積薪而待燃柂可以正船也音徒我反前書賈誼曰措火積薪之下而寢於上火未及燃而謂之安當今之勢何以異此榮納由於閃榆孰知辨其蚩妍閃榆傾佞之貌也行領佞者則享榮寵而見納用榆音輸故法禁屈撓於埶族恩澤不逮於單門寧飢寒於堯舜之荒歲兮不飽暖於當今之豐年乘理雖死而非

□八尚禮記云舜葬蒼梧二妃不從也流目覜夫衡阿兮睹有黎之圮墳痛火正之無懷兮託山陂以孤魂衡阿衡山之曲也黎顓頊之子犁也為高辛氏之火正葬於衡山也盛弘之荊州記云衡山南有南正重黎墓焚囊王時山崩毀其墳得營丘九頭圖焉愁蔚蔚以慕遠兮越卭州而愉敖卭日天有九部八紀地有九州八柱東南神州曰晨土正南卭州曰深土西南戎州曰滔土正西弇州曰并土正中冀州曰白土西北台州曰肥土北方玄州曰成土東北薄州曰隱土正東揚州曰信土愉樂也敖遊也躋日中于昆吾兮憩炎天之所陶淮南子曰日至于昆吾是謂正中高誘注云昆吾丘名在南方憩息也東方朔神異經曰南方有火山長四十里廣四五里晝夜火然陶猶炎熾也揚芒熛而絳天兮水泫沄而涌濤芒光芒也字林曰熛飛火也音必遙反泫音胡犬反沄音戶昆反並水流貌也溫風翕其增熱兮惄鬱邑其難聊溫風炎風也淮南子曰南方之極自北戶之外南至委火炎風之野二萬二千里惄音奴歷反爾雅曰惄思也顙羈旅而無友兮余安能乎留茲顙獨也音苦骨反能留乎此將復西嬉也顧金天而歎息兮吾欲往乎西嬉金天氏西方之帝少皞也嬉戲也前祝融使舉麾兮纚朱鳥以承旗纚繫也音山綺反朱鳥鳳也楚辭曰鳳皇翼其承旗兮躔建木於廣都兮拓若華而躊躇躔次也拓猶折也淮南子曰建木在廣都若木在建木西木有十日其華照地山海經曰廣都之野后稷葬焉楚辭曰折若木以拂日躊躇猶徘徊也躊音直流反躇音直余反超軒轅於西海兮跨汪氏之龍魚聞此國之千歲兮曾焉足以娛余山海經曰軒轅之國在窮山之際其不壽者八百歲龍魚在汪野北其北一曰鰕魚有神巫乘此以行九野一曰鼈魚在汪野北其為魚也如鯉魚在人之國在龍魚北也思九土之殊風兮從蓐收而遂徂九土九州也蓐收西方神徂往也欲還中土也歘神化而蟬蛻兮朋精粹而為徒歘疾貌也音許勿反蛻音稅說文曰蟬蛻所解皮也言去故就新若蟬蛻也朋猶侶也精粹美也○劉攽曰注案文當云蛻蟬所解皮也蹶白門而東馳兮云台行乎中野蹶音厥鄭玄注禮記云蹶行貌也淮南子曰自東北方曰方之山曰蒼門東方曰東極之山曰開明之門東南方曰波母之山曰陽門南方曰南極之山曰暑門西南方曰編駒之山曰白門西方曰西極之山曰閶闔之門西北方曰不周之山曰幽都之門北方曰北極之山曰寒門凡八極之雲是雨天下八風是節寒暑爾雅曰台我也野協韻音論諸反亂弱水之潺湲兮逗華陰之湍渚正絕流曰亂山海經曰崑崙之丘其下有弱水之川環之注云其水不勝鳥毛潺湲流貌也逗止也華陰華山之北也臨河故云湍渚號[illegible]俾清津兮櫂龍舟以濟予號呼也聖賢冢墓記曰馮夷者弘農華陰潼鄉隄首里人服八石得水仙為河伯龍魚河圖曰河伯姓呂名公子夫人姓馮名夷俾使也清靜也津濟度處也使無波濤也櫂檝也淮南子曰龍舟鷁首浮吹以娛予我也○劉攽曰注為河伯龍魚案文伯下當有一字未詳或云是主字會帝軒之未歸兮悵相佯而延佇帝軒黃帝也鑄鼎於湖在今湖城縣界河華相近未歸謂黃帝得仙升天未歸相羊猶徘徊也怬河林之蓁蓁兮偉關雎之戒女怬音許吏反爾雅曰怬息也蓁蓁茂盛貌山海經云北望河林其狀如蒨偉美也詩國風曰關關雎鳩在河之洲窈窕淑女君子好仇衡覩河洲而思之也黃靈詹而訪命兮摎天道其焉如黃靈黃帝神也爾雅曰詹至也訪謀也摎求也曰近信而遠疑兮六籍闕而不書曰黃帝答言六籍六經也神逵昧其難覆兮疇克謨而從諸逵道也爾雅曰覆審也疇誰也謨謀也牛哀病而成虎兮雖逢昆其必噬昆兄也淮南子曰昔公牛哀病七日化而為虎其兄啟之虎搏而殺之不知其兄也鼈令殪而尸亡兮取蜀禪而引世鼈令蜀王名也令音靈殪死也禪傳位也引長也揚雄蜀王本紀曰荊人鼈令死其尸流亡隨江水上至成都見蜀王杜宇杜宇立以為相杜宇號望帝自以德不如鼈令以其國禪之號開明帝下至五代有開明尚始去帝號復稱王也死生錯而不齊兮雖司命其不斷錯交錯也司命天神也春秋佐助期曰司命神名為滅黨長八尺小鼻望羊多髭癯瘦通於命運期度斷明也協韻音之逝反竇號行於代路兮後膺祚而繁廡竇謂孝文竇皇后也繁廡茂盛也呂太后時出宮人以賜諸王竇姬家在清河願如趙近家遺宦者吏必置伍中宦者忘之誤置代伍中姬涕泣不欲往相彊乃行至代代王獨幸竇姬生景帝後立為皇后景帝生十四子後至光武中興也王肆侈於漢庭兮卒銜恤而絕緒王謂孝平王皇后莽之女也前書曰以黃金二萬斤遣劉歆奉乘輿法駕于第及莽篡位后常稱疾不朝會莽誅后自投火中而死恤憂也詩小雅曰出則銜恤緒言無後也尉尨眉而郎潛兮逮三葉而遘武尉謂都尉顏駟也尨蒼雜色遘遇也漢武故事曰上至郎署見一老郎鬢眉皓白問何時為郎何其老也對曰臣姓顏名駟以文帝時為郎文帝好文而臣好武景帝好老而臣尚少陛下好少而臣已老是以三葉不遇也上感其言擢為會稽都尉也董弱冠而司袞兮設王隧而弗處董賢字聖卿哀帝時為大司馬年二十袞三公服也時哀帝令為賢起冢至尊

宗教

無以加及帝崩王莽殺賢於獄中左傳曰晉侯請隧王弗許曰王章也禮記曰二十曰弱冠也夫吉凶之相仍兮恒反側而靡所穆負天以悅牛兮豎亂叔而幽主穆叔魯大夫叔孫豹也

諡曰穆牛謂豎牛豹之子也幽閉也大夫稱主左傳曰叔孫豹奔齊宿於庚宗遇婦人而私焉至齊夢天壓己弗勝顧而見人號之曰牛助余乃勝之及後還魯庚宗之婦人獻以雉曰余子長矣召而見之則所夢也遂使為豎有寵及穆子遇疾豎

牛欲亂其室曰夫子疾病不欲見人牛不進食穆子遂餓而死文斷袪而忌伯兮閹謁賊而寧后文晉文公也袪袂也忌怨也伯謂伯楚也謁告也賊謂呂甥冀芮等寧安也后文公也初晉獻公使寺人勃鞮伐公

於蒲城公踰垣勃鞮斬其袪及公入國呂甥冀芮謀作亂伯楚知之以告公公會秦伯于王城殺呂郤伯楚勃鞮字也事見國語通人闇於好惡兮豈愛惑之能剖通人謂穆子文公等闇於好惡謂初忱豎牛後

以餓死始怨勃鞮終能告賊剖分也言通人尚闇於好惡況愛寵昏惑者豈能分之嬴擿讖而戒胡兮備諸外而發內嬴秦姓也擿發也謂始皇發讖云亡秦者胡乃使蒙恬北築長城以為外備而不知胡亥竟

為趙高所殺秦氏遂亡是發內也或輦賄而違車兮孕行產而為對輦運也違避也車謂張車子也有夫婦夜田者天帝見而矜之問司命曰此可富乎司命曰命當貧有張車子財可以借而與之期曰車子生

急還之田者稱富及期夫婦輦其賄以逃同宿有婦人夜生子問名於其父父曰生車間名車子其家自此之後遂大貧也見搜神記慎竈顯於言天兮占水火而妄訏爾雅曰訏告也左傳曰日有食之梓慎曰

將水叔孫昭子曰旱也後果大旱又曰宋衛陳鄭將火鄭大夫裨竈請以玉瓚禳火子產弗予竈曰不用吾言鄭又將火子產曰天道遠人道邇非所及遂不與亦不復火也梁叟患夫黎丘兮丁厥子而事刃

親所睇而弗識兮矧幽冥之可信梁叟梁國之老人也丁當也睇視也矧況也呂氏春秋曰梁北有黎丘鄉有丈人往市醉而歸者黎丘奇鬼效其子之狀而道苦之丈人醒而誚其子曰吾為而父我醉女道苦我

何故其子泣曰必奇鬼也丈人明日之市醉其真子迎之丈人拔劍而刺之事音側利反前書音義曰江東人以物插地中為事也毋綿攣以涬己兮思百憂以自疢綿攣猶牽制也涬音胡鼎反衛集注云涬引也

言勿[illegible]制於俗引憂於己詩曰[illegible]思百憂祗自重兮彼天監之孔明兮用棐忱而佑仁監視也孔甚也棐輔也忱誠也佑助也言天之親人甚明唯輔誠信而助仁德也尚書曰天監厥德又曰天威棐忱湯蠲

[illegible]以禱祈兮蒙厖褫以拯人蠲潔也祈求也爾雅曰厖大也褫福也帝王紀曰湯時大旱七年殷史卜曰當以人禱湯曰必以人禱吾請自當遂齋戒翦髮斷爪以己為牲禱於桑林之社果大雨言蒙天大福以拯救人

衛集祈字作勒祈祭也褫音斯景三慮以營國兮熒惑次於它辰景宋景公也三慮謂三善言也景公有疾司馬子韋曰熒惑守心心宋之分野君當祭之可移於相公曰相股肱也除心腹之疾而寘之股肱可乎

曰可移於民公曰民所以為國無民何以為君曰可移於歲公曰歲所以養人也歲不登何以畜人乎子韋曰君善言三熒惑必退三舍見呂氏春秋也魏顆亮以從理兮鬼亢回以斃秦魏顆魏武子之子也亮信

也左傳曰晉魏顆敗秦師於輔氏獲杜回秦之力人也初魏武子有嬖妾武子疾命顆曰必嫁是妾疾病則曰必以為殉及卒顆嫁之曰疾病則亂吾從其治也輔氏之役顆見老人結草以亢杜回顛而顛故獲之夜夢之曰余而所嫁婦人之

父也爾用先人治命余是以報也咎繇邁而種德兮德樹茂乎英六尚書曰咎繇邁種德注云邁行也種布也英六並國名咎繇能行布道德子孫茂盛封於英六帝王紀皋陶卒葬之於六禹封其少子於六以

奉其祀六故城在今壽州安豐縣南也桑末寄夫根生兮卉既彫而已毓毓生也根生謂寄生也言百草至寒皆彫落唯寄生獨榮於桑之末本草經桑上寄生一名寄屑一名寓木一名宛童以喻咎繇封於英六餘國

先滅英六獨存也有無言而不讎兮又何往而不復言咎繇布德行仁慶流後裔詩曰無言不讎易曰無往不復也盍遠迹以飛聲兮孰謂時之可蓄盍何不也蓄猶待言何不

遠迹以飛聲譽誰謂時之可待言易逝也仰矯首以遙望兮魂懺惘而無疇懺惘猶敞怳也偪區中之隘陋兮將北度而宣遊偪迫也宣徧也行積冰之磑磑兮

清泉沍而不流淮南子曰北方之極自九澤窮大海之極有凍寒積冰雪雹霜冰之野磑音牛衰反世本云公輸作石磑說文曰磑皚霜雪之貌也沍古字與涸通沍音胡故反杜預注左傳云沍閉也寒風淒而永

至兮拂穹崛之騷騷玄武縮於殼中兮螣蛇蜿而自糾玄武謂龜蛇也曲禮曰前朱雀而後玄武殼龜甲也爾雅曰螣螣蛇蜿蜿屈也糾繆結也騷騷叶韻音脩糾音古由反魚矜鱗而

并凌兮鳥登木而失條矜猿也并猶乘也凌冰也音力證反失條言衆也坐太陰之屏室兮慨含欷而增愁太陰北方極陰之地也楚詞曰選鬼神於太陰怨高陽之相寓

兮伷顓頊之宅幽高陽顓頊也山海經曰東北海之外附禺之山帝顓頊與九嬪葬焉相視也寓居也伷屆也音宅鳳反宅幽謂居北方幽都之地尚書曰宅朔方曰幽都庸織絡於四裔兮斯與彼

宗教

華陽國志：蜀中山川神祠皆種松柏濃益州刺史重濃以爲非神皆廢壞燒除取其松柏爲舟船惟不毀禹王祠及漢武帝祠文學倡巫祀

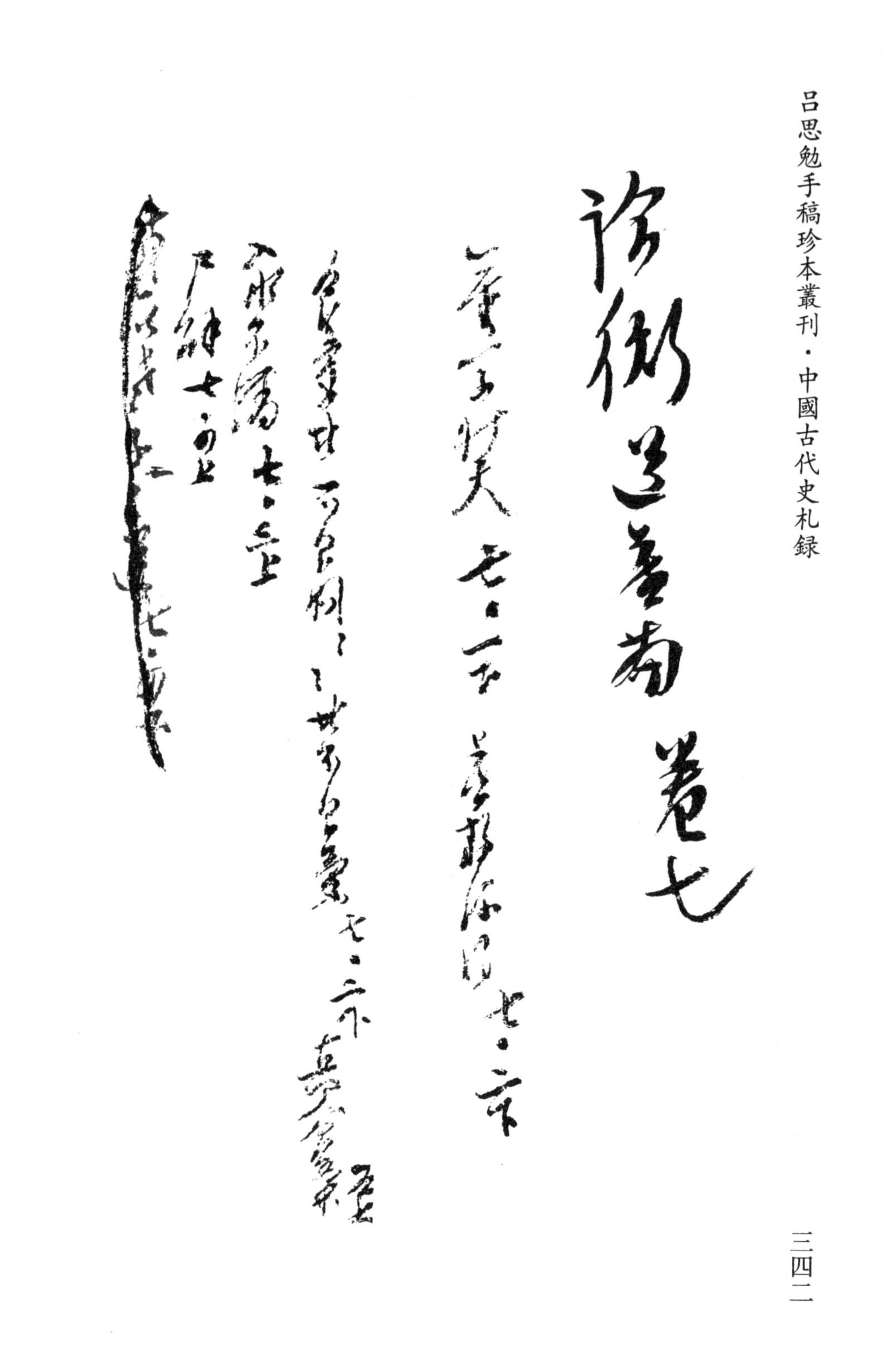

讀御覽劄記　卷七

一 [illegible] 七·一上　[illegible] 七·二下

[illegible] 七·二下　[illegible]

[illegible] 七·六上

[illegible] 七·二上

[illegible] 七·[illegible]

神仙

墨子曰無子請去而升札

列子力命篇

言不死之道者燕君使人受之

列子說符篇

中國之程迴之談

[illegible]術語記兩字知

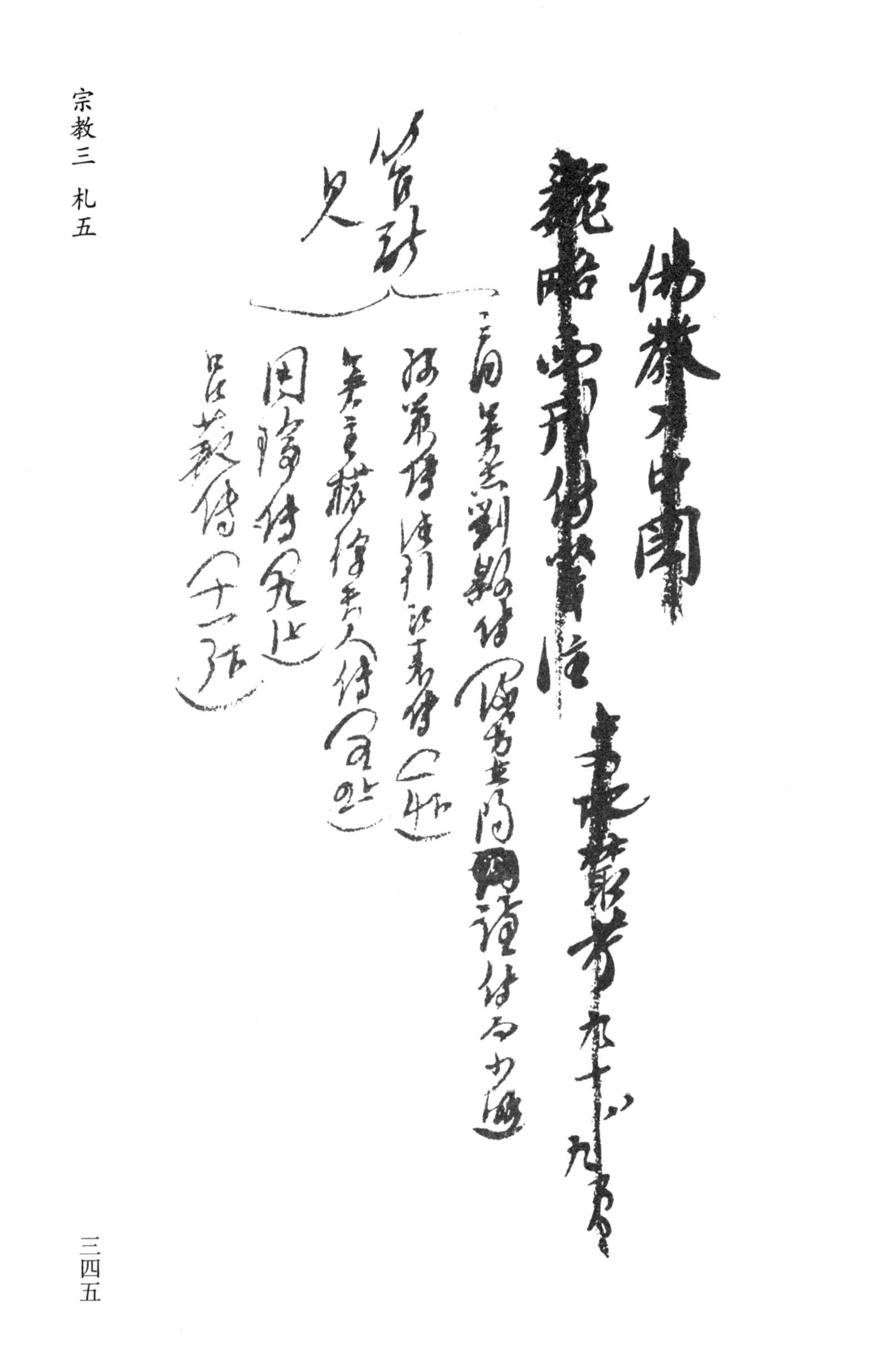

佛教入中國

魏晉南北[illegible]佛學[illegible]

[illegible]

[illegible]

跋物

西方之人有聖者焉

列子仲尼篇　外息望觀　黄帝篇華胥國　周穆王篇

此為翻譯之始而翻譯者以為指佛非

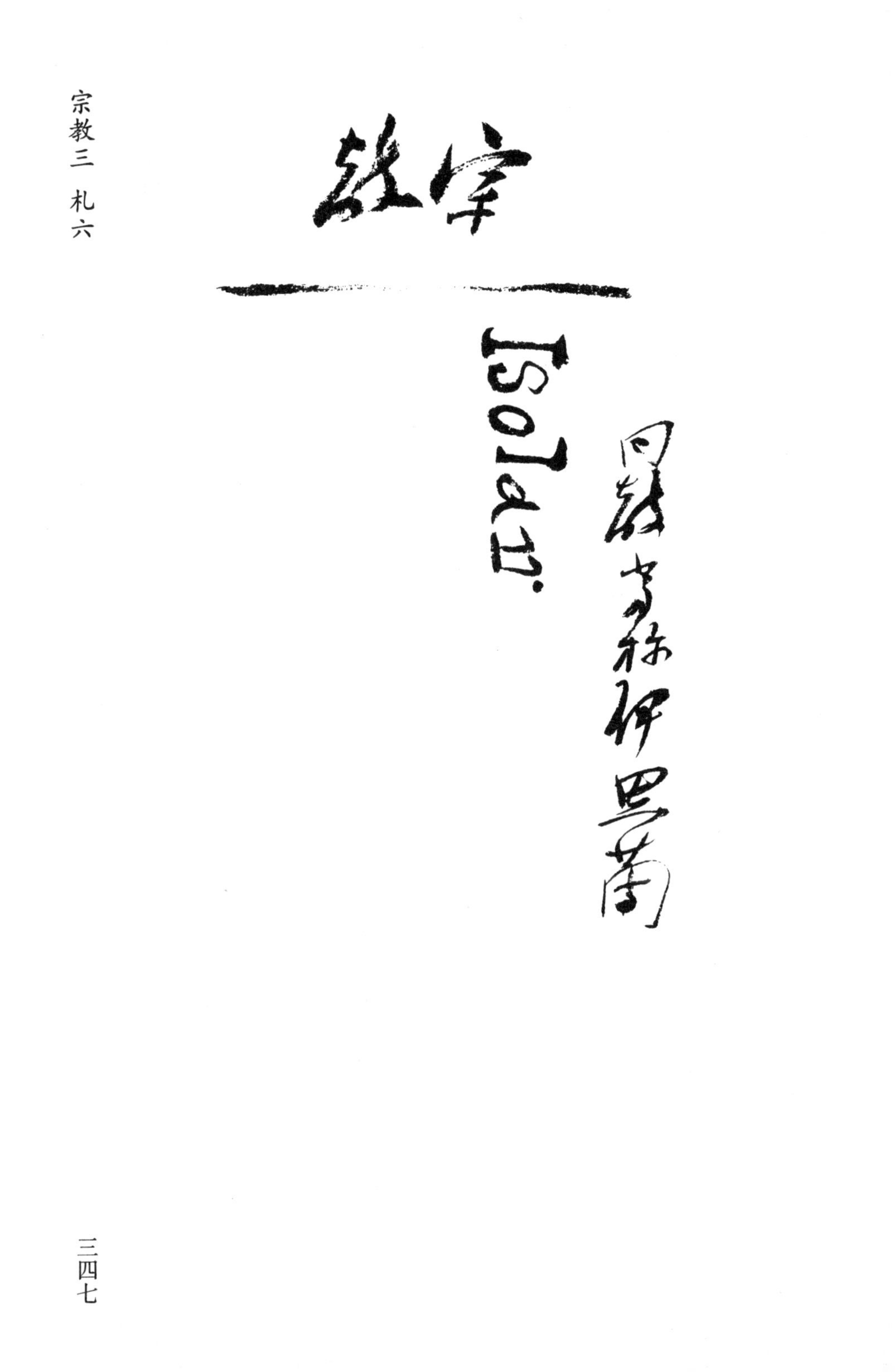

敬字

【50】2日.

回教中蘇伊思蘭

宰殺

禁食豬肉

古希伯來人即然無人能言其故 推其朔當奉爲敬田

亦猶如今之賤視豬也